国際学力調査に基づく読書指導法の開発研究

足 立 幸 子 著

風 間 書 房

目　　次

序章　問題の所在と研究課題の設定……………………………………… 1
　第1節　問題の所在と本研究の目的………………………………………… 1
　第2節　研究の方法と本書の構成…………………………………………… 3

第1章　学習指導要領における読書指導の位置づけと課題………… 7
　第1節　学習指導要領における読書指導の位置づけ…………………… 7
　第2節　滑川道夫読書指導論研究………………………………………… 22
　第3節　読書指導研究の課題……………………………………………… 38

第2章　国際学力調査におけるリーディング・リテラシー………… 41
　第1節　PISA ……………………………………………………………… 41
　第2節　PIRLS……………………………………………………………… 57
　第3節　論点の整理と読書指導法開発の要件………………………… 84

第3章　交流型読み聞かせ…………………………………………………… 89
　第1節　国際学術誌における読み聞かせ研究レビュー……………… 89
　第2節　交流型読み聞かせ……………………………………………… 104

第4章　読書へのアニマシオン …………………………………………… 127
　第1節　読書へのアニマシオンの導入の意義………………………… 127
　第2節　スペインにおける読書へのアニマシオンの成立過程………… 141
　第3節　「読書へのアニマシオン」の理論的背景…………………… 158

第5章 リテラチャー・サークル……………………………………177
  第1節 リテラチャー・サークル……………………………………177
  第2節 初読の過程をふまえた読書指導としてのリテラチャー・
       サークル………………………………………………………198
  第3節 インクワイアリー・サークル……………………………229

第6章 ジャンルとメディアを意識した読書指導法………………267
  第1節 ジャンル研究………………………………………………267
  第2節 パートナー読書……………………………………………277
  第3節 読者想定法…………………………………………………317

終章 研究の成果と課題……………………………………………349
  第1節 研究成果の概要……………………………………………349
  第2節 研究の知見と意義…………………………………………351
  第3節 今後の課題と展望…………………………………………355

文献一覧………………………………………………………………359

初出一覧………………………………………………………………379

あとがき………………………………………………………………381

事項・人名索引………………………………………………………385

図 表 一 覧

【図	0.1】	本書の章構成イメージ図………………………………………	5
【表	1.1】	国語能力表（5・6年）読むこと（昭和26年）………………	9
【表	1.2】	読むことの学年目標の系統（昭和33年）……………………	11
【表	1.3】	読むことの学年目標の系統（昭和43年，小学校）…………	12
【図	1.1】	滑川道夫読書指導論の形成過程………………………………	30
【表	2.1】	子ども用質問紙の質問項目とその内容………………………	59
【表	2.2】	教師用質問紙の質問項目とその内容…………………………	60
【表	2.3】	家庭用質問紙の質問項目………………………………………	61
【表	2.4】	学校用質問紙の質問項目とその内容…………………………	62
【表	2.5】	各種テクスト及び設問における読書の目的と理解の過程の割合………	69
【表	2.6】	PISAの「読書の3つの側面」及びその前提となった「読書の5つの側面」と，PIRLSの「理解の過程」との比較……………………	71
【表	2.7】	PIRLS2001公開問題より取り上げるテクストと設問内容 ………………	73
【表	2.8】	「理解の過程」による「野ウサギ，地震を知らせる」の設問の分類………	77
【図	2.1】	「リバー・トレール」リーフレットのおもて面………………	78
【図	2.2】	「リバー・トレール」リーフレットのうら面………………	79
【表	2.9】	「理解の過程」による「リバー・トレール」の設問の分類………………	82
【表	3.1】	交流型読み聞かせに用いる様々な技術………………………	105
【表	3.2】	読み聞かせの際の子どもの発言の概念的カテゴリー………	106
【表	3.3】	ページブレイクに関する教師の発問と子どもの発言………	110
【表	3.4】	6-7年における指導事項…………………………………………	114
【表	4.1】	読書へのアニマシオンの作戦…………………………………	129
【表	4.2】	心理学の研究成果に基づく学習観の違い……………………	163
【表	5.1】	LC（初版）における役割………………………………………	182
【表	5.2】	LC（改訂版）における役割……………………………………	183
【図	5.1】	役割シート：接続者（コネクター）…………………………	185
【図	5.2】	役割シート：リテラリー・ルミナリー………………………	185
【図	5.3】	教師による評価シートその1…………………………………	186
【図	5.4】	教師による評価シートその2…………………………………	186

【図 5.5】バランスのとれた指導の中の LC の位置づけ ……………………… 192
【表 5.3】読みの反応一覧表の例「カワセミ」第 1 場面（40頁 1 行～45頁 9 行）… 209
【表 5.4】読みの反応一覧表の例「カワセミ」第 2 場面（45頁10行～49頁11行）… 210
【表 5.5】読みの反応一覧表の例「カワセミ」第 3 場面（49頁12行～53頁11行）… 211
【表 5.6】読みの反応一覧表の例「カワセミ」第 4 場面（53頁12行～58頁 7 行）… 213
【表 5.7】読みの反応一覧表の例「カワセミ」第 5 場面（58頁 8 行～60頁 2 行）… 214
【表 5.8】リテラチャー・サークルの役割 ………………………………………… 223
【表 5.9】実践に使用した本 …………………………………………………………… 224
【表 5.10】方略を指導するキー・レッスン ……………………………………… 233
【表 5.11】小グループでの探究プロジェクト …………………………………… 235
【表 5.12】探究するアプローチ VS カバーするアプローチ ……………………… 241
【表 5.13】小グループの協同学習技能 …………………………………………… 243
【表 5.14】インクワイアリー・サークルのルーブリック ……………………… 257
【表 6.1.1】ジャンル研究で扱うジャンル（K～2 年生）………………………… 270
【表 6.1.2】ジャンル研究で扱うジャンル（3～5 年生）………………………… 271
【表 6.1.3】ジャンル研究で扱うジャンル（6～8 年生）………………………… 272
【図 6.1】Fountas & Pinnell によるジャンル図（マスター図）……………… 273
【図 6.2】Fountas & Pinnell によるノンフィクションのジャンル図 ………… 274
【図 6.3】金沢みどりによるジャンル図 …………………………………………… 275
【表 6.2】入手できた In2Books のガイドブック ………………………………… 280
【表 6.3.1】In2Books ルーブリック ……………………………………………… 285
【表 6.3.2】In2Books ルーブリック（続き）…………………………………… 286
【表 6.4】学年別の目安となるルーブリックの得点 ……………………………… 288
【表 6.5】In2Books 参加状況別の SAT-9 読解力テスト平均得点 ……………… 289
【表 6.6】使用した本，当初予定，実際の日程 …………………………………… 292
【表 6.7】サイクル 1 に入る前の大学生の自己紹介文 …………………………… 292
【表 6.8】サイクル 1 物語の指導（学級担任の報告より）……………………… 293
【表 6.9】サイクル 1 物語　児童の手紙 …………………………………………… 294
【表 6.10】サイクル 1 物語　大学生の返事 ……………………………………… 294
【表 6.11】サイクル 1 物語の手紙の評価 ………………………………………… 296
【表 6.12】サイクル 2 社会科の本の指導（学級担任の報告より）…………… 297
【表 6.13】サイクル 2 社会科の本　児童の手紙 ………………………………… 298
【表 6.14】サイクル 2 社会科の本　大学生の返事 ……………………………… 298

【表　6.15】サイクル2社会科の本の手紙の評価……………………………… 300

【表　6.16】サイクル3伝記の指導（学級担任の報告より）……………………… 301

【表　6.17】サイクル3伝記　児童の手紙………………………………………… 302

【表　6.18】サイクル3伝記　大学生の返事……………………………………… 302

【表　6.19】サイクル3伝記の手紙の評価………………………………………… 304

【表　6.20.1】サイクル4民話の指導（学級担任の報告より）………………… 305

【表　6.20.2】サイクル4民話の指導（学級担任の報告より）（続き）………… 306

【表　6.21】サイクル4民話　児童の手紙………………………………………… 306

【表　6.22】サイクル4民話　大学生の返事……………………………………… 307

【表　6.23】サイクル4民話の手紙の評価………………………………………… 308

【表　6.24】サイクル5理科の本の指導（学級担任の報告より）……………… 309

【表　6.25】サイクル5理科の本　児童の手紙………………………………… 310

【表　6.26】サイクル5理科の本　大学生の返事……………………………… 310

【表　6.27】サイクル5理科の本の手紙の評価………………………………… 311

【表　6.28】最後の手紙の指導（学級担任の報告より）………………………… 312

【表　6.29】最後の児童の手紙…………………………………………………… 313

【表　6.30】NAEPで用いられるテクストの学年における割合………………… 317

【図　6.4】吹き出しの種類………………………………………………………… 320

【図　6.5.1】スター・トリビューンの記事教材………………………………… 323

【図　6.5.2】スター・トリビューンの記事教材（続き）……………………… 324

【図　6.5.3】スター・トリビューンの記事教材（続き）……………………… 325

【表　6.31】実践研究で使用したテクストのジャンルとメディア………………… 334

【表　6.32】メディア・リテラシー学習の「コア概念」………………………… 338

【表　6.33】ワークシートBの吹き出しのページ指定…………………………… 338

【表　7.1】開発した読書指導法と4要件………………………………………… 351

序章　問題の所在と研究課題の設定

第1節　問題の所在と本研究の目的

　生涯学習時代，情報化社会，知識基盤社会，グローバル社会など，時代・社会の変化の中で，様々なメディアが発達し，コミュニケーションの取り方も変化をしてきた。そのような中で読むことの力も変化してきている。その読むことの力をつける指導が必要である。

　戦後日本の国語科教育の中では，読むことの指導は，読解指導と読書指導からなるものと考えられてきた。しかし，読解指導に比べて，読書指導の研究は十分に行われてこなかった。このことは，昭和20年（1945年）以降平成2年（1990年）までの45年間の国語科教育研究の成果を収録した『国語教育基本論文集成』（全30巻，主に1994年刊，明治図書）や1990年代の研究をレビューした全国大学国語教育学会の『国語科教育学研究の成果と展望』（明治図書，2002年）や続く2000年代の研究をレビューした『国語科教育学研究の成果と展望Ⅱ』（学芸図書，2013年）の収録論文数，レビューのページ数などを見れば一目瞭然である。読むことの指導の中で読解指導と読書指導の節の割合は5対1ぐらいになっており，読解指導に比べて読書指導はあまり研究されてきていないことが分かる。日本の国語科教育の現場には，無償で提供されている教科用図書が唯一の共通のテキストとなっていることや，読書指導は「適書を適者に適時に」という発想があったため，読書指導をカリキュラムに位置づけた集団指導の形で行うための，読書指導法が開発されてこなかったと言える。時代に適した読書指導法を開発することを本研究の目的とする。

　このような国語科教育の現状に対して，ほぼ外圧のような形で登場したの

が，国際学力調査 PISA である。2000年から始まり，3 年ごとに調査が継続されている，経済協力開発機構の教育インディケータ事業の 1 つである。読むことの力を測っているとされている読解力（reading literacy）の日本の生徒たちの得点は，数学的リテラシー，科学的リテラシーに比べて低く，特に2003年調査結果の際には PISA ショックと呼ばれる現象も起きた。日本以外の国で日本語を国語とした指導を行っている国はない。したがって，国語科教育は PISA 以前には国際競争にされることなく独自に行っていればよかったのであるが，これからグローバル化していく社会の中では，国語科教育もこのような国際的な動向を無視して展開することはできないのである。PISA が突きつけたものは，読解力というものの内容であった。日本の国語科教育の中で，従来の読解指導で扱ってきた，教科書を中心とする短い文学的文章と説明的文章の読解では対応できない幅広い内容を PISA 読解力では扱っていた。もちろん，日本の国語科教育の読解指導を PISA で扱われているものだけに限定するのは危険である。それぞれの国の独自の教育の部分もあるであろう。例えば，PISA のテストが扱うテキストの中には，古典文学や訳すのが難しい詩などは入っていない。これは，それらが重要であるにしても，どの国の生徒も共通して読むべきものではないからである。そうだとするならば，PISA で扱われているのは，最低限国際的に必要な読解力ということが言え，それを日本の読解指導と読書指導を通じて指導していく必要があると考える。PISA や PIRLS といった国際学力調査では，2000年代の終わりから2010年代にかけて，CBT が導入された。これは単に調査の手法だけがコンピュータを導入したものになったという意味ではない。これからの児童・生徒の読むことの中にはコンピュータを用いて読む，すなわちデジタル読書という行為が含まれており，それを含めての読書指導でなければならない。

2008年（平成20年）の学習指導要領改訂では，国語科の要点に「読書活動の充実」が掲げられている。また，2017年（平成29年）の学習指導要領改訂

では，国語科の改訂の趣旨及び要点に，「読書活動の改善・充実」が掲げられている。そうだとするなら，充実させるための方法が必要である。そのための読書指導法を開発することが本研究の目的である。

第2節　研究の方法と本書の構成

1．研究の方法

　以上のことから，本研究では，国語科教育の現場で用いることのできる読書指導法を開発するのであるが，前述の問題意識から，まず，研究の方法として国際学力調査では読むこと（リーディング・リテラシー）をどのような枠組みでとらえているのかに着目し，従来の国語科教育の読書指導で扱ってこなかった内容を明らかにする。そして，そのような内容を指導する方法として，海外の読書指導法を探索する。適した読書指導法を，その指導法が生まれた海外の状況も含めて検討し，日本の状況に適した形にして提案する。

2．本書の構成

　本書は，6章立てになっている。

　第1章では，日本のこれまでの読書指導のどこに問題があったのかを検討する。具体的には，学習指導要領における読書指導の位置づけを確認し，日本における読書指導論の先行研究として，滑川道夫の読書指導論を取り上げる。その上で，日本の読書指導論が「生活指導」という側面を重視したために，指導法開発を行ってこなかったことを指摘する。

　第2章では，国際的には読むことはどのようにとらえられているのか，国際学力調査の読むことの枠組みを分析する。国際学力調査では，読むことの認知的側面と非認知的側面をテスト・質問紙調査として把握している。また，自分がどのように読んだかについて，説明していることに着目する。読む状

況やテキストのタイプ（ジャンル），メディアにも関心を払っていることを確認する。その上で，国際学力調査で扱われているような読む力をつけるようにするためには，海外の読書指導法を参考にして読書指導法を開発する意義があることを論じる。

　第3章から第6章については，具体的な読書指導法の開発である。まず，第3章では，日本でも広く行われている読み聞かせに注目する。国際学術誌では読み聞かせについてどのような研究が掲載されているかレビューし，読み聞かせの中でも日本では行われてこなかった交流型読み聞かせを提案する。

　第4章では，教科書ではなく本を1学級単位で読む読書へのアニマシオンに着目する。日本に導入する意義を整理した上で，スペインにおける成立過程や背景理論を探究する。

　第5章では，読書へのアニマシオンではうまくいかない状況に着目し，アメリカにおけるリテラチャー・サークルを提案する。さらに，リテラチャー・サークルから発展したインクワイアリー・サークルについても調査して提案する。リテラチャー・サークルは基本的には本を用いたものであるが，インクワイアリー・サークルでは，デジタル読書を含んだ読書指導法になっていることを論じる。

　第6章では，第4章・第5章で十分に扱い切れなかったジャンルやメディアの問題を取り上げる。ジャンル研究，In2Books というパートナー読書の方法，さらにはよりジャンルとメディアを意識させることができる読書指導法として，読者想定法を提案する。

　終章では，本研究で得られた知見とその意義を整理し，開発した指導法が国語科教育学の中でどのように取り上げられているかについても補足し，今後の課題を述べる。

　以下，本書の構成のイメージ図を示す（図　0.1）。

序章　問題の所在と研究課題の設定　5

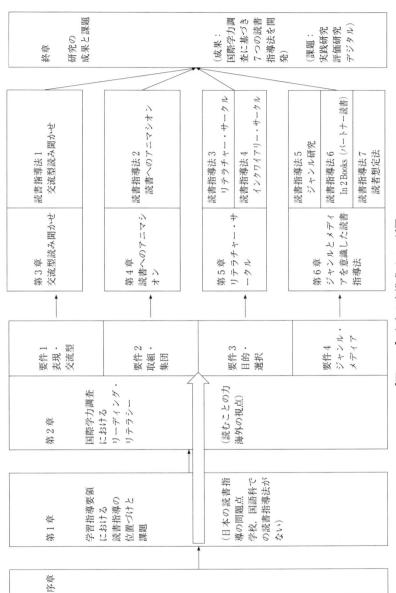

【図 0.1】本書の章構成イメージ図

第1章　学習指導要領における読書指導の位置づけと課題

第1節　学習指導要領における読書指導の位置づけ

　本章では，読書指導の研究課題を定めるために，日本の読書指導がどのような歴史をたどってきたかを概観する。そのために，まず，学習指導要領における読書指導の位置づけを把握することとしたい。

　本研究で対象にしているのは，小学校及び中学校の国語科教育である。小学校及び中学校の学習指導要領は，昭和22年に最初に試案という形で出されて以来，8回改訂されてきた。

①昭和22年（1947年）（試案）

②昭和26年（1951年）（試案）

③昭和33年（1958年）

④昭和43年（1968年，小学校）昭和44年（1969年，中学校）

⑤昭和52年（1977年）

⑥平成元年（1989年）

⑦平成10年（1998年）

⑧平成20年（2008年）

⑨平成29年（2017年）

それぞれで読書指導はどのように位置づけられているかをたどることとする。

　先行研究として，①～⑤については，巳野（1987）を参照する。単に学習指導要領上の文言がどうなっていたかということだけでなく，そのことを国

語科教育の研究者にはどのように認識されていたかをとらえることが重要だと考えるためである。⑥～⑨については筆者自身がそれに続ける形で論じていく。

1. 昭和22年（1947年）試案，昭和26年（1951年）試案

巳野（1987）では，これらの2つの学習指導要領をまとめて，実際生活に役立つ読書力をつけるための言語経験を与えることを眼目とした時期としている。

(1)目標
巳野は，まず，2つの目標を引用している。

> 知識を求めるため，娯楽のため，豊かな文学を味わうためというような，いろいろなばあいに應ずる読書のしかたを，身につけようとする要求と能力とを発達させること。（22年）

> 情報や知識を得るため，経験を広め教養を高めるため，娯楽と鑑賞のために，広く読書しようとする習慣と態度を養い，技術と能力をみがくこと。（26年中学）

その上で，「読むこと」の総目標に「読書のしかた」「広く読書しよう」というように「読書」という言葉が直接表れるのは，この昭和22年版，26年版に限られているとしている。

(2)「読むこと」の内容
昭和22年の中学校の「読むこと」の一般目標を8項目を引用した上で，「教養」「知識」「文学」の読書力の養成と読書の方法技術の習得が目標であったとしている。

(3)昭和26年国語能力表

　昭和26年（1951年）の学習指導要領（試案）は，国語能力表を学年別に示したところに大きな特徴がある。巳野はそのうち6年の能力表を挙げているのだが，興味深いのでそのまま引用する。ただし，能力表の学年は省略する。

　この能力表について，巳野は「5，6，7，10は後に重視される『読解』にもかかわる能力であるが他はいずれも『読書心』と『読書力』である。」（p.13）と述べていることである。

　つまり，ここから分かることは，国語科学習指導要領における読むことを把握する際に，「読解」「読書」というとらえ方はこの後にくる昭和33年（1958年）の学習指導要領からであるが，遡って昭和26年の学習指導要領であ

【表　1.1】国語能力表（5・6年）読むこと（昭和26年）

1	よい文学に対して興味が増してくる。
2	多種多様な文に興味をもつようになる。
3	本を選択して読むことができる。
4	序文を読んで，本を選択することができる。
5	文意を確かに早くとらえることができる。
6	文の組立を確かに早くとらえることができる。
7	叙述の正しさを調べることができる。
8	案内や注意書きなどを利用して読むことができる。
9	読む速度がいよいよ早くなる。
10	感想や批評をまとめながら，読むことができる。
11	参考資料・目次・索引などを利用して読むの応力が増してくる。
12	新聞・雑誌などを読む能力が増してくる。
13	娯楽のためや知識をうるために，黙読する能力が増してくる。
14	他人を楽しませたり，情報を伝えたりするために，明確な発言でなめらかに音読する能力が増してくる。
―15　漢字　16　ローマ字の項省略　（26年・小学校）	

（巳野，1987，p.13より再構成）

っても読解と読書で分けてとらえると分かりやすいということを1987年の時点で国語教育学者が述べているということである。

２．昭和33年（1958年）改訂

⑴目標

　以降巳野は読解と読書がどのように書かれているかという考えで，学習指導要領を検討している。

　昭和33年改訂については，まず中学校国語科の目標のうち，２の目標を引用する。

> 　２　経験を広め，知識を求め，教養を高めるために話を確実に聞き取り，文章を正確に読解し，あわせてこれらを鑑賞する態度や技能を身につけさせる。（昭33年中学）

そして「文章を正確に読解し」のところに着目し，この述べ方が従来見られなかったものであることを指摘している。

　さらに小学校の「読むこと」の目標が１読解の系統，２読むことの基礎の系統，３読書の３系統に，中学校は１読むことの系統，２読書の系統の２系統に整理されたことを述べている。

　昭和33年改訂の学習指導要領で巳野が最も強調しているのは，読解と読書の両者の能力の系統化が小学校・中学校の各学年を通してはかられたことである。表　1.2は巳野が「読むこと」の学年目標の系統として示したものを筆者の方で横書きに再構成したものである。

⑵内容

　巳野は昭和33年学習指導要領の内容については，ほとんど言及していない。「なお，各学年ごとに「指導事項」の細目および「活動」が読みの資料の種類とともに示してある。」（巳野，1987，p.14）という１文だけである。

第1章　学習指導要領における読書指導の位置づけと課題　　11

【表　1.2】読むことの学年目標の系統（昭和33年）

	〈読むことの態度・技能〉	〈読書の態度・技能〉
小学校1年	読む方法の初歩	やさしい読み物に興味
小学校2年	初歩的能力	自ら選んで
小学校3年	ある程度すらすら	読もうとする態度
小学校4年	正確に，速さを増す	量をふやし範囲を広げる
小学校5年	調べる・味わって	範囲を広げ自分で選択
小学校6年	目的に応じて	選んで読む習慣
中学校1年	基礎的な技能を	読み物に親しむ態度
中学校2年	技能をいっそう高め	選んで正確に読む態度
中学校3年	目的形態に応じて	考えながら読む．習慣

（巳野，1987，p.14より再構成）

　そこで筆者自身が学習指導要領の内容を確認する。読むことの最終項目に読書らしい指導事項が含まれているのを認めることができる（下線部）。例として，小学校6年生のものを挙げる。

（読むこと）
(1)　次の事項について指導する。
　ア　読み物の内容と読む目的に応じて，それに適した読み方をすること。
　イ　書かれていることの中の事実と意見を判断しながら読むこと。
　ウ　文章の組立や叙述に即して正確に読むこと。
　エ　文章を味わって読むこと。
　オ　要点を抜き出したり全体を要約したりすること。
　カ　どんな本がよいかを見分け，よい本を選ぶこと。
(2)　次の各項目に掲げる活動を通して，上記の事項を指導する。
　ア　児童の日常生活に取材した日記または手紙，記録または報告，感想などを読む。
　イ　知識や情報を与える説明，解説，報道などを読む。
　ウ　経験を広め心情を豊かにする物語，伝記，詩，脚本などを読む。

3．昭和43年（1968年，小学校），昭和44年（1969年，中学校）改訂

⑴目標

　昭和43年・44年の学習指導要領改訂は，昭和33年の学習指導要領の反省の上に改訂されたという。審議会答申で「読むことの能力は，読解指導と読書指導とが，両者それぞれの関連しながら片寄りなく指導されるときに，真に身につくものである。このため，読書指導が計画的，組織的に行われるようにする」ことが強調されているとしている。

　これらのことから，「読むこと」の目標は，小学校・中学校ともに，「読解」を前半に，「読書」を後半に記述する形式をとるようになった。これらは全学年に言えることであるが，巳野は紙面の都合上小学校4年・5年・6年のみを一覧表の形にまとめている（表 1.3）。

⑵内容・内容の取り扱い

　巳野は，昭和43年小学校では，内容ではいずれも「B 読むこと」の⑴に「読解」の事項，⑶に「読書」の事項を取り上げている。また，「内容の取り扱い」の⑴イに「読みの活動」をあげているとしている。

【表 1.3】読むことの学年目標の系統（昭和43年，小学校）

	読解の系統	読書の系統
4年	段落ごとの要点の相互の関係をつかんだり文章の中心点をおさえたりしながら正確に読みとることができるようにし，	また，読む量をふやすとともに読書の範囲を広げるようにする。
5年	文章の主題や要旨を理解しながら読むことができるようにし，	また，読み物を自分で選択することができるようにする。
6年	読む目的や文章の種類，形態などに応じて適切な読み方ができるようにし，	また，適切な読み物を選んで読む習慣をつけるようにする。

（巳野，1987，p.15より再構成）

その他，「指導計画の作成と各学年にわたる内容の取扱い」の(4)で「読書活動も活発に行われるように」「他教科や学校図書館における読書指導との関連を考えて行なうこと」「図書の選定は幅広く，かたよりのないようにする」ことを述べ，読書指導の重要性と扱い方の示唆をしているとする。

一方，昭和44年中学校では「内容の取り扱い」の(3)に「Bの(1)（読解）の指導に当たっては，次の事項の指導も配慮する必要がある」として「読書」の事項をまとめて示しているとしている。

そして，巳野のとらえ方では，「この改訂を契機として次の昭和五十二年改訂までの約10年間に戦後最高の読書指導ブームがまき起こった」としている。

4．昭和52年改訂

(1)目標

巳野（1987）によると，昭和52年の学習指導要領改訂では，国語科は「A 聞くこと，話すこと」「B 読むこと」「C 書くこと」という3領域ではなく，「言語事項」「表現」「理解」という1事項2領域に改変された。このことを受けて，読むことに関する学年目標は，聞くこととともに，理解領域に含まれる。したがって，学年目標の構成は，前代に読むこと（読解）と聞くこと，後段に読書の指導目標が示されることとなった。巳野の言っていることを確認するため，小学校6年の(2)の目標を示す。

> (2) 読む目的や文章の種類，形態などに応じた適切な読み方で文章を読んだり，目的に応じて効果的に話を聞いたりすることができるようにするとともに，適切な読み物を選んで読む習慣をつける。

最初の「〜読んだり」が読解，「聞いたりすることができるようにするとともに」までが「聞くこと」，「〜読む習慣をつける」が読書である。

⑵内容

そして，巳野によると昭和52年の改訂では，内容に読書の事項は示されなくなったという。

巳野はすかさず，「そのことは読書指導を軽く考えているのではなく，<u>すべての読解能力が児童の読書力を高めることに発展するように配慮する</u>（引用者注－教育過程審議会答申）という意味において，むしろ読書指導への実践的要望は強化されたと考えてよいと思う。各学年目標の⑵の後段に示されている読書の指導に関する意味内容は，そうした観点から理解する必要がある。（飛田多喜雄『改訂小学校学習指導要領の展開　国語科編』p. 69・明治図書昭52)」（巳野，p. 16）という文章を引用しているが，どうだろうか。目標に掲げておきながら，内容に指導事項を示さないのは，基本的には読書指導の後退と理解すべきであろう。

以上が，巳野（1987）の概観である。ここから学ぶことができるのは，3点あると筆者は考える。1点目は，国語科教育学者は読むことを「読解」「読書」の2本立てとして考えており，学習指導要領を分析する際もこの2本立ての枠組みでとらえようとしているということである。2点目は，巳野の変遷を要約すると，昭和22年・26年の学習指導料では「読書」という言葉が総目標に表れ，「読むこと」の能力表でもかなりの部分（14分の10）は読書であったのに対し，昭和33年，43年（44年），52年では，目標として前半が読解，後半が読書のように，系統化して表されるようになったということである。3点目は，内容も昭和33年・43年（44年）には，読解と並んで取り上げられていたが，52年では取り上げられなくなったということである。

以下では，筆者自身がこの巳野の要領にのっとって，⑥平成元（1989年），⑦平成10年（1998年），⑧平成20年（2008年），⑨平成29年（2017年）の小中学校の国語科学習指導要領を見ていく。

5. 平成元年（1989年）改訂

(1)目標

平成元年改訂の考え方は，昭和52年改訂の学習指導要領とほぼ同じである。国語科は「表現」「理解」「言語事項」の2領域1事項という順番は変わったが構造は同じである。理解に関する目標(2)は，まず聞くことについて，次に読解について，最後に読書についての順で示されている。例として，小学校6年の(2)の目標を取り上げる。

(2) 目的に応じて効果的に話を聞いたり，目的や文章の種類などに応じて正確な読み方で文章を読んだりすることができるようにするとともに，適切な読み物を選んで読む習慣をつける。

「～聞いたり」までが聞くこと，「～読んだりすることができるようにするとともに」までが読解，「～読む習慣をつける」までが読書の目標である。

(2)内容

平成元年の学習指導要領では，昭和52年と同様に，内容に読書の事項は示されていない。小学校6年生の「理解」の指導事項を引用する。

　B　理解
(1) 国語による理解力を育てるため，次の事項について指導する。
　ア　事象と感想，意見の関係を考えながら，話の内容を正確に聞き取ること。
　イ　話の内容と自分の生活や意見とを比べながら聞くこと。
　ウ　目的や文章の種類や形態などに応じて内容を読み取ること。
　エ　文章の叙述に即して，細かい点にまで注意しながら内容を正確に読み取ること。
　オ　事象を客観的に述べているところと，書き手の感想，意見を述べているところとの関係を押さえながら読むこと。
　カ　優れた描写や叙述を味わいながら読むこと。
　キ　話し手や書き手のものの見方，考え方，感じ方などについて，自分の考え

をはっきりさせながら理解すること。

ク　目的に応じて，適切な本を読んだり，効果的な読み方を工夫したりすること。

ケ　聞いたり読んだりした内容について，目的に応じて再構成して表現すること。

コ　表現の優れている文章を視写して，理解や鑑賞を深めたり自分の表現にも役立てたりすること。

　ウエオカクケが読むことであるが，読解に関するものばかりで，読書に該当する指導事項はない。

6．平成10年（1998年）改訂

(1)目標

　一転して，平成10年改訂では，国語科は「Ａ　話すこと・聞くこと」「Ｂ　書くこと」「Ｃ　読むこと」「言語事項」の３領域１事項となった。ただし，各学年の目標の各学年と言った場合に，これまでのような１学年ごとではなく，２学年ごとになった。小学校は第１学年及び第２学年，第３学年及び第４学年，第５学年及び第６学年，中学校は第１学年，第２学年及び第３学年の５種類である。読むことの目標は(3)に表れる。第５学年及び第６学年の(3)の目標を引用する。

　　⑶　目的に応じ，内容や要旨を把握しながら読むことができるようにするとともに，読書を通して考えを広げたり深めたりしようとする態度を育てる。

聞くことに関する目標が(1)に移動したため，(3)には読むことだけの目標が示されている。前半である「～読むことができるようにするとともに」までが読解，後半の「読書を通して～態度を育てる」が読書の目標である。

(2)内容・内容の取扱い

　内容については，「Ｃ　読むこと」のほとんどが読解である。しいて言うな

らば，最初の移動事項の「ア」が読書的な内容を含んでいるようにも見える。第5学年及び第6学年のものを引用する。

　　C　読むこと
　⑴　読むことの能力を育てるため，次の事項について指導する。
　　　ア．自分の考えを広げたり深めたりするために，必要な図書資料を選んで読むこと。
　　　イ　目的や意図などに応じて，文章の内容を的確に押さえながら要旨をとらえること。
　　　ウ　登場人物の心情や場面についての描写など，優れた叙述を味わいながら読むこと。
　　　ニ　書かれている内容について事象と感想，意見の関係を押さえ，自分の考えを明確にしながら読むこと。
　　　オ　必要な情報を得るために，効果的な読み方を工夫すること。

　これらの内容のほかに，平成10年の学習指導要領では「3　内容の取扱い」という項目が立てられ，ここに言語活動例が含まれる形をとった。第5学年及び第6学年の内容の取扱いを取り上げる。

　　3　内容の取扱い
　⑴　内容の「A　話すこと・聞くこと」，「B　書くこと」及び「C　読むこと」に示す事項の指導は，例えば次のような言語活動を通して指導するものとする。
　　「A　話すこと・聞くこと」
　　　自分の考えを資料を提示しながらスピーチをすること，目的意識をもって友達の考えを聞くこと，調べた事やまとめた事を話し合うことなど
　　「B　書くこと」
　　　礼状や依頼状などの手紙を書くこと，自分の課題について調べてまとまった文章に表すこと，経験した事をまとまった記録や報告にすることなど
　　「C　読むこと」
　　　読書発表会を行うこと，自分の課題を解決するために図鑑や事典などを活用して必要な情報を読むことなど

「C　読むこと」に挙げられている言語活動例は，読解ではなく読書の言語

18

活動例ということができる。

7．平成20年（1998年）改訂

⑴目標

　平成20年改訂の学習指導要領は，「Ａ　話すこと・聞くこと」「Ｂ　書くこと」「Ｃ　読むこと」「伝統的な言語文化と国語の特質に関する事項」の３領域１事項になった。中学校の学年の括りが１学年ごとにもどった。したがって，小学校は第１学年及び第２学年，第３学年及び第４学年，第５学年及び第６学年，中学校は第１学年，第２学年，第３学年の６種類である。読むことの目標は⑶に表れる。第５学年及び第６学年の⑶の目標を引用する。

> ⑶　目的に応じ，内容や要旨をとらえながら読む能力を身に付けさせるとともに，読書を通して考えを広げたり深めたりしようとする態度を育てる。

これまでと同様に，前半の「～読む能力を身に付けさせるとともに」までが読解，後半の「読書を通して～態度を育てる」が読書に関する目標である。

⑵内容

　内容については，内容の取扱いとして示していた言語活動例を内容の中に入れ，⑴指導事項，⑵言語活動例として示すことになった。指導事項も，それぞれの学年の最終に「目的に応じた読書」（小学校），「読書と情報活用」（中学校）が位置付けられることになった。第５学年及び第６学年を引用する。

> ⑴読むことの能力を育てるため，次の事項について指導する。
> 　　ア　自分の思いや考えが伝わるように音読や朗読をすること。
> 　　イ　目的に応じて，本や文章を比べて読むなど効果的な読み方を工夫すること。
> 　　ウ　目的に応じて，文章の内容を的確に押さえて要旨をとらえたり，事実と感想，意見などとの関係を押さえ，自分の考えを明確にしながら読んだりすること。
> 　　エ　登場人物の相互関係や心情，場面についての描写をとらえ，優れた叙述に

第1章　学習指導要領における読書指導の位置づけと課題　19

　　　ついて自分の考えをまとめること。
　　オ　本や文章を読んで考えたことを発表し合い，自分の考えを広げたり深めた
　　　りすること。
　　カ　目的に応じて，複数の本や文章などを選んで比べて読むこと。
　(2)(二)に示す事項については，例えば，次のような言語活動を通して指導するもの
　　とする。
　　ア　伝記を読み，自分の生き方について考えること。
　　イ　自分の課題を解決するために，意見を述べた文章や解説の文章などを利用
　　　すること。
　　ウ　編集の仕方や記事の書き方に注意して新聞を読むこと。
　　エ　本を読んで推薦の文章を書くこと。

(1)のカが読書に関する指導事項であり，(2)のアイエが読書に関する言語活動
例である。

8．平成29年（2017年）改訂

(1)目標

　平成29年改訂の学習指導要領では，全ての教科の目標が「知識及び技能」
「思考力，判断力，表現力等」「学びに向かう力，人間性等」の3本の柱で整
理されることになった。この結果，読書指導は，目標レベルでは「学びに向
かう力，人間性等」に位置づけられた。第5学年及び第6学年の目標(3)を引
用する。

　　(3)言葉がもつよさを認識するとともに，進んで読書をし，国語の大切さを自覚し
　　て，思いや考えを伝え合おうとする態度を養う。

「進んで読書をし」というところに「読書」という言葉入っており，これは，
「～とする態度を養う」に繋がっている。すなわち，読書を態度として「学
びに向かう力，人間性等」の目標に位置付けているのである。

⑵内容

しかし，国語科の内容は，「知識及び技能」「思考力，判断力，表現力等」の２領域で構成されているため，目標の「学びに向かう力，人間性等」に対応する内容の指導事項は存在しない。そこで，読書は，「知識及び技能」の⑶我が国の言語文化の最終事項として位置付けられることになった。「思考力，判断力，表現力等」の中にある「Ｃ　読むこと」から独立して，古典などの伝統的な言語文化に並ぶものとなったのである。第５学年及び第６学年の「知識及び技能」の⑶我が国の言語文化から，読書に関する事項を引用する。

> オ　日常的に読書に親しみ，読書が，自分の考えを広げることに役立つことに気付くこと。

具体的な読書をしている行動ではなく，「読書が…役立つことに気付くこと」という分かりにくい表現になっているのは，これが言語文化であるためである。

このことを補うように，「思考力，判断力，表現力等」の「Ｃ　読むこと」では⑵の言語活動例に読書に関する言語活動例が示されることになった。第５学年及び第６学年の「Ｃ　読むこと」⑵の言語活動例を引用する。

> ⑵⑴に示す事項については，例えば，次のような言語活動を通して指導するものとする。
> 　ア　説明や解説などの文章を比較するなどして読み，分かったことや考えたことを，話し合ったり文章にまとめたりする活動。
> 　イ　詩や物語，伝記などを読み，内容を説明したり，自分の生き方などについて考えたことを伝え合ったりする活動。
> 　ウ　学校図書館などを利用し，複数の本や新聞などを活用して，調べたり考えたりしたことを報告する活動。

平成29年の学習指導要領では，言語活動例の記述も整理をされ，アが説明的な文章を読む活動，イが文学的な文章を読む活動，ウが本などから情報を

得て活用する活動である。アイが読解，ウが読書の言語活動例と言える。

9．考察

　以上，昭和22年（1947年）から昭和52年（1977年）までは巳野欣一の論に沿って，平成元年（1989年）から平成29年（2017年）までは筆者自身が巳野の調査を延長するような形で，学習指導要領における読書指導の位置づけを概観した。そのことから分かったことは，次の３点である。

(1)読解と読書

　昭和33年（1958年）の学習指導要領が試案でなくなり，系統性が強調されて以来，読むことは読解と読書の２つとしてとらえられてきたことが確認できた。その考え方は，端的には，各学年の目標において，前半部分が読解，後半部分が読書のような形であらわれ，少なくとも平成20年の学習指導要領まで続いていた。

(2)習慣・態度としての読書

　目標に読書が示される場合，その結びは，習慣あるいは態度のような，能力でないものになりがちであった。

(3)内容における読書の不安定な位置づけ

　目標については，早い段階から読解と読書の両方が扱われていたが，内容については，読書は位置付けられないことが多かった。内容へと位置付いた場合も，「C 読むこと」の中の指導事項として位置付くことは少なく，それも複数ある指導事項のうち１つであることがほとんどであった。内容ではなく内容の取扱いや「言語活動例」に位置付けられたり，目標とはねじれる形で「知識及び技能」の言語文化に位置付けられていたりした。

　これら３点をふまえて，読書指導について次のように考察する。

読むことには，確かに目の前に差し出されたものを，とにかく何とか正確
に読みこなければならないという局面もあるし，自分の好きなものを好きな
ペースで趣味として読んでいくという場面もある。教室の中で教科書教材を
読むこともあれば，家庭で小説を読むこともある。そのようないろいろな状
態を国語科教育に携わってきた先人たちは，読解・読書という2つの概念と
して分けてとらえることで，両方を育てようとした。しかし，学習指導要領
の目標にあっても内容に指導事項がなければ，指導しなくてよいことになっ
てしまう。指導事項や言語活動例があっても指導法がなければ，どのように
指導したらよいのか分からない。習慣や態度はそれを目指して学習指導が行
われるべきであるが，学校や授業といった単位では扱いにくいことである。
そのための指導法は，かなり積極的に開発していく必要がある。

　1956年出版の国語教育辞典（西尾実ら編，朝倉書店刊）の読書指導の事項を
執筆した滑川道夫は，戦後の国語科教育界をリードした読書指導論者である。
この辞典の「読書指導」の説明では，読書を中心とする生活指導ととらえ，
「適書を適者に適時に」が基本原則であるとしている（p. 478）。三者の関係
が適したものになるのを待っているという感じで，三者を結び付ける具体的
な手法としてどのような読書指導法をとることができるのかといった視点が
欠落していると考える。

　以上のことから，筆者は，日本の国語科教育における読解と読書の二分法
は維持しながら，小学校や中学校の国語科の授業で用いることのできる読書
指導法を開発することが，読書指導の課題になると考えている。

第2節　滑川道夫読書指導論研究

1．本節の目的

　本節の目的は，前述のような読書指導の歴史を支えた滑川道夫の読書指導

論の全体的把握と構造の究明である。滑川読書指導論については，既に野地
(1978)，中洌（1982），桑原（1993），森田・種谷（1994）らによって研究され
ている。それぞれの著者の関心から滑川読書指導論の特徴・意義などが明確
に取り出されており，いずれも成果を上げている。本節においては，これら
の各研究の成果をふまえながら，以下の点について究明する。

1. 先行研究では時期や著作を限定しているので，本研究では滑川読書指
   導論の全体像を把握すること。
2. 先行研究では読書指導論の特徴が分析されている。その特徴をさらに
   構造的にとらえること。
3. 先行研究ではそれぞれの視点からの意義あるいは限界が論じられてい
   る。そこで指導論成立の背景を探究すること。
4. 先行研究では，滑川が長期にわたって教育者・研究者として活躍し，
   読書指導について言及しているにもかかわらず，成立史研究がなされ
   ていない。本研究では，成立史研究を中心にすること。

特に本項では，具体的な研究課題として，

　①滑川読書指導論全体を貫く基本的な考え方（構成原理）を把握すること
　②その基本的な考え方の原点を時間を遡って探究すること

の2点を設定し，考察していくことにする。

2. 滑川読書指導論における「生活指導」観

⑴読書指導論構成原理としての「生活指導」

　滑川道夫（1906-1992）の読書指導に関する著作は，1940年代から1970年代
にわたって発表されている。代表的なものだけでも20冊を超える。滑川が取
り上げている主なテーマによって時期区分を試みる。

　前期：1940年代〜1950年代……学校図書館の設立期にあたる。学校図書館
を子どもの読書生活に生かす読書指導が探究されている時期。

　過渡期：1950年代後半〜1960年代……学校図書館が一段落し，映像文化・

情報化時代の読書指導が模索されはじめる。また，文学教育，道徳教育と読書指導との関連についても論じられている時期。

　後期：1960年代後半〜1970年代……現代（当時）が映像文化・情報化時代であるという認識にたって，現代における読書生活の在り方と指導が探究されている時期。

　さて，長期にわたって多種多様なことが論じられている読書指導論であるが，全体を貫く構成原理は何であろうか。それは，読書指導は「読書による生活指導」であるという考え方に収斂される。滑川の「生活指導」観は，子どもは生活者であるという認識に基づいている。子どもは学校だけでなく，社会集団（地域社会）の中で様々な人々と接し，有形・無形の影響を受けながら生活をしている存在である。子どもの生活全体をふまえながら望ましい方向に伸ばしていくことが生活指導である。そして読書指導も生活指導の一環として位置付けられる。すなわち，子どもの生活の実態は，滑川においては，読書指導の出発点であり，同時に最終目標でもあった。前期で言及されている学校図書館も，後期で論じられている映像文化も，生活の一断片として考察されている。

　先行研究を整理すると滑川読書指導論の業績・特徴として，①読解と読書の統合，②児童文化的視点，③良書リストの作成，④映像文化と読書の関係の論究，⑤情報化時代の読書指導の考察，⑥東洋的読書の探究による国際的貢献，などが指摘されている。これらは多様にみえるが，「生活指導」観からは不可避の問題領域で，必然的に立ち向かった結果得られた成果であり，滑川の頭の中では「生活指導」を軸に構造的にとらえられていた。①読解と読書を一元的に把握したのは，子ども自身が読書生活を築いていくためには読解指導を生活から切り離して行うことは無意味であり，読解指導も読書指導も同様に生活指導として位置付けられるからである。②児童文化的視点は，子どもは学校教育の中だけではなく，学校外の社会的環境からも教育されているという滑川の教育観に従えば，その文化の向上が子どもの生活指導に不

可欠であるためである。③良書リスト作成も，児童文化を論じていく過程で，より具体的な指導を可能にするために必要であった。「生活指導」は，指導用に編集した教科書というような生活の中に自然に存在しない偽物ではなく，本物を実際に使いながら行われるわけである。当時は現在ほど児童向きの出版物が整えられていないという現状もあり，良書選定は読書指導の中の重要な一領域であった。単に良書を選ぶだけでなく，それが読書指導的に編集されて並べられている。言い換えると，どの場合にどの本をどのように読んだらいいかという読書の技術・方法論も含めて良書のリストが作成されているのである。この仕事は同時に，子どもの生活に必要な良書の姿を出版界に提示するという意味もあった。④映像文化は，従来の学校教育の読書指導では指導の対象外におかれている。しかし子どもの実際の生活に入り込んでいる映像文化の現状から，これを無視することができなかった。それで映像文化と読書のかかわりを論じることになった。⑤情報化時代に即応した読書指導を論じているのは，実際の社会が情報化社会になりつつあり，読書生活の役割や在り方がこれまでと異なってくることをふまえて指導を考察したためである。⑥読書における東洋的思考の探究は，最終節で述べるように滑川の「東洋的な」生活指導観の上に成り立っている。

　このように，滑川の読書指導のすべてにおいて「生活指導」という発想がとらえられるわけである。次に具体的に滑川がどのようなことを「生活指導」と考えていたのか，その内実を考察していくことにする。

(2)「生活指導」の内実

　詳しくは次節で考察するが，滑川の「生活指導」観は，彼が教育者としての人生を歩み始めた時から一貫しているものである。処女出版から既に「生活指導」について考察しており，その後の様々な文献に散見される。初期の生活綴方に関する著作の中で（例えば滑川，1931，1934など），滑川は生活指導を生活そのものの指導と表現から生活へ向かう指導とに分けて論じている。

それらを整理すると，滑川の「生活指導」の内実はおおむね次の4点にまとめられる。

①生活に関する反省・自覚の養成
②生活の価値への認識・態度の育成
③生活の範囲の拡張・深化及び新境地の示唆
④環境の調整と生活場の統整

「生活綴方的教育方法」という語が象徴するように，生活綴方は後に1つの教育方法として認知されていく。同様に，滑川においては読書指導も生活指導の1つの方法として（すなわち生活指導の一環として）位置付けられていた。ここでは，この4点が読書指導においてどのように現われていたかを検討する。

①読書生活に関する反省・自覚の養成

　子ども自身が自分の読書生活を反省し，自覚し，自分自身で読書生活を創造していくということは，滑川読書指導論の出発点でもあり最終目標でもあった。子どもの読書生活を無視して，良書を押し付けることでは，生活指導としての読書指導にはならない。滑川は，読書興味の実態の調査をすることに多くの紙面と労力とを割いている。またマンガ・映像文化などの多様化するメディアについて論じているが，特定のものを禁じたりマンガを読まない子どもを育てようとしたりすることはなかった。滑川の生活指導観に従えば，自ら適切な判断をして適切なメディア・適切な内容を選ぶように育てることが重要なのである。「俗悪マンガ」を親や教師が遠ざけたり禁じたりするのではなく，子ども自らが悪いものと認識し批判できる能力を身につけさせることこそ，真の意味での生活指導であると考えた。

②読書生活の価値への認識・態度の育成

　滑川の読書指導は，単なる読書技術や読書方法の指導に止まらず，人間と

しての価値ある読書生活への見方や態度等の育成を含んでいる。1940年代後半から1950年代にかけての学校図書館における読書指導論では，読書生活における躾的側面——例えば，学校図書館の中では騒いで人に迷惑をかけないこと，次の利用者のことも考えて図書を大切に扱うこと——なども指導の視野に入ってきている。さらに，道徳的な判断をすること・その判断に基づいて行動することまでも読書指導の領域としてとらえている。結局自分の読書生活を自ら考えていく態度に結び付いてくる。これを滑川は「読書心」と言っている。「読書力」の育成と同様に「読書心」の育成は滑川読書指導論の重要課題である。

③読書生活の範囲の拡張・深化及び新境地の示唆

　ほとんどの読書指導論者が国語科における読解指導と読書指導との関係から出発しているのに対し，滑川は生活との関係から読書指導論を考察している。教科や文章のジャンルなどの枠を設定しない。読書興味を開発し多方面に拡張することを奨励している。そのバランス等も自ら考えて読書生活を経営することが最終的な目標である。特に年少者は，様々な読書興味を開発し読書生活の習慣づけをすることが重要とされている。

　もう一つ，滑川の読書指導論の中で特徴的なのは，読書の範囲を広げることに加えて深めることを重視している点である。滑川読書指導論がマンガ・児童文化などの広い背景を持っていることは先行研究でも指摘されているが，深さへの志向性についてはあまり論じられていない。滑川は，読書の速度・確度・深度を現代読書生活に必要な3要素として設定している。中でも深度を，読書における「思考」と結び付けて論じている。

　「読書力」も生活との関係から見直される。単に読むことができる力というだけでは不十分であり，それが実際の読書生活の範囲を拡張・深化し，新しいものとの出会いをもたらすものでなければならない。教師は子どもに自分の読書力からは小さな「抵抗」が感じられるようなより高度の読書にも挑

戦させ，より深い世界が広がっていることを示唆する。

④読書環境の調整と読書生活の場の統整

　滑川は生活指導の場として，学校生活，家庭生活，社会生活の３者を考えて
いた。当然指導者は学校では教師，家庭では父兄，社会では社会施設等の
職員（例えば公共図書館の司書）などということになり，それぞれが協力して
子どもの生活指導にあたるように連携することを理想とし，その調整をも生
活指導と考えた。そしてそれと同時に生活環境そのものの指導力を重視し，
計画的な読書指導の中に読書環境を整えることを含めている。滑川は，児童
文化としての出版文化も子どもの生活の一側面であり，児童文化を向上させ
ることが子どもの生活環境を向上させることにつながると信じたがゆえに出
版文化に対して発言した。

　また学校の中でも，国語科，他教科，特別活動，学校行事，学校図書館，
学級文庫等様々な読書生活の場面を想定している。滑川の読書指導論には，
いわゆる特定の授業や読み方の方式が提示されていない。授業・読み方の公
式化は様々な読書生活の場に応じて統合される生活指導の発想に反するから
である。けれども無計画な指導を奨励しているわけではない。読書指導の系
統性を探究したり，単元を計画したり，計画に基づいた実践を報告したりし
ている。

　以上のように，滑川読書指導論全体を貫く基本的な考え方は，読書指導は
「読書による生活指導」であるという考え方であった。滑川の目指した「生
活指導」は，生活主体としての子どもが生活の拡張・深化に自覚的に取り組
むように導くことである。実はこの「生活指導」観は，読書指導論成立に大
きな役割を果たしている。次節では，その成立過程を「生活指導」観の系譜
をたどることで追究していく。

第1章　学習指導要領における読書指導の位置づけと課題　29

3.　読書指導論の成立過程と「生活指導」観の系譜

　滑川は敗戦直後，CIE（民間情報教育局）の指導のもとで学校図書館運動に関係し，学校図書館・読書指導に関する著作を発表し，我が国の読書指導の先駆的役割を果たした。そのため，滑川読書指導論は戦後のアメリカ型の読書指導の輸入に始まると理解されがちである。アメリカの影響を全く否定するわけではないが，その理解は誤っている。アメリカ型の読書指導は学校図書館を学習の場として活用する学習的読書指導である。本項では，滑川読書指導論成立史研究の一部として，滑川読書指導論の原理がアメリカ型読書指導論の原理とは全く異なる系譜に属していることを論証する。戦前の文献にも「読書指導」が述べられているという以上に，「生活指導」観の生成の意味において，滑川読書指導論の成立は戦前から準備されたものであったと言えよう。この成立過程を図式化したのが，図　1.1である。

　図の時間は左から右へと流れている。下部のように，戦前から戦後にかけて滑川は子どもの生活指導にかかわるいくつものテーマを研究し続けている。上部の楕円は，滑川読書指導論が，滑川の生活綴方の実践・児童文化論の探究と調査・学校図書館運動への協力によって様々なことを吸収し，成立していく過程を示したものである。これらの3つの仕事と読書指導論は，子どもを生活者と見，教育を「生活指導」とする考え方に貫かれている。

　ここでは，3つの仕事の中で「生活指導」観がどのように現われているか，また3つの仕事のどういう面が読書指導論へと吸収されているかを，具体的に検討する。

⑴生活指導観の原点──生活綴方

　滑川の「生活指導」観に決定的な意味を持つのは，秋田時代の生活綴方運動の経験である。1930年に成田忠久とともに『北方教育』を創刊し，北方教育運動の基礎を築いた（滑川，1930）。当時は文芸主義・童心主義から生活主

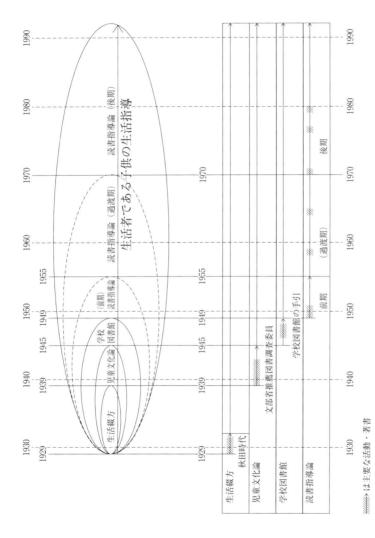

[図 1.1] 滑川道夫読書指導論の形成過程（足立, 1997, p. 4）

義へと綴方観の転換が図られていた。生活主義の綴方観は，滑川の綴方観だけではなく児童館や教育観に大きな影響を与えた。童心主義は子どもを心理的な存在としてのみとらえ，汚れなき理想的なものとして祭り上げてしまって，子どもが現実の社会の中で生活している存在であるということを忘れている。子どもは東北地方の貧困で厳しい生活現実の中にいる。その現実を綴ることによって認識し，綴方を話し合うことによってものの見かた，考えかた，感じかた，行動のしかたを学び，人生を切り拓く力を育てるのが生活主義による生活綴方であった。この考え方は，「読書指導とは，ひとりびとりの子どもたちの当面している生活現実に根ざし，その認識諸能力の発達に照応しながら，読書活動を通して，ものの見かた・考えかた・感じかたを育成し，学びとらせる指導であると言っていいだろう。」（滑川，1970，p. 124）というように，そのまま読書塩津に持ち込まれることになる。つまり，滑川は，北方教育に関する実践や研究を通して，児童を現実の社会的存在で生活主体であると認める児童観を持ち，教育を生活全体を指導するという教育観——滑川のことばで言えば「生活教育」であり，その実践的側面が「生活指導」ということになる——を得ていった。

　多くの生活綴方研究者が述べているように，生活綴方は既成の綴方の枠に止まらず，他教科にも通用する教育方法として位置づけられ，学校教育内に止まらず社会変革をも志した。滑川の「生活指導」も，学校に止まらず生活共同体全体（生活綴方では「生活台」にあたる）を指導の対象としている。中内（1976）は北方教育の生活綴方における集団の観念が契約で明示されるような近代的なものではなく，「日本の民衆社会に伝承されていた自然村的な共同体の観念」であることに注目している。このことは滑川の「生活指導」における指導の対象を考えていく上で非常に重要である。なぜなら滑川は教室あるいは自分の担任の子ども，という明示できる対象だけにではなく，広く生活共同体全体に対する指導を志向しているからである。滑川の読書指導論が，国語科にとらわれず，家庭における読書の在り方に言及したり学校図

書館における読書指導を論じたり児童文化全体の向上のために働きかけたりしているのはこのためである。

⑵学校外の生活環境としての児童文化

　1930年代の後半から，いわゆる児童文化運動が展開される。もとは国家による学校教育の外側から始められた民間的な運動であった。つまり，学校以外のものとして指導から除外されていた紙芝居・児童映画・児童音楽・マンガ・児童読物・遊びなどが教育的機能を持っていることを確認させる運動であったと言ってよい（滑川，1961，p. 42）。滑川はこの考え方に共鳴し積極的に児童文化について発言するようになっていく。また，このような大人が子どものために創造するものだけでなく，生活綴方のように子ども自身が自らの生活の中で産出したものや，子どもの生活を支えるあらゆる施設・設備等も児童文化として，その向上を訴えていった。この滑川の活動は，学校外の生活にある児童文化を向上あせ，その教育的機能を発揮させることで「生活指導」を行ったと解釈される。

　滑川は1939年から1942年まで文部省社会教育局嘱託の推薦児童図書調査員を務めている。これは，内務省の浄化運動に対して，望ましい児童図書を推薦していこうという活動で，滑川の役割は出版物を事前に調査し，推薦委員会に候補を提出することである。この仕事で，滑川は赤本・俗悪マンガ等で溢れている出版状況の現状を見る。そして，読書指導により強い関心を持つようになる。推薦児童図書調査は，児童文化の改善と読書指導の具体的な実践を意図しての良書リストの作成に大きな影響を与えた。

⑶生活の場としての児童図書館・学校図書館

　戦前に既に，滑川には児童図書館（戦前は学校図書館と呼ばない）やそれに準ずる文庫の経営の経験があった。1932年以来成蹊小学校の児童図書館の運営に携わり，戦時中には山本有三の「三鷹少国民文庫」に協力し，自宅で

「仲良し子ども会」と称して近所の子どもに蔵書を解放している。いずれも生活の中で読書に触れる場を提供することにより，生活指導を行うことが目的であった。

　このような「生活指導」観を持っている滑川が，戦後学校図書館設立に向けての各種の活動が活発化する中で，学校図書館の施設のみが整えられていくことに警告を発したのは当然の帰結であった。学校図書館があるから読書指導をするのではない。まず子どもの読書生活が存在しており，その生活指導の過程で生活の場としての学校図書館が活かされなければならない。学校図書館から読書指導を見るのではなく，子どもの生活の中に息づいている読書から学校図書館の在り方を見極めようとしていったのが，滑川読書指導論の前期の著作である。

　以上のように，生活綴方・児童文化論・学校図書館に関する活動の中で滑川の「生活指導」観は根を下ろしている。そしてそれぞれの経験が読書指導論成立へのきっかけとなっていった。生活綴方で「生活指導」の内実を考察し，児童文化論で生活の中の児童文化としての読物に詳しくなり，子どもの読書生活を支える施設としての学校図書館の設立にも携わり，子どもの読書生活の本質を記すために読書指導論を展開した。1つ1つの仕事の中で「生活指導」を確認していくことが，必然的に読書指導への関心を導いたのである。

４．滑川「生活指導」観の特徴と読書指導論

⑴まとめ

　本項の目的は滑川読書指導論の全体的把握と構造の究明のため，全体を貫く原理を把握し，その原理を遡って読書指導論成立の一端を明らかにすることであった。構成原理としては「生活指導」観を措定し，これが滑川読書指導論の業績である，①読解と読書の統合，②児童文化的視点，③良書リスト作成，④映像文化と読書の関係の論究，⑤情報化時代の読書指導の考察，⑥

東洋的読書の探究による国際的貢献，の軸になっていることを示した。そして生活綴方で追究された「生活指導」の内実が読書指導論にも適用できることを通して，「生活指導」が滑川読書指導論の構成原理であることを証明した。次に生活綴方の実践，児童文化論の調査・探究，学校図書館運動への協力という滑川が行った3つの仕事の中にも，この「生活指導」観が貫かれていることをあとづけ，3つの仕事を遂行する過程で，読書指導論が成立する経緯と関係を記述し，成立過程を表す図 1.1を提案した。

　注目されることは，この3つの仕事のもとになった運動——生活綴方運動（北方教育運動），児童文化運動，学校図書館運動——はすべて明治以来の知識伝達を中心とした国家による学校教育の外側で起こっているという事実である。生活綴方運動は，国定国語読本による知識伝達ではなく，自由な綴方運動から始まった。また，綴方作品を掲載した『赤い鳥』は学校教育には直接関係のない鈴木三重吉によって編集された。児童文化運動の最初のきっかけを作ったものは，文部省ではなく内務省の児童読物浄化運動であった。また児童文化運動に取り上げられたものはそれまでは学校教育における指導の範囲からは除外されていた。その上，児童文化運動は波多野完治ら民間人の手によって国家による統制をうけないように注意深く進められた（波多野，1961，p.6）。また学校図書館運動は，CIEの指導によって始められた。結局，この3つの運動が明治以来の国家による学校教育の批判として起こっているわけである。3つの運動の上に乗っていることを考えると，結果として滑川の「生活指導」観は従来の学校教育批判になったと言うことができよう。したがって滑川読書指導論は，学校教育の中で行われていた国定教科書による知識伝達を越えて，より子どもの生活に即したものになっていったと意義づけられる。

(2)東洋的生活指導観

　さらに付け加えるならば，滑川の「生活指導」観は，「東洋的生活指導」

観とでも言うべきものである。戦後アメリカから輸入された進路指導に出発したガイダンス理論や，ソ連のマカレンコの集団主義的な生活指導論とは全く異なる。東洋的生活指導観というテーマは本項の研究課題からはずれてしまうので別の機会に論ずるつもりであるが，ここでも若干触れておくことにする。

　滑川は1932年以来成蹊小学校で教鞭をとっている（成蹊中学校・高等学校兼任の時期もある）。成蹊学園は中村春二が設立した小定員主義の民間私立学校である。多くの対象自由教育の私立学校が，西洋的な思想を背景としていたのと対照的に，成蹊学園は道元の善の理論に基づいた鍛錬主義的生活教育を理想としていた。滑川の務めていた時代にも自学自励主義教育の伝統は残っていた（成蹊学園，1973）。自律の精神を養うこと，そのために自ら鍛え自ら考えることを重視すること，師弟一体の共同生活を営みつつも個性主義に基づいていることにその特徴はある。この経験が滑川の「生活指導」観に影響を与えたことは否定できない。また，滑川が尊敬し影響を受けたであろう芦田恵之助・西尾実・西原慶一らも，東洋的思想の系譜に位置付けられている（滑川，1979，松崎，1988，1989等）。

　何を東洋的とするかは大変難しいが，本項では，自律性，深さへの志向性，不可視的実在への志向性，の3点を指摘しておきたい。これは合理的・分析的な態度というよりも，自ら悟るための修行という態度に近い。「生活指導」の内実の最初に示した自ら反省し自覚することはこの態度に通じる。マンガ・映像文化をいち早く読書生活の中に取り込みながらも，滑川はより深く考えるための読書に最も大きい価値をおかざるを得なかった。そして最終的には子どもが自ら反省し自覚して，指導そのものが不要になってしまうことを理想としていた。また，読書指導の範囲を教師として把握できる範囲に止めず，家庭・社会・生活環境などといった全体としてとらえ，それをより深く掘り下げていくことをよしとした。

　滑川読書指導論の中では晩年の仕事に数えられる東洋的読書の探究は，滑

川の「東洋的生活指導」観から必然的に出てきたものである。「読書における東洋的思考」という論考の中では，自分自身の読書指導論が「東洋的」であることを明白には記していない。けれども，滑川の「生活指導」観が「東洋的」生活指導であるという意味において，滑川の読書指導論が「東洋的」であると言えるのである。

　滑川の「生活指導」観と成蹊の「生活指導」観・中村春二の思想との関係についてはさらに綿密な検討が必要である。しかしここで明確に指摘しておけるのは，生活綴方・児童文化運動などと同様に，成蹊学園も知識注入の形式的公教育の批判として生まれたということである。一見全く異なるようにみえる生活綴方や児童文化や学校図書館に関する仕事と，成蹊小学校での教師としての生活は，滑川の中では「生活指導」観という一転において全く矛盾のない関連するものとしてとらえられていたのである。

(3)滑川の読書指導論の問題点…読書指導法の不在

　上記の論考では，日本の読書指導の基礎を築いた滑川道夫の読書指導論の指導原理の把握に務めた。その根本原理とは，生活綴方運動に胚胎した滑川の「生活指導」観であり，児童文化運動・学校図書館設立運動などの仕事を組み込むことで，読書指導論として具体化されるに至った。この滑川の読書指導論の問題は，2点ある。

　1点目は，読書指導を「生活指導」と強調することで，学校における学習指導として読書指導が行いにくいように導いてしまったことである。前述のように，国語科の学習指導要領は読解と読書の2本の柱を設けてきたが，実際の教育現場では，読書指導は行われてこなかったと言える。

　2点目は，滑川が読書指導法の開発など，国語科における読書指導の方法論の構築を積極的に行わなかったことである。

　例えば，滑川道夫著『読書指導』（牧書店，1959年刊）には，次の章から成り立っている。

第1章　学習指導要領における読書指導の位置づけと課題　37

　　読書指導とはなにか
　　発達段階における読書指導
　　読解指導と読書指導
　　道徳教育における読書指導
　　文学教育における読書指導
　　子どもマンガの読書指導
　　子どものための読書案内

　「読書指導とはなにか」は原理的な説明である。部分的に「読書指導計画の構成」などもあるが，指導法についての言及はない。子どものための読書案内では，「子どもに鑑賞させるときの諸注意」として，「たしかな理解の上に鑑賞が成り立つ」「生活と結びつけて考えさせるということ」「多種多様の作品にふれさせていくこと」などの提言が出されているが，どのような読書指導法を用いればそのことが実現できるかということについては触れられていない。同章では，「名作読書案内」として夏目漱石，島崎藤村，小泉八雲，宮沢賢治，志賀直哉，武者小路実篤の作品について述べていたり，「子どもに読ませたい本」が薦められていたり良書リストが付されたりして，児童文化論的視点を持つ滑川らしい，具体的な作品に応じた読書指導を提案しようとしているのだが，教材論が先行しており，指導論は遅れているということができる。このような2点目の読書指導法の不在は，1点目の「生活指導」観からの帰結であった。授業・読み方の公式化は様々な読書生活の場に応じて統合される生活指導の発想に反するとしてしまった。このことが，日本において，読書指導を国語科の授業の中で行っていくための方法論の整備の遅れにつながっていると考えている。

第3節　読書指導研究の課題

1．研究課題の設定

　学習指導要領における読書指導の位置づけは長らく目標としては位置付けられてきたが，内容には位置付けられてこなかったこと，位置付けられるようになってからも，改訂ごとに全く異なるところに位置付けられて不安定であることが明らかになった。このようなことが，実際のところあまり読書指導は行われてこなかったことに関係していると言える。そして，その読書指導法の未発達の原因として，滑川道夫などの読書指導論者が，読書指導を生活指導と考えたため国語科の学習指導における指導法開発が行われてこなかったことを論じてきた。

　このような現状を踏まえると，読書指導研究の課題は，読書指導法の開発であると言える。教科書に掲載された文章を長時間かけて指導する読解指導が反省されてきたが，読書を教室に持ち込む方法が議論されてこなかった。大村はま（1984a，1984b）による読書生活指導の試みはあったが，優れた一個人の実践例にとどまり，読書指導法として一般化することはなかったのである。

　以上のことから，読書指導研究の研究課題は，上述のような状況を改善する読書指導法を開発することであると設定する。

2．海外の読書指導法

　一方，海外に目を転じてみると，読書指導法に関する著作は多数出版されている。

　Robert J. Tierney と Jhon E. Readence による "Reading Strategies And Practices"（第6版，2005年）には，14のユニットについて87もの指導法が掲

載されている。すべての指導法について、目的（purpose）、原理（Rationale）、意図されている学習者（intended audience）、手順説明（descriptions of the procedures）、意義と議論（cautions and comments）の5項目で説明した後、参考文献が10本程度紹介されている。

　Gail E. Tompkins による "50 Literacy Strategies: Step by Step"（第4版、2013年刊）には、そのタイトルのとおり50の指導法が掲載されており、指導の焦点（Instructional Focus）、適した学年（Grade Levels）などを整理した上で、方法の説明をしている。この50の指導法のいくつかは Tierney と Readence の本にも掲載されていたもので、長く広くアメリカの読むことを指導する教室で使用されていることが分かる。

　詳しくは第4章で扱うが、スペインの Maria Montserrat Sarto による "Animación a la lectura con nuevas estrategias."（1998年、邦訳 M. M. サルト、宇野和美訳『読書へのアニマシオン－75の作戦－』2001年）には、75の指導法（作戦）が掲載されている。すべてについてタイトル、参加者、ねらい、責任者、必要な素材と手段、実践方法、所要時間、興味・関心と難しさ、行なったアニマシオンの分析、の9項目で整理されている。これも1回の指導例ではなく、何度も実施を経て精緻化された指導法となっているのである。

　以上のことから、本書では、上記の3冊の本のように特定の文脈を超えて、日本の国語科の多くの授業場面で使用できる読書指導法を開発することを研究課題とする。そのために、本研究では海外の読書指導法を参照するという研究方法をとる。海外の状況と日本の状況では、子どもの能力も、教師の勤務状況も、教科書や学校図書館の資料などの読書環境も異なるので役に立たないという意見もあるかもしれない。しかし、上記のような海外の読書指導法は幅広く海外の学校現場で使用されており、また、文部科学省も社会の変化に応じて海外の影響を受けながら、新しい学力観を提案しているのである。そうだとするならば、国際学力調査などを参照し、日本の子ども達にも必要なことだという保証を取りながら、海外の読書指導法を取り入れてみるのも

意義のあることである。

　以下，第 2 章で国際学力調査を分析した上で，第 3 章以降は海外の読書指導法を調べて考察し，日本で使用できる読書指導法を開発したい。第 3 章以降の各章の最後には，まとめとして，開発した読書指導法を Tierney と Readence の 5 項目で整理して示し提案することとする。

第2章　国際学力調査における
リーディング・リテラシー

第1節　PISA

1．PISAの概要と背景

　PISA（Programme for International Student Assessment）とは，経済協力開発機構（OECD）が教育インディケータ事業としておこなっている15歳生徒の国際学習到達度調査のことである。15歳という年齢は，義務教育を終了し，社会に参加する際に必要な能力が身についているかどうかを調査するものである。

　調査2000年に開始され，2003年，2006年……と3年ごとに行われている。読むことについて問うリーディング・リテラシー（reading literacy），数学的リテラシー（mathematical literacy），科学的リテラシー（scientific literacy）の3領域が問われる。毎回集中的に調査を行う「中心領域」というものが設定され，調査ごとにその中心領域が入れ替わる。リーディング・リテラシーは，2000年，2009年，2018年調査の際の中心領域であった。その時に，定義や枠組みなどが検討される。

　このPISA調査の背景には，「コンピテンシーの定義と選択：その理論的・概念的基礎」（Definition & Selection of Competencies; Theoretical & Conceptual Foundations：DeSeCo）というプロジェクトのキー・コンピテンシーがあることが知られている。PISAの2000年調査の後に，PISAなどの調査の概念的基盤を提供するためにまとめられたDeSeCoのキー・コンピテンシー

の定義は，マルチリテラシーズ（New London Group, 1996）の考え方[1]と非常に類似している。DeSeCo とは，「コンピテンシーの定義と選択：その理論的・概念的基礎」（Definition & Selection of Competencies; Theoretical & Conceptual Foundations）というプロジェクトで，OECD とも関係するが，スイス連邦主導で実行されたものである。時系列としては PISA の2000年の調査後に出されたものではあるけれど，PISA の背景にある考え方をよく表現していると考えられているので，リーディング・リテラシーの背景として，ここで検討してみたい。キー・コンピテンシーとは，直訳すると「重要な能力」という意味であり，単なる知識や技能ではなく，学習への意欲や行動・行為に至るまでの幅広く深い能力のことである。DeSeCo は，キー・コンピンテンシーとして，次の9つのコンピテンシーを設定し，それをそれぞれ3つずつにカテゴリー化した。

1　相互作用的に道具を用いる

1 A：言語，シンボル，テクストを相互作用的に用いる能力

1 B：知識や情報を相互作用的に用いる能力

1 C：技術を相互作用的に用いる能力

2　異質な集団で交流する

2 A：他人といい関係を作る能力

2 B：協力する能力

2 C：争いを処理し，解決する能力

3　自律的に活動する

3 A：大きな展望の中で活動する能力

3 B：人生計画や個人的プロジェクトを設計し実行する能力

3 C：自らの権利，利害，限界やニーズを表明する能力

　カテゴリー1の「道具」とは，コンピュータのような物理的な道具だけでなく，言語，情報，知識などの相互作用のための社会文化的な道具をも含む。とくにコンピテンシー1 Aの「言語，シンボル，テクストを相互作用的に用

いる能力」とは，「さまざまな状況において，話して書くといった言語的な
スキル，コンピュータまたは図表を用いるといった他の数学的なスキル有効
に利用するものである」（Rychen & Salganik, 邦訳2006, p. 211）とされており，
PISA のリーディング・リテラシー，数学的リテラシーは，このコンピテン
シーとの関係が強い。

　カテゴリー2の「異質な集団」については，やはり社会のグローバル化と
関係する。近代国家は，等質の集団でコミュニティーを作り上げたものであ
った。しかし，グローバル化が進む今日では，様々な人々が移動し，交錯す
る。異質な人々ともコミュニケーションを図り，コミュニティーを作ってい
かなければならない。時には，文化的摩擦があるかも知れない。その中で，
コンピテンシー2B「協力する能力」やコンピテンシー2Cの中の「争いを
処理し，解決する能力」は，結局異質な人々とのコミュニケーションの能力
とも言えるであろう。

　カテゴリー3「自律的に活動する」が必要な理由の1つとして，「複雑な
社会で自分のアイデンティティを実現し，目標を設定する」が挙げられてい
る。マルチリテラシーズの背景としてみた「市民的複雑性」に加えて「多層
の生活世界」との類似性を指摘することができる。カテゴリー3の各能力を
見ると，異質な集団である複雑な社会に身を投じながら，見通しを持ち自律
的に活動し，必要なことをそのコミュニティーの人々に表明していくという
人間像が見えてくる。

　PISA はこのような20世紀の末の，複雑化する社会背景のもとに作られた
調査である。

　国立教育政策研究所では，リーディング・リテラシーのことを「読解力」
と訳しているが，第1章で扱った，日本の国語科教育における読解とは意味
範囲が異なるので，本章では PISA で測られている読むことの能力を，リー
ディング・リテラシーと片仮名書きすることにする。

2．リーディング・リテラシーの定義

(1)2000年調査の定義

　2000年調査におけるのリーディング・リテラシーの定義は，

> 自らの目標を達成し，自らの知識と可能性を発達させ，効果的に社会に参加する
> ために，書かれたテキストを理解し，利用し，熟考する能力

である。DeSeCo のキー・コンピテンシーに通じる，能動的な人間の活動と
して，リーディング・リテラシーが設定されていることが分かる。

(2)2009年調査の定義

　2009年調査におけるリーディング・リテラシーの定義は，

> 自らの目標を達成し，自らの知識と可能性を発達させ，効果的に社会に参加する
> ために，書かれたテキストを理解し，利用し，熟考し，これに取り組む能力

となった。「これに取り組む」が付け加えられたが，このことについての解
説を引用する。

　　　読解力（引用者注：リーディング・リテラシーのこと）はただ単に読む知識や
　　技能があるというだけでなく，様々な目的のために読みを価値づけたり，用いた
　　りする能力によっても構成されるという考え方から，「読みへの取り組み」（en-
　　gaging with written texts）という要素が加えられたのである。この「読みへの
　　取り組み」とは，読むことに対してモチベーション（動機付け）があり，また，
　　読書に対する対する興味・関心があり，読書を楽しみと感じており，読む内容を
　　精査したり，読書の社会的な側面に関わったり，読書を多面的にまた頻繁に行っ
　　ているなどの情緒的，行動的特性から成る。

（国立教育政策研究所，2010，p.13）

　すなわち，リーディング・リテラシーには，読むことの知識や技能といっ
た認知的側面だけでなく，読書の情緒的，行動的特性といった非認知的側面
も含みこんだ概念なのである。この非認知的側面を「取り組み」（engage-

ment) と呼ぶ。そして，この取り組みを調査しているのは，テストの部分というよりは質問紙調査なのである。本書は読書指導に関心があるので，後ほどで PISA の質問紙調査を見ることとする。

なお，この質問紙調査は2000年調査の時から行っていたが，2009年調査でよりそのことが強調されたと考えられる。

(3) 2018年調査の定義

2018年のリーディング・リテラシーの定義は，

> 自らの目標を達成し，自らの知識と可能性を発展させ，社会に参加するために，テキストを理解し，利用し，評価し，熟考し，これに取り組むこと

である。2000年・2009年の「書かれた」という語を削除し，「評価し」という語を追加している。このことについても解説を見てみよう。

> 「書かれた」が削除されたのは，問題がコンピュータ使用型に移行したことによる。また，読むことは目標指向であることが多く，読み手はテキストの中の信ぴょう性，著者の視点，テキストと読み手の目標との関連性などの要素を検討しなければならない。こうした概念を組み入れるために「評価」が追加されている。
>
> （国立教育政策研究所，2019，p.70）

実は，PISA のリーディング・リテラシーに，最初にコンピュータ使用が持ち込まれたのは，2009年調査であった。この時と2012年調査はオプション（選択したい国だけが選択する）であったが，2015年調査でコンピュータ使用型に全面移行し，その後2018年調査のリーディング・リテラシーの定義に上記のような影響があったのである。

以上のように，リーディング・リテラシーの定義は，2000年頃のグローバル社会を背景としたキー・コンピテンシーの考え方を踏まえつつも，さらに時代に合わせて微修正されてきているのである。

ここから，2つのことをとらえたい。1つめは，社会に参加する子どもた

ちが能動的に活動する中でのリーディング・リテラシーがとらえられているということである。これは，受け身に，あるいは，いわゆる入学試験の受験用に読む力をとらえるということではない。日常の読書に対するモチベーションや，実際の読書量などを含めて読む力としてとらえるということである。2つめは，コンピュータ使用型から分かるように，社会の変化に応じたテキストのとらえ方をしているということである。これらのことが，実際にリーディング・リテラシーの枠組みにどのように表れているのかを見ていくこととする。

3．質問紙調査

　PISA では，いわゆるテストにあたる部分のほかに，生徒質問紙と学校質問紙の2種類の質問紙調査が行われている。学校質問紙の方は，学校の設立者・規模・成績評価の仕方など学習環境について聞く項目が多いが，生徒質問紙には，読書の取り組みに関わる項目が並んでいる。2000年調査を中心に特徴的なものを結果とともに取り出してみる。

⑴家にあるもの

　「問12．あなたの家には，次の物がありますか。それぞれについて，あてはまる番号に1つ○をつけてください。」として尋ねられているものの中には，辞書・事典類，文学作品，詩集などが並べられている。

⑵国語の授業

　「問16．あなたの受けている国語の授業で，次のようなことは，どのくらいあてはまりますか。」の項目の中に「先生は，生徒に自分の意見をのべさせてくれる」というのがある。これは，授業の中でテキストを読んだ時に自分の意見を述べる機会があるかを問うているものである。日本の子ども達は，「まったくない」が10.1%と OECD 平均（7.4%）よりも高く，「毎回の授業

第2章　国際学力調査におけるリーディング・リテラシー　　47

である」が30.6％がOECD平均（37.6％）よりも低い。

(3)読書活動

　「問24．あなたは，毎日，趣味としての読書をどのくらいしますか。あてはまる番号に一つ○をつけてください。」の質問に対して，日本の子ども達は「趣味で読書することはない」が55.0％とOECD平均（31.7％）を大きく上回っている。

　「問25．読書について，次のようなことは，あなたはどのくらいあてはまりますか。それぞれについてあてはまる番号に一つ○をつけてください。」という質問には複数の内容がある。「(1)どうしても読まなければならない時しか本は読まない」については「とてもよくあてはまる」とした日本の子ども達は21.5％で，OECD平均（12.6％）を大きく上回る。「(2)読書は大好きな趣味の一つだ」は「まったくあてはまらない」とした日本の子ども達は34.2％でOECD平均（27.6％）をやや上回る。「(3)本の内容について人と話すのが好きだ」は「まったくあてはまらない」とした日本の子ども達は31.6％でOECD平均（27.5％）をやや上回る。「(4)本を最後まで読み終えるのは困難だ」は「とてもよくあてはまる」とした日本の子ども達は16.9％でOECD平均（9.4％）をやや上回る。これらから見てとれるのは，日本の子ども達が読書を自分自身が望む取り組みとして十分に行えていないということである。「(3)本の内容について人と話すのが好きだ」は，単に読んで自分一人で味わうだけにとどまらず，読書を通して他人とコミュニケーションをとることを聞いており，前述の国語の授業について「生徒に自分の意見をのべさせてくれる」が少なかったことと合わせて考えると，やはり読書をしたことを人と話すこと，読んで思ったことを述べることを，授業における読書指導として行っていく必要があるということが結論として導き出せる。

⑷読書の種類・頻度

「問26. 読書について，次のようなことは，あなたはどのくらいあてはまりますか。それぞれについてあてはまる番号に一つ〇をつけてください。」はどのようなメディアやジャンルのものを，どのような頻度で読書しているかを問う質問項目である。「まったくか，ほとんどない」と回答した不読者の割合を見ていく。「⑴雑誌」については日本の子ども達は4.5％で，OECD平均（5.9％）よりやや低い。「⑵コミック（まんが）」は日本の子ども達は4.5％でOECD平均（36.6％）に対して低くなっている。「⑶フィクション（小説，物語など）」日本が30.0％でOECD平均（25.8％），「⑷ノンフィクション（伝記，ルポルタージュなど）」は日本の子ども達は52.7％で，OECD平均（32.8％）を大きく上回る。筆者としては，ここに強い問題意識を持つ。日本の読書指導は文学が中心で，ノンフィクションを読むという能力もノンフィクションを読みたいという意欲も高めることは行えていないのではないかと考える。「⑸Eメール，ホームページ」は日本の子ども達は40.6％でOECD平均（33.3％）よりもやや高かった。以上のように，「⑹新聞」は日本の子ども達は13.3％でOECD平均（11.5％）よりもやや高い。ここでは不読者の割合を見た。また，PISAは読書活動を幅広いジャンル・メディアを読書する対象としてとらえているのだということも指摘しておきたい。

2018年調査ではこれらに加えて，ICT活用調査の質問紙が出され，ICTを使った読書についても幅広く実態をとらえようとしている。

４．枠組みと調査問題

⑴テキストと状況

①テキストの形式

2000年調査では，テキストの形式として，いわゆる文章の形態であらわれる「連続型テキスト」と，図・グラフ，表，図，書式，情報シート，宣伝・広告，バウチャー，証明書といった「非連続型テキスト」の２つが設定され

ている。2009年調査では，「連続型テキスト」「非連続型テキスト」に加えて，両者が含まれる「混成型テキスト」と，特定の目的のために独立したテキストである「複合型テキスト」が設置された。これは，コンピュータ使用問題がオプションとして加わったために，コンピュータ使用問題で扱われるテキストを示したということである。2018年調査では，「連続型テキスト」「非連続型テキスト」「混成型テキスト」の3種類に落ち着いた。

②テキストのタイプ

　テキストのタイプとは，テキストの目的と内部組織の両方を指す。PISAの枠組みでは，「広範な種類の読解の提供を確保するために，テキストの主要な特徴に基づき，テキストのタイプに従って分類することが有用である」として，ジャンルやメディアに関するものである。例えば，2018年調査では6つのタイプが記されている。

- ・「記述」は，情報が事物の空間的な特性について言及するタイプのテキストである。例としては，旅行記または日記における特定の場所の描写，カタログ，地図，オンラインのフライトスケジュールなどがある。
- ・「叙述」は，情報が事物の時間的な特性について言及しているテキストのタイプである。例としては，小説，短編小説，演劇，伝記などがあげられる。
- ・「解説」は，情報が複合的概念や心的構成概念として，またはそれらを構成している諸要素として提示されるテキストのタイプである。例としては，学術論文，生体の機能モデルを示す図，オンライン百科事典の項目などがあげられる。
- ・「議論」は，複数の概念間又は主張間の関係を示すテキストのタイプである。例としては，投稿文，ポスター広告，オンライン・フォーラムへの投稿などが挙げられる。
- ・「指示」は，何をするべきかという指示を与えるタイプのテキストである。例としては，料理のレシピ，応用処置の手順を示す一連の図表などが挙げられる。
- ・「処理」は，何かをしてもらうよう要請する，会議を運営する，友人と面会するなどの具体的な目標の達成を目的とするテキストのタイプである。例としては，取り決めの依頼と確認のための同僚または友人間の日常的な電子メールや

テキストメッセージのやり取りなどが挙げられる。

　筆者のとらえ方では，これらは，テキストのジャンル（一部メディアも含まれる）である。このように幅広いジャンル・メディアを読むことをリーディング・リテラシーとしているのである。

　従来の国語科では，非連続型テキストは国語科では扱われてこなかった。また，国語科では，文学的文章と説明的文章が扱われてきたが，説明的文章をさらに「解説」「記述」「議論」「指示」のようにジャンルに応じて分けてとらえて，それぞれによって読み方を変えるということも十分に行われてきていなかったと考えられる。

③状況

　さらに，PISA では，義務教育を修了した若者が「自らの知識と可能性を発達させ，効果的に社会に参加するために」グローバル社会の中で若者達が出会う様々な形態のテキストを扱う。このため，リーディング・リテラシーが「私的」「公的」「職業的」「教育的」の４つの状況が設定され，それぞれ21％，25％，25％，29％という割合で設問が作成されている。一方，国語科では，若者が国語科教育の中で学ぶに足る典型的な規範的な文章を対象としてきており，非連続型テキストは対象になっていなかった。加えて，国語科では，状況の設定は行われていない。教科書に載っている文章ということを考えると，「教育的」状況のテキストだけが読むべき文章として扱われていることになる。これは，リーディング・リテラシーでは29％に過ぎない範囲ということになる。さらに，非連続型テキストは，リーディング・リテラシーの約30％を占めるので，これを含めないとすると，国語科が扱ってきたテキストの範囲は，リーディング・リテラシーの約20％という計算になる。加えて，注目したいのは，「説明的文章」の内容である。「解説」「記述」「議論」「指示」「文書または記録」などの下位分類は，あまり重視されてこなか

った。加えて，教科書に掲載される「説明的な文章」は，大抵は教科書用に再編集されたもので，現実の社会にはあまり存在しないような特殊な形になることが多かった。具体的には，見出しが外されたり，図・表が削られたり，問いが1段落目もしくは2段落目に配置されたり，最後の段落に筆者の主張や問題提起が書かれるようになったりということである。つまり，一言で言うと，リーディング・リテラシーは，若者が出会うであろう現実のテキストを対象とし，国語科は，生徒が教科書用に書き換えられた文章を対象としているということになる。

⑵側面

　PISA2000年調査では，読む状況やテキストの種類に限らず，リーディング・リテラシーを5つの側面としてとらえている。その5つとは，

1　情報の取り出し
2　幅広い一般的な理解の形成
3　解釈の展開
4　テキストの内容の熟考・評価
5　テキストの形式の熟考・評価

である。1・2・3は「基本的にテキスト内部の情報を利用する」ものである。設問に解答する際に，テキストの中に解答が書かれているというものである。解答が，一文以内の比較的短い箇所で独立して取り出せるものは「1情報の取り出し」であり，テキストの全体を見なければならないような場合が「2幅広い一般的な理解」，部分的に複数の箇所と関係させなければならないような場合が「3解釈の展開」である。4・5は「外部の知識を引き出す」ものである。外部の知識とは，テキストの内部にないことであり，調査に取り組んでいる生徒にとってみれば自分の既有知識や考え方や価値観などである。つまり，テキストの中に書いてあることだけでは解答できず，自分の既有知識や考え方や価値観などに照らし合わせて解答していくことになる。

つまり，中身の理解だけでなく，自分なりの判断や評価といったものが行われることになる。「4 テキストの内容の熟考・評価」は，その意見についてどう思うかといったテキストの内容面に焦点をあてるもの，「5 テキストの形式の熟考・評価」はその表現の仕方（形式）はよいかどうかといった，形式面に焦点をあてるものである。分析時には，1 を単独で「情報の取り出し」，2 と 3 をまとめて「解釈」，4 と 5 をまとめて「熟考・評価」と，大きく 3 つに分類した。本稿では，これをリーディング・リテラシーの 3 側面と呼ぶことにする。このことが，後で，我が国の国語科教育に大きく影響することになった。

　PISA2009年調査では，2000年調査の 3 側面を基本的に受け継いだが，コンピュータ使用問題を受けて，文言の変更があった。

2000年調査		2009年調査
情報の取り出し	→	情報へのアクセス・取り出し
テキストの解釈	→	統合・解釈
熟考・評価	→	熟考・評価

である。コンピュータ使用問題（デジタル調査問題）では，紙で渡されたテキストから情報を取り出すのではなく，情報が書いてあるところにアクセスしなければならない。また，リンクやタブといった様々なところに書いてあることを読み取って統合しなければ解釈はできない。このようなことから，上記の変更となった。

　2018年調査問題は，側面ではなく，前提として「読みの流ちょう性」が確保されていなければならないとするが，テキストの処理をしている際に目的と計画を設定して，モニタリングを行い，管理するという「課題管理」の過程を把握しようとしているが，上記の 3 つの側面を踏襲したものになっている。

　情報を探し出す
　　―テキストの中の情報にアクセスし，取り出す

―関連するテキストを探索し，選び出す

　理解する

　　―字句の意味を理解する

　　―統合し，推論を創出する

　評価し，熟考する

　　―質と信ぴょう性を表亜する

　　―内容と形式について熟考する

　　―矛盾を見つけて対処する

　そして，１つの設問は必ず１つの側面について評価するものとして，テストがデザインされている。

(3)調査問題

　ここでは，PISA2000年調査問題から，「落書き」を取り上げる。「落書き」は，落書きについて否定的なヘルガと，落書きは芸術の一種であると肯定的なソフィアのインターネット上の手紙を読んで解答するものである。これらの手紙は，公共の状況の中で，議論・説得のタイプのテキストとされている。

> 問１　この二つの手紙のそれぞれに共通する目的は，次のうちどれですか。

　問１は４択問題である。５側面では「幅広い一般的な理解の形成」３側面では「解釈」にあたる。「幅広い一般体な理解の形成」はこのように全体を通したテキストの目的や要旨や主題などについて問うものである。

> 問２　ソフィアが広告を引き合いに出している理由は何ですか。

　これは２行ほどで解答する設問である。５側面では「解釈の展開」，３側面では「解釈」にあたる設問である。日本の子ども達の正答率は42.2％とOECD平均の53.4％を大きく下回った。また，日本の子ども達の無答率は28.8％と極めて高く，OECD平均の10.2％を大きく上回った。

54

> 問3　あなたは，この2通のどちらに賛成しますか。片方あるいは両方の手紙の
> 内容にふれながら，自分なりの言葉を使ってあなたの答えを説明してください。

　これも2行ほどで解答する記述式問題である。5側面では「テキストの内
容の熟考・評価」，3側面では「熟考・評価」に当たる。日本の子ども達の
正答率71.1％は OECD 平均の67.8％より高かったが，無答率15.2％は
OECD 平均6.8％よりもかなり高かった。

> 問4　手紙に何が書かれているか，内容について考えてみましょう。
> 　手紙がどのような書き方で書かれているか，スタイルについて考えてみましょ
> う。
> 　どちらの手紙に賛成するかは別として，あなたの意見では，どちらの手紙がよ
> い手紙だと思いますか。片方あるいは両方の手紙の書き方にふれながら，あなた
> の答えを説明してください。

　問4も2行ほどで解答するものである。5側面では「テキストの形式の熟
考・評価」，3側面では「熟考・評価」にあたる。この問題も，日本の子ど
もの正答率54.7％は OECD 平均45.2％より高かったが，無答率27.1％も
OECD 平均13.9％より高かった。

　以上のように，リーディング・リテラシー調査問題では，どの設問が枠組
みのどの側面を測定する設問なのかが明示されている。熟考・評価にあたる
設問の成績が低いこと，また，全般的に記述問題の無答率が高いことが，従
来の国語科と PISA のリーディング・リテラシーの違いとして問題になった。

5．コンピュータ使用問題（デジタル調査問題）

　PISA のデジタル調査問題は，2009年調査で初めて国際オプションとして
開発され，2012年・2015年調査では2009年調査問題が使用され，2018年調査
でまた新しく作成された。ここでは，2009年予備調査（経済協力開発機構，
2010，pp. 291-306.）から「哲学者のカフェ」「アイスクリーム」「フィッシン

グ詐欺」の３つの大問と，2018年調査（国立教育政策研究所，2019，pp. 106-117.）から，「ラパヌイ島」の１つの大問を取り上げる。

「哲学者のカフェ」は，ベンサム・孔子・ゼノンという３人の哲学者に関する情報が百科事典的に掲載されている教育的なウェブサイトである。小問は３つある。問１は，メニューの「孔子」と表示されたところをクリックし，孔子が説いた「仁」の説明のページを読み，「仁」とは何かという定義を解答するものである。問２は，「行動」というページに入って，示されている短編マンガがゼノンのどのような教えを表したものかを解答するものである。問３は，行動のページから年表を見つけて，ベンサム・孔子・ゼノンが生まれた年を解答する。

「アイスクリーム」は，グローバル検索という検索エンジンで，アイスクリームについて検索した結果のページから出題されている。スクロールをすると10の検索結果が見られるようになっている。問１はそれぞれのサイトのタイトルと数行の引用を見て，アイスクリームの歴史について説明していると考えられる検索結果を選択する。問２は，自分が「アイスクリームが健康的なダイエットのひとつかどうかについて知りたい」場合に，適切なアドバイスが書かれていそうな検索結果を選ぶというものである。

「フィッシング詐欺」は，フィッシング詐欺情報提供サイトを読んで解答する。このサイトは，「ホーム」「フィッシングの見分け方」「技術をみがこう」という３種類のページで構成されている。問１は「ホーム」ページに示されているフィッシングメールの特徴を，問２は同じページからフィッシングメールは世界で１か月間に平均何通送信されているかを読み取って解答する。問３は，「フィッシングの見分け方」ページに移動し，そのページで説明されているフィッシングの手口はどれかを解答するものである。

「ラパヌイ島」は，日本ではイースター島と呼ばれている島についての，３つのページ（ブログ・書評・オンライン雑誌の記事）を読む７つの小問で構成されている。冒頭には，読む状況についてのシナリオがある。

地元の図書館で来週講演会があります。講演をするのは，近くの大学の教授です。彼女は，チリの3200キロメートル西にある太平洋のラパヌイ島に関するフィールドワークについて話をします。／あなたは，世界史の授業でその講演を聴きに行くことになりました。そして講演会に行く前に知識を得るため，ラパヌイ島の歴史を調べるという課題が先生から出されました。／1つ目の資料は，その教授がラパヌイ島に滞在していたときに書いたブログです。／「次へ」ボタンをクリックして，ブログを読んでください。

問1・問2は，教授のブログを読む問題である。ブログの最後でこの教授が読むことを勧めている本があり，その本に対して肯定的な書評をブログ内で紹介しているので，紹介のリンクをたどって，書評を読むのが問3である。問4〜問6は，本の主張（ラパヌイ島の自然破壊はラパヌイ族の人々が行った木の伐採・耕作や生物の乱獲による）に対して否定的な説を取り上げたオンライン雑誌の記事を読む。問7は，ブログ，書評，記事の3つのタイプの資料を読んで学説を比較しつつ，ラパヌイ島の大木消滅の原因を自分はどのように考えるか答えるというものである。

　これらのコンピュータ使用問題の特徴を4点指摘する。1点目は，シナリオを用いて状況を示し，読む目的を明確にしていることである。2点目は，「アイスクリーム」にあったように，検索エンジンの検索ページを読む力が測定されていることである。3点目は，複数の異なる見解やタイプのテキストを合わせて読むことを扱っていることである。4点目は，スクロールやタブやリンクなど，実際にインターネットを使う作業を反映していることである。

　これらを「ラパヌイ島」と話題が似ている教科書教材の読解と比較する。「イースター島にはなぜ森林がないのか」（鷲谷いずみ，東京書籍六年，令和2年度版）の学習課題は「文章の構成や取り上げられた事例から，筆者の考えや論の進め方をとらえよう。」である。「モアイは語る―地球の未来」（安田喜憲，光村図書中学校2年，平成28年度版）の学習目標は，「文章の構成や論の展開に

注目して，筆者の主張を捉える。」「論説を読み，筆者のものの見方や考え方について自分の考えをもつ。」である。いずれも，筆者が一貫した考えを論説文の形で展開しているのを完結したものとして読み，その上で自分の考えをもつのである。しかしデジタルリテラシーでは，自分の目的に基づいて読み進めながら検索し，サイトにアクセスし，ページを開き，そこから次のタブやリンクへと移っていく。一貫したものを読み取るというよりは，次々に情報を足していくという形である。目的も移っていくし，自分の考えもアクセスしながら徐々に膨らんでくる。これらを実際にインターネットに接続しながら行っていくのがデジタルのテクストを読むということであると言える。

第2節　PIRLS

1．PIRLS の概要

PIRLS（Progress in International Reading Literacy Study）は，国際教育到達度評価学会（International Association for the Evaluation of Educational Achievement, IEA と略記する）によって行われているリーディング・リテラシーテストである。第4学年を対象としている。IEA では1970年代以降，様々なリーディング・リテラシーに関する国際調査を行ってきているが，1991年にPIRLS2001の前身となる調査が行われている。

PIRLS は2001年に実施され，2006年，2011年と5年ごとに実施されることになっている。

PIRLS2001に参加したのは以下の34カ国・地区である。

アルゼンチン，ベリーズ，ブルガリア，カナダ，コロンビア，キプロス，チェコ共和国，イングランド，フランス，ドイツ，ギリシア，香港特別区，ハンガリー，アイスランド，イラン，イスラエル，イタリア，クウェート，ラトビア，マケドニア，モルダヴィア，モロッコ，オランダ，ニュージーラ

ンド，ノルウェー，ルーマニア，ロシア連邦，スコットランド，シンガポール，スロヴァキア共和国，スロヴェニア，スウェーデン，トルコ，アメリカ

　PIRLS2006では，スペイン，台北，南アフリカなどあらたに参加する国・地域もあり，全体で40カ国を上回りそうである。数年前にアメリカの評価研究所で日本も参加するのではないかと言われたことがあるが，現時点で確認できない。しかし，理科・数学などを扱う TIMSS と並んで，国際的に最も信頼されている調査である。

２．質問紙調査

(1) 4つの質問紙

　PIRLS では，子ども（テストを受けた本人），家庭（両親），教師，学校（校長）に対して，計4つの質問紙を出し，子どもがどのような読書及び教育環境にいるのかをとらえようとしている。ここでは PIRLS2001の実施にあたっての技術について説明したテクニカル・レポート（Martin ら，2003）の34〜38頁から，特に重要だと考えられる子どもと教師について質問項目と内容を一覧表の形で説明し，家庭と学校については，質問項目のみを示す（表2.1〜表　2.4）。

(2)質問紙の考察

　ここでは，子ども用質問紙と教師用質問紙について，注目すべき項目を取り上げて説明を加える。

①子ども用質問紙の質問項目

　PIRLS はリーディング・リテラシーを測定するものであるが，その子どもの背景となる読書環境や教育環境をとらえようとするのが質問紙である。したがって，各質問項目は，主に，子どもの読書活動との関連があるかどうかを検討するために用いられる。

第 2 章　国際学力調査におけるリーディング・リテラシー　　59

　まず注目したいのは，表　2.2の「3　学校外での活動」「4　学校外での読
書」「5　図書館の利用」「19家庭の蔵書」である。これらは，子どもたちが
学校外での様々な場面でどれほど読書活動を行っているかをとらえようとし

【表　2.1】子ども用質問紙の質問項目とその内容

質問の番号	質問項目	内容
1	性別	男か女か
2	誕生日	生まれた年と月
3	学校外の活動	読書に関係した様々な活動とテレビ視聴の頻度
4	学校外での読書	学校外でいろいろなタイプのテクストを読む頻度
5	図書館の利用	楽しみのために図書館から本を借りる頻度
6	テレビ視聴	普通の学校がある日にテレビを見る頻度
7-8	指導の活動	学校の中での指導活動の頻度
9-10	宿題	読書の宿題の頻度と読書の宿題に使う時間の量
11	コンピュータの使用	いろいろなリテラシー活動のためにコンピュータを使用する頻度と場所
12	読書に対する態度	読書に対する子どもの態度
13	読書の概念	読書能力に関する自分の概念
14	学校についての感情	学校についての感情—安全，他の子どもたちや教師に対する認識（perception）
15	学校の環境	学校で他の子どもたちが引き起こす問題行動に関する報告
16-18	家庭の言語	家庭でテストの言語が使われているかどうか（家庭環境及び読書に関して家庭でのサポートがあるかどうかのインディケータとして使用する）
19	家庭の蔵書	家庭にある本の数（家庭環境及び経済的地位のインディケータとして使用する）
20	家庭の地位	様々な社会・経済的インディケータ（家庭環境及び経済的地位のインディケータとして使用する）
21-22	一緒に住んでいる人	家庭で一緒に住んでいる人及び子どもの数（家庭環境及び経済的地位のインディケータとして使用する）
23-25	生徒と両親がその国で生まれたかどうか	移民資格についての情報（家庭環境及び読書に関して家庭でのサポートがあるかどうかのインディケータとして使用する）

（Martin ら，2003，p. 34より）

【表 2.2】教師用質問紙の質問項目とその内容

番号	質問項目	内容
1	学級の規模	学級の子どもの数とクラスの学年
2-5	学級の子どもたち	子どもたちの読書のレベル，言語能力，受けている読書／言語サービスを記述
6-7	言語の指導	言語の指導が扱われている教育課程のいろいろな領域や教科，言語の指導に費やされる時間，言語の宿題が出される頻度
8	読書の指導	読書の指導が扱われている教育課程のいろいろな領域や教科
9	読書の指導の時間	読書の指導に費やされる時間，また，もしも正式の（formal）読書の指導があるならばそれに費やす時間
10	読書の指導の頻度	1週間のうち何日を読書の指導を行うか
11	指導のグルーピング	読書の指導でグループを作るかどうか，作るならどのようにグルーピングするか
12	指導の教材（material）	教師がいろいろな（different）教材（ワークシートや教科書など）を使用する頻度
13	読書の教材	教師がいろいろなタイプのテクストを読書の指導で使用する頻度
14	読書の指導の教材といろいろな能力	いろいろな読書のレベルに対して教師がどのように読書の指導の教材を使っているか
15-17	指導の活動	いろいろな読書の指導活動を使用する頻度
18	指導のメディア	教師が読書の指導の際に使用するメディアと，使用する頻度
19	コンピュータの使用	リテラシー活動のために使用できるコンピュータがあるかどうか，使用の実態
20	学級文庫（Classroom library）	学級文庫や読書コーナーがあるか，その大きさ，使用の実態
21	学校図書館の利用	学校図書館を教師自身が利用したり，子どもに利用させたりする頻度
22-23	宿題	教師が読書を宿題にする頻度と子どもがその宿題に費やす時間
24-25	読書の困難	読書が特に困難な子どもを扱うための教師用のリソースと，読書の困難を扱うための教師の指導アプローチがあるかどうか
26-28	評価（assessment）	子どもの読書の進歩や成績をモニターしたり評価したりするためのいろいろな評価法
29	教員研修	学校で教育研修のための機会を教師が得ているか
30	協力と協同作業	教師が他の教師と一緒に読書の教育課程及び指導アプローチを議論したり計画したりする頻度
31	家庭の学校の連携	教師が両親に会ったり子どもに家庭で宿題をさせたりする頻度

第2章　国際学力調査におけるリーディング・リテラシー　　61

32	成功への期待	子どもたちが将来読者として成功する（望ましい読者になる）であろうという期待
33-34	教育の経験	教師が教育を行った経験年数と特に成績評価をした経験
35-36	年齢と性別	教師の年齢と性別
37-39	教育／訓練	読書を教えるために教師が受けている最も高いレベルの教育，教員免許，学術的準備
40	教員研修	過去2年間において教師が研修のために費やした時間
41	読書習慣	教師がいろいろな教材を読んだりいろいろな目的のために読書をしたりする頻度
42	教育している学級	一人だけの教師が教育している学級か，あるいはいろいろな教科を教える教師のチームが教育している学級か
43	時間	回答に費やした時間

(Martin ら，2003，pp. 36-37. より)

【表　2.3】家庭用質問紙の質問項目

質問の番号	質問項目
1	回答者
2	両親・子どものリテラシーの相互作用
3	幼稚園への出席
4	学校へ行き始めた年齢
5	学校へ行き始めたときのリテラシースキル
6	家庭でのリテラシー活動
7	家庭と学校の連携
8	学校に対する見解
9-10	両親のリテラシー活動
11	両親の読書に対する態度
12-13	家庭の蔵書
14	両親の教育
15-16	仕事
17-18	貧富（収入）
19	回答に費やした時間

(Martin ら，2003，p. 35より)

【表 2.4】学校用質問紙の質問項目とその内容

質問の番号	質問項目
1	PIRLS テストを受けた子どもの学年
2-3	子どもの数（学校全体とテストを受けた子ども）
4-5	コミュニティー
6	コミュニティーのリソース
7-9	子どもの状態
10	能力別学級編成
11	指導の時間
12	同じ教師が同じ子どもを教える年数
13	教育課程の効果
14	入学してくる子どもたちのリテラシー
15-16	読書力の強調
17	読書の指導での協同作業
18	指導の教材
19	指導の強調
20	いろいろな読書レベルに対する指導
21	学校図書館
22	学級文庫
23	コンピュータの有無とインターネットへのアクセス
24	指導のリソース
25-27	家庭と学校の連携
28-29	学校の風土
30-31	教師の協力
32	校長が様々な役割や機能を担う時間
33	回答に費やした時間

(Martin ら，2003，p. 38より）

ているものである。日本でも読書調査をしようとすると「マンガも読書に含まれるのか」などという議論がおこる。しかし，PIRLS では，「マンガ」は読書に対立するものではなく「いろいろなタイプのテクスト」に含まれるものである。とにかくいろいろなタイプのものを幅広くいろいろな場面で読むことが，高いリーディング・リテラシーと関係があるかどうかをはかろうとしているわけである。

　次に注目したいのは，「19 家庭の蔵書」「20 家庭の地位」「21-22 一緒に住んでいる人」などである。PIRLS では，家庭の読書環境を重視している。それは，家庭用の質問紙が存在することからも明らかである。家庭に本があり，読書する大人がいて読書するモデルを示していることが，子どものリーディング・リテラシーにどう影響しているかをとらえようとしているのである。

　最後に触れておきたいのは，「12-13 読書に対する態度」である。これは後ほど詳しく述べるが，PIRLS ではリーディング・リテラシーのフレームワークを作成するにあたって，読書の行動や態度を重視していることと関係がある。読書に対して肯定的な態度や概念を持っているかどうかを問うもので，PIRLS ではそのような態度もリーディング・リテラシーに含めて考える。

②教師用質問紙の質問項目

　教師用質問紙（表 2.2）は，子どものリーディング・リテラシーの育成にもっとも深く関わっている教師に対して，子どもがどのような教育環境におかれているかを問うものである。

　はじめに，「1 学級の規模」「11 指導のグルーピング」「24-25 読書の困難」に着目してみたい。我が国では，40人学級ということになっているが，これは4年生では非常に多い数である。筆者が訪れたことのあるアメリカ・オーストラリアなどでは，州によっても学校によっても異なるが，普通の学

級では，20〜25人ぐらいである。また，特別なニーズを持った子どもたちに対しての特別な読書学級がある場合もある。例えば，ニュージーランドの研究者，Clay の唱えた Reading Recovery などは，初等教育の段階での徹底した読書の指導を実現させるために，個人指導を行っている。アメリカの Title 1という特別支援の学級でも，2人〜8人と，子どもの抱える読書の昆何度によって，柔軟に対応する。また，普通の学級であっても，様々な目的に応じて，グループ編成をして読書の指導を行っている。

　次に，「8 読書の指導」「9 読書の指導の時間」「10 読書の指導の頻度」では，教師によって，子どもの読書活動がいろいろな機会に指導されることをとらえようとするものである。最近の読書研究では様々な指導の方法や教材やメディアが開発されており，それらを子どもの能力や特性に応じて，また，教育目的に応じて使い分けていくことが奨励されている。「12 指導の教材」「13 読書の教材」「14 読書の指導の教材といろいろな能力」や「15-17 読書の指導」は，これらの方法・教材・メディアをどれぐらい反映しているかを問うものである。「いろいろな」は different の訳語であるが，いろいろなものを幅広く使い分けていくことがよいことである。その種類は多いほうがよいという考え方が前提になっているといえよう。残念ながら我が国においては，能力差や子どもの特性に応じて指導の方法や指導の教材を変えていくことは，まだ十分に行われているとは言えない。

　「20 学級文庫」には，説明が必要である。classroom library を学級文庫と訳したが，少し違うものであると考えたほうがよい。筆者が訪問したことのあるアメリカやオーストラリアなどの教室では，教室の一角に classroom library，読書コーナー（reading corner），あるいは読書センターと呼ばれるところがある。教室の10％〜25％ぐらいのスペースである。そこに，何百冊もの本が子どもに分かりやすい分類で置かれており，たいていはカーペットが敷かれていて，ソファーもある。子どもがそこにある本を自由に読む場合もあるし，教師がそこで読み聞かせをする場合もある。簡易型のホワイト・ボ

ードや，ポスターぐらいの大きさのあるポストイット（これもホワイト・ボードと同じような使い方をする）がセットされていて，共通に読んだものについて，教師が話を進めながら，板書していく場合もある。「21 学校図書館の利用」は，国によって様々であるが，一般的に教師用のリソースセンターが併設されていて，教師自身が教材を探しにいったり，探した教材を加工（教材化）したりすることができるようになっている。「21 学校図書館の利用」で教師自身の利用頻度を尋ねている背景には，このような状況があると考えられる。

「26-28 評価」については，諸外国には，我が国では想像できないような多様な読書の評価方法がある。その使い方とリーディング・リテラシーの関係を見るものである。我が国では，残念ながら，諸外国ほどには評価方法が発達していない。本研究を始めた 3 年ほど前から持ってきた問題意識でもあるが，教師が使用できるリーディング・リテラシー評価を開発していかなければならない。

「29 教員研修」「40 教員研修」は，読書の指導について，様々な方法が開発されていることと関係がある。教師は新しい研究の動向を知り，新しい教材，新しい方法を学んでいかなければならない。一方で，最近では，我が国の伝統の校内研修も，lesson study（授業研究）として，外国に紹介されて，その価値が認められるようになってきている。「41 読書習慣」は教員自身の読書の頻度を問うものである。「30 協力と協同作業」も，教師同士が学びあい，高い質の読書の教育を子どもに提供できているかどうかをたずねているものである。新しい指導についてよく学習し，自らの読書習慣も高い教師が，高いリーディング・リテラシーを育てることができると想定されている。

⑶まとめ

以上のように，質問紙の質問項目は，これまでに行われてきた読書の研究や，開発されてきた読書の指導の方法などが，それぞれの国ではどれぐらい

反映されているかを，子どもの読書環境としてみるものである。したがって，逆の言い方をすれば，質問項目を見ていけば，どのような指導をしていくことが国際的な動向であるかを，ある程度とらえることができるのである。まとめとして，質問紙から読み取れることを，次の４点を示す。

　　・多様な場面で多様なものを読むこと
　　・読書に対する肯定的な態度
　　・教師や家庭にいる大人の読書能力，教育経験
　　・教員研修など新しい指導を学習する教師

　これらは，子どものリーディング・リテラシーを高めるための状況と見ることができる。

３．PIRLS のリーディング・リテラシーの枠組み

(1)リーディング・リテラシー（reading literacy）の定義

　PIRLS では，リーディング・リテラシーを次のように定義する。

> 　社会から要求されているあるいは自分で価値があると思われる書かれた形の言語を理解したり使用したりする能力。年少の読者たちは，様々なテクストから意味を構成する（construct meaning）ことができる。学習するために，読者のコミュニティーに参加するために，楽しみのために読む。

ここで注目したいのは，「意味を構成する」というところである。これは，数多くの読書研究に基づいた理論を反映させたものである[2]。リーディング・リテラシーを構成的で相互作用的な過程としてとらえる。すなわち，読者自身が自分の目的に応じて意味を構成していくことを，読むことととらえるのである。したがって，PIRLS では，なぜ読むのか，読者自身の目的を重視する。また，意味を構成していく過程も重視する。さらには，読書に対する行動と態度についても重視する。「読書の目的」「理解の過程」「読書行動・態度」を PIRLS では，リーディング・リテラシーの三つの側面と位置

第2章　国際学力調査におけるリーディング・リテラシー　67

づけているのである。

(2)読書の目的（Purpose s for reading）

　リーディング・リテラシーは人がなぜ読書するのかという目的に直接関係するものである。読書の目的は非常に広い。個人的興味や楽しみのため，社会へ参加するため，また，学習するために読書をする。PIRLS が対象としている幼い子どもたちの場合は特に，楽しみのために読んだり，学習するために読んだりするところを強調したい。したがって，PIRLS のリーディング・リテラシー評価は，学校の内外で展開される読書の目的を大きく2つに分けて考えている。

　・文学的経験（literacy experience）のための読書
　・情報を獲得したり使用したりする（acquire and use information）ための読書

　これらの目的の違いは，テクストのタイプから，あるいはテクストの形式からも，生まれてくる。PIRLS では，子どもたちが学校の内外で読むテクストを幅広く集め，できるだけ本当の読書経験を反映するようにリーディング・リテラシーを評価したいと考えるからである。それぞれの目的あわせて，どのようなテクストのタイプ，形式があるかについて，PIRLS の分類を示す。

①文学的経験のための読書

　子どもたちは，できごと，時代・場所・人物などの設定，行動，結果，登場人物，雰囲気，考え，感情，使われている言語それ自体を楽しむために，文学を読む。文学では，たとえそれがファンタジーのような物語であっても，実際の子どもたちの生活について振り返らせたり，普段の生活をよりはっきりと分からせたりするようなことがある。話者や中心人物のものの見方や，あるいはより複雑に複数の視点が示される。大切な考えは直接会話や行動を

通して語られる。このようなものを，PIRLS では，文学的経験のための読書ととらえ，主にフィクションの物語を，評価で扱う。

②**情報を獲得したり使用したりするための読書**

　情報を読むことを通して，読者は，世界がどのようであるかを知り，なぜ物事は進んでいくのかを知る。読者は単に情報を獲得するだけでなく，自らも使いこなすようになっていく。情報を獲得したり使用したりすることを目的に読まれるテクストには，様々な形式がある。PIRLS では，時間順（chronological）テクストと非時間順（non-chronological）テクストに分けて説明をしている。

　時間順テクストとは，テクストが時間にそって，すなわちことが起こった順に積み重なってできていくものである。例えば日記，伝記などが，時間順テクストの一つのグループといえる。もう一つのグループは，手順を示すようなもの，例えば，料理のレシピや，何かの指示といったものが含まれる。

　非時間順テクストとは，時間よりも論理がテクストを組織するものである。何かの事柄を記述したり説明したりするもの，議論したり反論したりするものなどが，証拠をともなって示される。説得的（persuasive）テクストは，読者の見解に直接影響を与えるねらいとする。議論や説得を通して読者は自分の考えを発展さあせたり，意見に対して批判的になったりする。時間順でないテクストの中には，リスト，図式，表，図など異なる形式で情報を与えるものが含まれる。

　以上，PIRLS では，二つの目的からくるテクストを評価に使用するのであるが，それぞれの割合は半々であるとしている（表　2.5参照）。

⑶**理解の過程**（process of comprehension）

　理解の過程は，読者が読みながら自分にとっての意味を構成していくときのはたらきをあらわしたものである。PIRLS では，4つの過程を想定して

【表　2.5】各種テキスト及び設問における読書の目的と理解の過程の割合

	文学的経験	情報の使用及び獲得	
①明示的情報の焦点化・引き出し			20％
②直接的推測			30％
③考え・情報の解釈と統合			30％
④内容・言語・テクスト要素の考察・評価			20％
	50％	50％	

(Martin ら，2003，p. 28より作成)

いる。

①明示的に規定された情報に焦点をあて，情報を引き出す（Focus on and Retrieve Explicitly Stated Information）

②直接的な推測をする（Make Straightforward Inferences）

③考えと情報を解釈し統合する（Interpret and Integrate Ideas and Information）

④内容と言語とテクストの要素を考察し評価する（Examine and Evaluate Content, Language, and Textual Elements）

それぞれについて，解説を加える。

「①明示的情報の焦点化・情報の引き出し」とは，テクストに明示的に規定されている，関係のある情報あるいは考えのある位置を突き止めて理解をすることである。例えば，ある特定の読書の目標に関係のある情報を確認すること，特定の考えを探すこと，語や句の定義を捜すこと，物語の設定（時間・場所など）を見分けること，トピック・センテンスや主題を（明示されている場合は）見つけることなどがこれにあたる。

「②直接的な推測」とは，テクストに基づいた直接的な推測をするために，表面的な意味を越えていくことである。例えば，一つのできごとが別のできごとの原因になっていることを推測すること，一連の議論によって形成されたポイントは何かであるか断定すること，代名詞が指しているものを明らか

にすること，テクストの中で一般化されていることを見分けること，二人の登場人物の関係を述べることなどがこれにあたる。

「③考え・情報の解釈・統合」とは，テクストの中の考えと情報のつながりをみつけるために，世界，経験，ほかの知識についての理解を深めることである。例えば，テクストを包括するメッセージや主題を理解すること，登場人物の行動の代案を考えること，テクストの情報を比較したり対照させたりすること，物語のムードや調子を推測すること，テクストの情報の実際の世界への応用を解釈することなどがこれにあたる。

「④内容・言語・テクスト要素の考察・評価」とは，テクストを批判的に認識すること，内容を熟考したり評価したりすること，テクストの構造・使用されている言語・文学的からくり・筆者の見解や技巧などについて認識したり評価したりすることである。例えば，描かれているできごとが実際に起こりうる可能性を査定すること，どのようにして筆者は驚きの結末を考案したかを述べること，テクストの中の情報がどれぐらい完全で明晰であるかを判断すること，中心的な話題についての筆者の見解を明らかにすること，意味に影響する修飾語がどのように選ばれているかを述べることなどがこれにあたる。

表　2.6は，PIRLS の理解の過程を，PISA2000年調査の3側面及びその前提となった5側面とを比較したものである。

PIRLS の4つの「理解の過程」のそれぞれを，PISA の「5つの側面」と比較してみよう。まず，PIRLS の「①明示的情報の焦点化・引き出し」は，PISA が言うところの「情報の取り出し」とほぼ同じと見てよいであろう。PIRLS の「②直接的推測」は，基本的な解釈であるから，PISA の「広く全般的な理解を形作ること」と「解釈を展開させること」の両方にあたると考えられる。PIRLS の「③考え・情報の解釈と統合」は，解釈が，そのテクストの中に閉じられたものだけではなく，外にあるその読者の個人的な関心や既有知識との統合までも含むものであるから，PISA の「広く全般的な理

【表 2.6】 PISA の「読書の 3 つの側面」及びその前提となった「読書の 5 つの側面」と，PIRLS の「理解の過程」との比較

PISA　3つの側面	PISA　5つの側面	PIRLS　理解の過程
情報の取り出し	情報を引き出すこと	①明示的情報の焦点化・引き出し
解釈	広く全般的な理解を形作ること	②直接的推測 ③考え・情報の解釈と統合
	解釈を展開させること	
熟考・評価	テクストの内容を熟考・評価すること	（③考え・情報の解釈と統合） ④内容・言語・テクスト要素の考察・評価
	テクストの形式を熟考・評価すること	

解を形作ること」「解釈を展開させること」だけにとどまらず，多少「テクストの内容を熟考・評価すること」にもかかわってくるような幅の広さを持っている。このような PIRLS の解釈に対する考え方は，まさに，読書に対する構成的な見方を示しているといえる。つまり，読者は，テクストに向かうときテクスト内部の整合性やテクストと部分と部分の関係をとらえながら解釈していくわけであるが，その場合に，読者の関心や既有知識を用いながら，解釈していくのである。また，PIRLS の「④内容・言語・テクスト要素の考察・評価」は，PISA の「テクストの内容を熟考・評価すること」「テクストの形式を熟考・評価すること」にあたる。

　PIRLS では，いくつかの設問をするわけであるが，1 つの設問が，1 つの過程を測定するように作られている。1 つのテクストは，これらの 4 つの過程を反映した設問の組み合わせで，11〜13 ぐらいの設問で成り立っている。表 2.6 は，2 つの読書の目的と 4 つの理解の過程が，実際の設問でどれくらいの割合で反映しているかを示したものである。

⑷読書行動（behavior）・態度（attitude）

　リーディング・リテラシーは単に様々なテクストから意味を構成する能力

だけではなく，一生を通して読書をすることを支持していく行動や態度も含まれる。このような行動や態度は，リテレートな社会（すなわち，皆が読み書きを持ち必要な教養もつ社会）において，個人の潜在能力を十分に発揮させていくのに貢献すると考えられる。このようなことから，PIRLS では，子どもたちがどのような読書行動と態度をとっているかに関心を持っている。子どもの質問紙の「12読書に対する態度」「13読書の概念」の項目を説明するときにも述べたが，読書に対して肯定的な態度をとっていることを重視し，それをリーディング・リテラシーの一部であると考えている。

４．PIRLS の設問・解答

　本稿では，公開されているテクストのうち，４つを取り上げる。取り上げるテクストの名前，読書の目的，テクストの内容と，そのテクストを使っての設問及び解答の形式を表　2.7に示す。

　実際のテストでは，さらに多くのテクストがあるのだが，公開されていて筆者が入手でき，内容を把握できたのは以上の４つのテクストであった[3]。本稿では，このうち，文学的経験を目的としたテクストの中から「野ウサギ，地震を知らせる」と，情報の使用及び獲得を目的としたテクストの中から「リバー・トレール」を取り上げる。なぜなら，「野ウサギ，地震を知らせる」はより伝統的で，「リバー・トレール」は新しい形式で好対照だからである。

　それぞれテクストの概要と，設問と解答を示す。多肢選択式解答の場合には，正解を正の字で示す。自由記述解答の場合には，ポイントを示す。（例えば１ポイントなら，「１ポ」と記す。）ポイントは記述の長さや重さで決まる。解答する際に子どもにそのポイントが分かるようにしてあるのである。その後，どの設問がどの「理解の過程」を測るものとして作成されたのかを示す。

第2章 国際学力調査におけるリーディング・リテラシー　73

【表 2.7】PIRLS2001 公開問題より取り上げるテクストと設問内容

テクスト （作者）	目的	内容と設問
野ウサギ，地震を知らせる （Rosalind Kerven）	文学的経験	動物の登場人物による伝統的なスタイルの物語。果物が落ちてきたのを野ウサギが地震だと思ってパニックになる。賢いライオンが，間違いをおしえてやる。 11の設問（5の多肢選択式解答，6の自由記述解答（open response）
プフリンの夜 （Bruce McMillan）	情報の使用及び獲得	毎年プフリン（赤ちゃんプフリン）が海へ戻る道を見つけるときどのように互いに助け合うかを，島の子どもたちの視点から書いた情報テクスト。 13の設問（8の多肢選択式解答，5の自由記述解答）
さかさまねずみ （Roald Dahl）	文学的経験	おじいさんが，家のねずみを退治するのに，家具を天井にはりつけるというこみいったトリックを使った短い物語。 14の設問（7の多肢選択式解答，7の自由記述解答）
リバー・トレール	情報の使用及び獲得	自転車でサイクリングするための川沿いの道を描いたリーフレット。情報を与えることと説得をすることの両方を目的としている。 11の設問（3の多肢選択式解答，5の自由記述解答，3の記述解答（other closed fromats））

※「野ウサギ，地震を知らせる」と「プフリンの夜」は二つあわせて，『自然の世界』というタイトルがつけられたカラーのブックレットの形になっている。

(1)「野ウサギ，地震を知らせる」の設問・解答

①「野ウサギ，地震を知らせる」のテクストの概要

　野ウサギとライオンを登場人物とした，比較的やさしい短い物語である。あらすじは以下のとおりである。

　【あらすじ】臆病な野ウサギは，地震を怖がっている。あるとき，地面が揺れたような気がした。実は大きな果物が落下しただけだったのだが，野ウサギは地震だと思い込んだ。いとこの無事のために，急いで走って地震を知らせた。地震の知らせはすぐに野ウサギ間に広がって，一万もの野ウサギが，逃げようと山の上を目指して走った。ところが，山の上はおだやかである。そこに賢いライオンが通りかかった。ライオンは注意ぶかく話を聞き，最初に地震を感じた野ウサギが，どこでそう思ったのか，自分を連れていってほ

74

しいといった。臆病な野ウサギは本当は怖くていやだったが，ライオンを信頼しているので，ライオンを連れていった。ライオンは果物が落ちているのを見て考え，そして，野ウサギに果物の落下が地面が揺れたように感じた原因だったと教えてやった。野ウサギは自分のことをなんて馬鹿なのだろうと思ったが，ライオンは皆恐れているものがあるときは，物事を正確に理解できないものだよとやさしく言ってやった。ライオンと野ウサギは，一万もの野ウサギが待っている山にもどり，安全だとわかってもう心配はいらないから，家に戻りなさいと言った。

②「野ウサギ，地震を知らせる」の設問・解答
　以下，設問と解答形式を示す。

　　問1．野ウサギの最も大きな心配は何でしたか。
　　　　A　ライオン
　　　　B　衝突
　　正C　地震
　　　　D　落下する果物

　　問2．何が地面を振動させましたか。
　　　　A　地震
　　正B　大きな果物
　　　　C　逃走する野ウサギたち
　　　　D　落下する木

　　問3．野ウサギが「地震だ！」と叫んだ後で起こったことを二つ（二語）見つけて示しなさい。
　　　　（1ポ）1.＿＿＿＿＿＿＿＿＿＿＿＿＿＿＿＿
　　　　（1ポ）2.＿＿＿＿＿＿＿＿＿＿＿＿＿＿＿＿

　　問4．ライオンは野ウサギに自分をどこに連れていってほしいと言いましたか。
　　　　（1ポ）1.＿＿＿＿＿＿＿＿＿＿＿＿＿＿＿＿

第2章　国際学力調査におけるリーディング・リテラシー　　75

問5．なぜライオンは地面に果物を落としたのですか。
　　A　野ウサギを逃がすため
　　B　野ウサギが果物をとるのを助けるため
正C　野ウサギに何が起こったのかを示すため
　　D　野ウサギを笑わせるため

問6．ライオンが果物を地面に落とした後，野ウサギはどんな気持ちになりましたか。
　　A　怒った
　　B　がっかりした
正C　ばかみたいだと思った
　　D　心配した

問7．この物語の最後に，ライオンは野ウサギの気持ちがよくなるようにと思ってやったことを2つ書きなさい。
　（1ポ）1.＿＿＿＿＿＿＿＿＿＿＿＿＿＿＿＿
　　　　　＿＿＿＿＿＿＿＿＿＿＿＿＿＿＿＿
　（1ポ）2.＿＿＿＿＿＿＿＿＿＿＿＿＿＿＿＿
　　　　　＿＿＿＿＿＿＿＿＿＿＿＿＿＿＿＿

問8．ライオンは野ウサギのことを好きだと思いますか。そのことが分かるのは，物語で起こったどんなことからでしょうか。
　（1ポ）1.＿＿＿＿＿＿＿＿＿＿＿＿＿＿＿＿
　　　　　＿＿＿＿＿＿＿＿＿＿＿＿＿＿＿＿

問9．この物語で野ウサギの気持ちはどのように変化しましたか。
　（1ポ）物語の最初のところでは，野ウサギは
　　　　＿＿＿＿＿＿＿＿＿＿＿と感じていた。
　　　　なぜなら
　　　　＿＿＿＿＿＿＿＿＿＿＿＿からだ。
　（1ポ）物語の最後のところでは，野ウサギは
　　　　＿＿＿＿＿＿＿＿＿＿＿と感じた。

なぜなら _____

_____ からだ。

問10. あなたがこの物語を通してライオンと野ウサギから学んだことは何ですか。ライオンと野ウサギがそれぞれどのように違っているのか，その違いが分かるところを示して述べなさい。

（3ポ） _____

_____

_____

_____

_____

_____

問11. この物語の主要なメッセージは何ですか。

A　トラブルから逃げろ。

正B　パニックになる前に事実を確認しろ。

C　親切に見えるライオンさえも信用できない。

D　野ウサギは足の速い動物だ。

　表　2.8に，各設問がどの「理解の過程」に基づいて作成されているのかを示す。

(2)「リバー・トレール」の設問・解答

①「リバー・トレール」のテクストの概要

　「リバー・トレール」は，A4判の紙を3つに折りたたんで作られたリーフレットである。表と裏に印刷されている。図　2.1におもて面を，図　2.2にうら面を示す。図　2.1のおもて面は，折りたたんで3ページ構成となっていて，一番右のページが，表紙となる。図　2.2のうら面は，開いたときに見えるような形になっている。

第2章　国際学力調査におけるリーディング・リテラシー　77

【表　2.8】「理解の過程」による「野ウサギ，地震を知らせる」の設問の分類

番号	設問	分類	解答形式
1	野ウサギの最も大きな心配は何でしたか。	①情引	4択
2	何が地面を振動させましたか。	①情引	4択
3	野ウサギが「地震だ！」と叫んだ後で起こったことを二つ（二語）見つけて示しなさい。	④評価	
4	ライオンにと思ってしたことを野ウサギに自分をどこに連れていってほしいといいましたか。	①情引	
5	なぜライオンは地面に果物を落としたのですか。	②直推	4択
6	ライオンが果物を地面に落とした後，野ウサギはどんな気持ちになりましたか。	③解釈	4択
7	この物語の最後に，ライオンは野ウサギの気持ちがよくなるようにと思ってやったことを2つ書きなさい。	②直推	
8	ライオンは野ウサギのことを好きだと思いますか。そのことが分かるのは，物語で起こったどんなことからでしょうか。	③解釈	
9	この物語で野ウサギの気持ちはどのように変化しましたか。	③解釈	
10	あなたがこの物語を通してライオンと野ウサギから学んだことは何ですか。ライオンと野ウサギがそれぞれどのように違っているのか，その違いが分かるところを示して述べなさい。	③解釈	
11	この物語の主要なメッセージは何ですか。	③解釈	4択

②「リバー・トレール」の設問・解答

　　問1．「リバー・ノード・トレール」と名づけられているこのセクションの主要
　　　　な目的は何ですか。（リーフレットの表の一番右のページが示されている）
　　　A　グランドル城はどのように見えるかを記述すること
　　　B　自転車について説明すること
　　　C　自転車を借りる値段を表示すること
　正D　指示を与えること

　　問2．リーフレットのこのセクションの主要な目的は何ですか。（リーフレット
　　　　の表の一番左及び中央のページが載せられている）
　　　A　トレールがどこにいくかを示すこと

Follow the *River Nord* Trail

Zippy Bike Rental

Cycling is fun for everyone & healthy too!

Come and explore 11 kilometres of flat easy traffic-free cycle routes in beautiful countryside following the River Nord...

Whatever bike you prefer, ZIPPY has the right one for you. Great choice....Mountain bikes, tandems, children's bikes, trailers for kids and child seats. Trekking bikes for ladies and men, soft comfortable seats and 21 easy gears.

All ZIPPY bikes are replaced every year and regularly serviced. Cycle helmets, pumps, backpacks and locks are free to all.

Trailer

For children under 7 we have bikes that attach to an adult bike—great for keeping children where they should be and helping them out on long rides. **For children under 5** we have comfortable child seats and trailers that attach to the adult's bike. For the more able young cyclist we have little bikes with or without stabilizers.

What does it cost to rent a bike?
(Prices in $)

Bicycle Rental	Half Day	Full Day	Per Week
Adults / Trailer	8	12	50
Children (under 16)	6	9	30
Child Seat	2	3	12

TRY before you BUY

with Zippy Bike Rental

第 2 章　国際学力調査におけるリーディング・リテラシー　79

The River Nord Trail

The River Nord Trail is flat and easy to cycle on, with plenty to see along the way.

Start from **Altenburg**, keeping to the east bank of the river. Go over the bridge at **Altenburg Quay**.

This takes you to the **Riverside Valley Park**. Approximately 2 kilometres from the start you reach the **Sunset Café**. To proceed further you need to continue on the west bank (see map).

You then proceed past **The Marshes Nature Reserve**.

You can stop to visit the historic port of **Banheim** by catching the little ferry boat across the River Nord.

Continue along the trail and enjoy the wildlife area—full of birds—which is on the way to the **River Hotel**.

A little further on you reach **Gründorf**. You can now follow a quiet country lane around **Gründorf Castle** grounds. You will see part of the large herd of fallow deer, often at close quarters.

This brings you to the end of the trail.

［図 2.2］［リバー・トレール］リーフレットのうら面

正B　借りることのできる自転車についての情報を与えること
　　C　トレールで何がおこるかを描くこと
　　D　自転車の乗り方を教えること

問3．リバー・ノード・トレールはどこから始まりますか。
　　A　バナム
　　B　グランドル
正C　アルテンボロー
　　D　リバー・サイド・バリー・パーク

問4．リバー・トレールを最初から最後まで行くとすると，次のものはどの順番
　　　で現れますか。1番目だけ番号が書いてあるので，後を続けなさい。
　　_____　グランドル城
　　_____　バナム
　　__1__　リバーサイド・バリー・パーク
　　_____　リバー・ホテル

問5．10歳の子どもが一日自転車を借りるとしたら，いくらかかりますか。
　　（1ポ）_____

問6．ジッピー・レンタル自転車は，子ども用の自転車を貸してくれます。子ど
　　　も用のものを二つ書きなさい。
　　（1ポ）1._____
　　（1ポ）2._____

問7．よい状態の自転車を借りるためには，ジッピー・レンタル自転車のどんな
　　　情報が必要ですか。
　　（1ポ）_____

　　　　　　_____

　　問8と問9は，二人の大人と，10歳と3歳の二人の子どもからなる家族につい
ての設問です。家族は，リバー・トレールにそって，一日サイクリングをするこ
とを計画しています。

第2章　国際学力調査におけるリーディング・リテラシー　　81

問8．どの自転車が家族には必要ですか。リーフレットを読んで分かることを書きなさい。

（2ポ）　＿＿＿＿＿＿＿＿＿＿＿＿＿＿＿＿＿＿＿＿＿＿＿＿＿

　　　　＿＿＿＿＿＿＿＿＿＿＿＿＿＿＿＿＿＿＿＿＿＿＿＿＿

問9．リバー・トレールのどの場所を家族は訪れることができたでしょうか。なぜそこに彼らが行きそうだと考えたか説明してください。

（2ポ）　＿＿＿＿＿＿＿＿＿＿＿＿＿＿＿＿＿＿＿＿＿＿＿＿＿

　　　　＿＿＿＿＿＿＿＿＿＿＿＿＿＿＿＿＿＿＿＿＿＿＿＿＿

問10．ジェーン，アレックス，ジョン，カリルのコメントを読みなさい。それぞれリバー・トレールのどこのことを言っているのか，地図の場所とコメントを線で結びなさい。一つ例が示してあります。

例　ジェーン：スナック（間食）を買うために，サンセット・カフェに立ち寄ったさ。

（線が地図上の Sunset Café に矢印のような形で結ばれている。）

　アレックス：川の向こう岸に素敵な小さい港町があるよ。

　ジョン：ここで何百羽もの鳥をみたよ。

　カリル：鹿が僕たちの自転車の音に驚いたんだ。

問11．それぞれの質問に対する答えがどこに書いてあるのか，質問と書いてあるところとを線で結びなさい。1つ例が示してあります。

例　サイクリングをするように説得する（persuading）短い文はどこにありますか。

　どの文がリバー・トレールをしてみるように，あなたを招待して（invites）いますか。

　自転車を借りる費用についての情報はどこにありますか。

　大人の自転車を借りる場合の大人の範囲が分かるのはどこですか。

　表　2.9に，各設問がどの「理解の過程」に基づいて作成されているのかを示す。

【表 2.9】「理解の過程」による「リバー・トレール」の設問の分類

番号	設問	分類	解答形式
1	「リバー・ノード・トレール」と名づけられているこのセクションの主要な目的は何ですか。	④評価	4択
2	リーフレットのこのセクションの主要な目的は何ですか。	④評価	4択
3	リバー・ノード・トレールはどこから始まりますか。	①情引	4択
4	リバー・トレールを最初から最後まで行くとすると，次のものはどの順番で現れますか。1番目だけ番号が書いてあるので，後を続けなさい。	②直推	
5	10歳の子どもが一日自転車を借りるとしたら，いくらかかりますか。	②直推	
6	ジッピー・レンタル自転車は，子ども用の自転車を貸してくれます。子ども用のものを二つ書きなさい。	①情引	
7	よい状態の自転車を借りるためには，ジッピー・レンタル自転車のどんな情報が必要ですか。	②直推	
8	問8と問9は，二人の大人と，10歳と3歳の二人の子どもからなる家族についての設問です。家族は，リバー・トレールにそって，一日サイクリングすることを計画しています。 どの自転車が家族には必要ですか。リーフレットを読んで分かることを書きなさい。	③解釈	
9	リバー・トレールのどの場所を家族は訪れることができたでしょうか。なぜそこに彼らが行きそうだと考えたか説明してください。	③解釈	
10	ジェーン，アレックス，ジョン，カリルのコメントを読みなさい。それぞれリバー・トレールのどこのことを言っているのか，地図の場所とコメントを線で結びなさい。1つ例が示してあります。	③解釈	
11	それぞれの質問に対する答えがどこに書いてあるのか，質問と書いてあるところを線で結びなさい。1つ例が示してあります。	④評価	

5．コンピュータ使用型調査問題 （デジタル調査問題）

　PIRLS では，2016年調査で初めてコンピュータ使用型調査問題（ePIRLS）が開発された。2021年は，コンピュータ使用型調査に全面移行することが決まっている。PIRLS では，文学的体験をするために読む「文学テキスト」と情報を獲得したり利用したりするために読む「情報テキスト」の2種類が出題されているが，ePIRLS では情報テキストのみを扱っている。小学校4

年生の学級で学習をしている場面を想像することができるように，ウェブスター先生というキャラクターが登場し指示を出す。その指示に沿って児童というキャラクターが，「これを調べてみよう」「これはどうなんだろう」と考えているような形で，出題がされている。本稿では，公開されている「火星」「エリザベス・ブラックウェル博士」の二つの大問を取り上げる。なお，「火星」には小問が20問，「エリザベス・ブラックウェル博士」には小問が17ある（足立，2020c）が，本稿では主な小問を取り上げて，どのようなデジタルリテラシー活動が想定されているかを述べる。

「火星」は，キャラクターのウェブスター先生の指示により，火星をグーグル検索したページから始まる。検索結果の上位４つまでが見えていて，問１はキャラクターの児童の台詞である「太陽系の中で火星がどこにあるのかを最も説明していそうなものをクリックしよう」である。クリックの結果「太陽系の概観」というウェブサイトのホームページにアクセスし，問２はそのページで火星の位置を確認する「太陽と火星の間にある３つの惑星の名前を書こう」である。次にウェブスター先生の「火星についてよく知るために『火星』というタグをクリックしなさい」という指示があり，児童の疑問である問３「なぜ火星は赤く見えるのだろう」，問４「なぜ火星は地球よりも寒いのだろう」に解答していくことになる。ここでまた，ウェブスター先生の指示により「火星についてもっと学ぶために，科学者たちがどのように火星に近づいていったかについて学んでみましょう。」という指示があり，児童は，「グーグル検索結果を見て，火星の宇宙探査について最も情報を提供していそうなものをクリックしよう」という問６に解答する。これに解答しようとすると「火星探査計画」というウェブサイトにアクセスすることになる。さらにそのページから，これまでの火星探査の歴史や，火星探査のミッションの種類などを読んでいくことになる（問７～問15）。ウェブスター先生は，「さあ今度は，ウェブサイトの『キュリオシティという名のローバー』のタブをクリックしなさい」と指示し，キュリオシティという名の火星探査

機の構造及び各パーツの働きを読み取り，どのような探査をしているのかについて解答することになる（問16〜20）。

「エリザベス・ブラックウェル博士」では，まずグーグル検査結果から，イギリス及びアメリカで初めての女性医師になったブラックウェル博士の業績について書かれていそうなページにアクセスする。その後やはりウェブスター先生の導きの中で「女性の医者だって？」「ブラックウェル家の歴史」「ニューヨークの診療所」という３つのページ（タブ）にアクセスし，児童が「これを読もう」と言っている台詞の形の小問に答えていく。

先程 PISA のデジタル調査問題について，４点の特徴を考察したが，同じ特徴が ePIRLS にも当てはまる。１点目はシナリオではなく，小学校４年生が対象であるために，学校の授業の中でコンピュータを用いて調べている状況を，ウェブスター先生というキャラクターを用いて行っているが，読む目的を明確にしているという意味は同じである。２点目の検索するということも，３点目の複数の異なる見解やタイプのテキストを合わせて読むことを扱っている点も，４点目は，スクロールやタブやリンクなど，実際にインターネットを使う作業を反映していることも当てはまる。ポイントは，やはり，目的をはっきり持って読むべきものにアクセスしていくということである。

第３節　論点の整理と読書指導法開発の要件

本章では，国際学力調査 PISA 及び PIRLS では，リーディング・リテラシーとしてどのような読むことの能力を測定しようとしているのかを見てきた。論点を整理し，そのような読むことの能力を育てるためには，どのような読書指導法を開発する必要があるのか，その要件を導く。

まず，PISA のリーディング・リテラシーの定義や質問紙調査から，この調査で測られているのは，ただ与えられた短い文章に何が書かれているかを読み取ることができるというだけでなく，読みへのモチベーション（動機付

け）があり，読書に対する興味・関心があり，読書を好意的に考え，頻繁に読書を行っているという，読みへの取り組みを含んでいるということである。PIRLS でも，様々なテクストから意味を構成し，学習するコミュニティーに参加する，楽しむなどの多様な目的のために読むことを定義にしていた。このようなことから，本書では，非認知的な要素も含めて読書をすることを指導する読書指導法を提案したいと考えている。

　次に質問紙調査では，この読みへの取り組みの内容を具体的に示す質問項目が並んでいた。例えば，「本の内容について人と話すのが好きだ」ということについて読書を通して他人とコミュニケーションをとることを聞いており，自分の意見を述べるということと合わせてとらえたい。読書をしたことを人と話すこと，読んで思ったことを述べることを，授業における読書指導として行っていく必要があるということが結論として導き出せる。また，PISA の設問とその無答率の高さから，自分が読んで考えたことをしっかりと表現したり説明したりできることが重要であることを指摘したい。これを国語科の授業で指導するとしたら，読んでいないものを相手に紹介する紹介型の読書指導ではなく，同じものを読んでいる相手に自分の意見や考えを伝える交流型の方がよい。

　続いて PISA 及び PIRLS の枠組みを見た。PISA の 5 側面・3 側面と PIRLS の 4 つの理解の過程は少し異なるところもあるが，基本的には似た構造を持っていた。読書という行為は目標指向的な行為で，読むべきものにアクセスし，目的に合った情報を取り出し，いくつかの情報を統合して解釈し，単に内容として何が書かれているかを把握するだけでなく自分の目的や価値観に基づいて評価することも含まれていた。このように目的を持って，読むべきものにアクセスしたり，読むべきものを選択したり，目的に照らし合わせて熟考・評価するような活動を指導できる読書指導法が必要である。

　さらに読書の目的について考察する。PIRLS では，文学的経験のための読書，情報を獲得したり使用したりするための読書として，それぞれの目的

に応じたテキストを設問としていた。特に，リバー・トレイルのようなパンフレットの形のものも取り上げていたことが象徴的であった。一方，PISAでは，「公共」「教育」「個人」「職業」の状況を4つとらえ，その状況下で子どもが出会う様々なジャンルやメディアを設問にしていた。そのテキストの形式，テキストのタイプといった概念を立て，それぞれの割合も考えていた。したがって，これからの読書指導法では，文学作品だけでなく，様々なジャンルやメディアを意識して扱っていくことが必要である。質問紙調査で日本の子ども達がノンフィクションをほとんど読んでいなかったことをふまえると，特にノンフィクションの読書指導をどのように開拓していくかがポイントになると考えている。

　以上をまとめると，読書指導法開発の要件は次のとおりである。

要件1：表現・交流型
　テキストを読んで何を考えたか相手に表現することのできる指導法であること。相手が未読の紹介型ではなく，互いに読んで伝え合える交流型がよいこと。
要件2：取組・集団
　普段の読書の取組を反映しながらも，集団で授業の中で行う方法であること。
要件3：目的・選択
　目標指向の読書の性質を反映させ，目的に合わせて読むものにアクセスしたり読むべきものを選択したりすることができること。
要件4：ジャンル・メディア
　様々なジャンルやメディア（デジタル・メディアを含む）のテキストを扱うことができること。

　これらの要件を満たす読書指導法を第3章以降開発していくこととする。

1）アメリカ，イギリス，オーストラリア，南アフリカの研究者集団 New London Group が1996年に唱えた概念。労働生活は生産的多様性，公共生活は市民的複雑性，個人生活は多層の生活世界という社会の変化を踏まえ，リテラシーが多様（マルチ）になっていくことを述べたもの。

第 2 章　国際学力調査におけるリーディング・リテラシー　　87

2 ）Campbell ら（2001）の注によると，PIRLS の枠組みは，以下のような研究をふ
　まえている。日本の研究者にもなじみがありそうなものをいくつかとりあげる。
　Anderson, R. C., & Pearson, P. D.（1984）. *A schema-theoretic view of basis pro-*
　cesses in reading comprehension. In P. D. Pearson（Ed.）, *Handbook of reading re-*
　search.（pp. 255-291）. White Plains, NY: Longman.,　Clay, M.（1991）. *Becoming lit-*
　erate: The construction of inner control. Auckland: Heinemann.,　Greaney, V. &
　Neuman, S. B.（1990）. The function of reading: A cross-cultural perspective. *Read-*
　ing Research Quarterly, 25(3), 172-195.,　Langer, J. A.（1995）. *Envisioning litera-*
　ture. Newark, DE: International Reading Association.,　Rosenblatt, L. M.（1978）.
　The reader, the text, the poem: The transactional theory of the literacy work.
　Carbondale: Southern Illinois University Press.,　Ruddell, R. B., Ruddell, M. R., &
　Singer, H.（Eds.）.（1994）. *Theoretical models and processes of reading.* Newark,
　DE: International Reading Association.
3 ）入手できた理由は PIRLS2001のユーザーガイドとして，インターネット上に公開
　されているからである（International Association for the Evaluation of Education-
　al Achievement（2003）. *PIRLS 2001 Assessment.* TIMSS & PIRLS International
　Study Center, Lynch School of Education, Boston College.）。以下の URL から公開
　問題やそれぞれの設問がどの理解の過程に基づいているかを示した一覧表などが，
　pdf や Excel のファイルなどで取得できる（2021年11月 5 日閲覧確認）。https://
　timssandpirls.bc.edu/pirls2001i/PIRLS2001_Pubs_UG.html
　　本書72～82頁の設問例の記述や図　2.1，図　2.2はこれらのファイルをもとに翻
　訳して掲載したものであり，表　2.8及び表　2.9はこれらのエクセルのファイルの
　情報と Martin ら（2003）の掲載情報などを統合して翻訳・作成したものである。

第3章　交流型読み聞かせ

第1節　国際学術誌における読み聞かせ研究レビュー

1．本節の目的

　我が国でも読書指導法として読み聞かせはよく知られている。学校現場において読み聞かせボランティアが行われるようになった（足立，2003）。海外でも読み聞かせは有益な読書指導法として用いられているのであろうか。そこで，本節の目的は，読み聞かせ研究の国際的な動向について，特に学術誌の掲載論文に焦点をあて，その研究をレビューすることである。読み聞かせは，従来は，我が国においては，文字が読めない幼児のもの，あるいは家庭において親が自分の子どもに対して行うものという印象が強く，国語科教育の学術誌には，読み聞かせをテーマとした論文は掲載されてこなかった。日本読書学会の「読書科学」誌などにおいては，幼児に対する読み聞かせや家庭における読み聞かせの論文が，心理学研究の立場から掲載されている（例えば，中村（1991），横山（1997）など）。しかし，小学校学習指導要領には，第1学年及び第2学年の「言語活動例」として，「昔話や童話などの読み聞かせを聞くこと」が挙げられており，実際の教室の中では，読み聞かせが読むことの指導の一つとして用いられることが多くなってきている。また，中学年・高学年・あるいは中学生に対しての読み聞かせの実施も数多く報告されている（例えば，村上（1999）など）。このような現状を考えると，国語科あるいは学校における読み聞かせについても，学術的な研究を進めていく必要がある。

そこで，本節では，研究を進める最初の段階として，国語科教育や読書教育に関しての論文を掲載している国際学術誌の論文が読み聞かせをどのように研究してきたかをレビューする。

2．「読み聞かせ」の定義と対象選択の手続き

本節では，「読み聞かせ」を「大人が，子どもに対して本などを読んで聞かせたり，子どもと一緒に同じ本を読む場を共有したりすること」と定義する。大人とした理由は，レビューの対象に①子どもによる音読（reading aloud）を含ませず，②親やボランティアなどにおける読み聞かせを含ませるためである。定義の後半は，"shared reading"と呼ばれている活動も含ませるためである。

前述の問題意識に沿って，本節では，国語科教育・読書教育を研究領域とする次の5誌"American Educational Research Journal"，"Journal of Educational Psychology"，"Journal of Literacy Research"，"Reading Research Quarterly"，"Research in the Teaching of English"を選定した[1]。これらを，教育に関するデータベース ERIC/CIJE を用い，定義の「読み聞かせ」（Reading aloud to others）で検索を行った。26編の論文がヒットしたが，そのうち，本節の研究関心とは異なる1編（Bauer, 2000）を取り除いた25編を，レビューの対象とした。

3．読み聞かせ論文の内容

レビューした読み聞かせ研究論文には，2つの場がある。1つの場は家庭で，親子間の読み聞かせとなる。これを取り扱った論文には，Bus ら（1995a）の研究，計8編がある。もう1つの場は学校で，教師と児童・生徒間の教授場面が中心となる。これを取り扱った論文には，Feitelson らの計17編がある。

以下では，研究テーマに応じて分類し，内容を説明する。そのテーマとは，

家庭においては，①親と子の相互作用，②読書能力の発達である。学校においては，①語彙力の伸長，②読解力の伸長，③読み聞かせのスタイル，である。要約にあたっては，学校における論文にスペースを割くようにし，各テーマについて若干の考察を加えた。

(1)家庭における読み聞かせの研究論文
①親と子の相互作用

　親と子の相互作用は，家庭における読み聞かせの研究の中心であり，8編中6編がこれにあたる。

　Pellegrini ら（1985）は，4 〜 5 歳の障害児30名と健常児30名の計60名とその親との読み聞かせにおける相互作用を描写した。その結果，障害児に対する読み聞かせは，健常児の高年齢の子どもに比べて，より指示的（more-directive）であるが，要求的でない（less-demanding）ことを明らかにした。

　Arnold ら（1994）は，Whitehurst（1991）によって開発された「対話的読み聞かせ」（dialogic reading）という手法を母親に浸透させる方法を研究した論文である。母親たちの「訓練なし」「対面的訓練」「ビデオによる訓練」の3群のうち，ビデオを用いた訓練が最も効果的であった。

　Bus ら（1995a）における重要な概念は，「安心」である。この論文では，3歳児の母・子に対して，読み聞かせの頻度と社会経済的地位を比較項目として，実験が行われた。まず，子どもたちは母親から30分間引き離された。母子の再会後，母親による読み聞かせが行われた。低頻度・低地位の母親には，再会後，まず子どもが安心する言葉がけをするよりも，読み方を訓練しようとするという不適切な行動が観察された。その結果，読み聞かせ時の安心感の重要性が指摘され，親子の相互作用モデルを構築された。また Bus ら（2000）は，読み聞かせにおける親子のコミュニケーションについて，異なる文化集団を比較した。スリナム系オランダ人，トルコ系オランダ人，社会経済的地位が低いオランダ人の親子それぞれ19組（子どもは4歳）を被験

者とし，家庭における文化の違いが読み聞かせの行動の違いとなっていることを明らかにした。

　Smith（2001）は，自分の子どもに対する自分の読み聞かせをケーススタディー（期間は2歳6ヶ月から3歳6ヶ月まで）として研究したものである。普通の紙の本と電子本（CD-ROM storybook），言語経験アプローチ（Language Experience Approach）に基づいて作られた本（LEA storybook）を用い，これらの本の種類が，読み聞かせの相互作用にどのように影響しているかを，それぞれの特徴を描き出した。

　Bergin（2001）は，幼稚園生と1年生における親子間の読み聞かせの，感情の質（affective quality）と頻度を研究した。32組の親子の読み聞かせを録音し，その相互作用を感情の種類に基づいてコード化した。さらにMANOVAという統計的方法でこれを分析した結果，子どもが本を読み始める段階において，「愛情」「安全」などにラベリングしたやり取りが増加していることを指摘し，読み聞かせにおける肯定的な感情の必要性を論じた。

　以上のように，親と子の相互作用に着目している読み聞かせ研究は，読み聞かせを読むことの教育の方法としてみるよりも，むしろ，読み聞かせ時に現れている親子間の感情的やつながりやコミュニケーションの有様に関心を持っているといえよう。

②読書能力の発達

　上述のように，家庭における読み聞かせ研究は，親子間の人間関係に焦点をあてたものが多いが，それでも2編の論文が，読書能力の発達という読書教育的な視点から書かれている。

　Yaden（1989）は，親が頻繁に読み聞かせを行っている3歳男児2名に対する2年間（合計75時間）の読み聞かせと，5歳男児4名・女児3名に対する72時間の読み聞かせを録音した。これを起こして，自発的な質問（それぞれ810，1915）を取り出し，分析した。分析の結果，質問は，絵についてが最

も多く，次が物語の意味，そして語の意味となり，視覚上の形式（活字の並び，句読点など）についての質問は最も少ないことが明らかになった。

　Phillps ら（1990）は，ニュージーランドの家庭における読み聞かせ（子どもは 3 歳か 4 歳）を研究した。まず，家庭における読み聞かせが，高い割合で，子ども主導であることを見出した。次に，よく知らない本であるが経験のあるタイプの本を使った読み聞かせが記録・分析された。それによると，親も子も，絵や活字に対してではなく，テクストの意味に注意を払っていることが分かった。最後に，両親は子どもに対してストーリーの展開をはっきりさせるように読み聞かせをしていることが明らかされた。このことは，子どもたちは入学前にすでに，物語の構成の意味についての知識を持っていることを示している。

　以上の研究では，読書能力のうち，物語の意味を把握する力が重要であることを示している。子どもたちは入学前に，すでに家庭の読み聞かせから，物語の展開に注意して本を読む経験をしていることが解明された。

(2)学校における読み聞かせの研究論文

　ここには，厳密では学校ではないが，プレスクールやデイケアセンターなど，家庭ではない教育的場における読み聞かせも含めている。

①語彙力の伸長

　読み聞かせが語彙力の伸長に資するものであるかという問いは，多くの研究者が持ってきた研究課題である。本稿では，5 編の論文を数えた。

　Elley（1989）の研究は，ニュージーランドの 7 歳児・8 歳児に対する語彙獲得の実験研究である。まず，7 歳児の 7 学級で，ある物語（story）からとった語彙を見せ，その話を聞かせた後，教師の説明なしにその語彙を覚えさせたところ，15％がその語彙を獲得した。次の実験では，8 歳児の 3 学級である物語を聞かせた後，その物語から取った語彙を教師の説明なしに覚えさ

せたところ，15%の語彙が獲得された。その比較として8歳児の3学級で物語を聞かせた後，今度は教師の説明を入れたところ，40%が獲得された。なお，これらの語彙の獲得は，どちらの場合も永久的（permanent）であった。

　Sénéchal ら（1993）は，プレスクールの子どもたちが読み聞かせから新しい語彙を獲得しているのかどうかを証明するために，次のような実験を行った。80人の4歳児・5歳児に，プレテストを行い，読み聞かせを行い，一週間後にポストテストを行って比較した結果，5歳児では4歳児よりも新しい語彙の記憶保持度が高かった。しかし，一回の読み聞かせでは，それらの記憶が表現語彙となるには不十分であることも示した。この結果を受けて，Sénéchal ら（1995）は，子どもたち（4歳児）が読み聞かせを聞くことからどのように新しい語彙を学んでいるに着目する2つの実験を行った。積極的に反応している子どもたち（読み聞かせ中に出された問いに答えたり，絵に対してラベリングを行ったりする）の群は，受動的に聞いているだけの群に比べて，多くの語を理解していくことが明らかにされた。

　Robbins ら（1994）の実験では，51名の幼稚園生に週2回ずつ読み聞かせを行い，それまではよく知らなかった21の単語を，読み聞かせから習得することができたかどうか，テストを行った。その結果，読み聞かせによって文脈づけられた語は，文脈がない語よりは高い割合で習得された。しかし，語彙学習を目的とした学習ほどではなかった。つまり，読み聞かせの語彙習得に対する控えめな（modestly）貢献が確かめられたと彼女らは結論づけている。

　以上のように，読み聞かせにおける語彙習得の研究は，実験研究が多い。筆者らもこのような実験を試みたことがあるが，我が国においては実験研究を成り立たせるためのデータ（語彙力テストのスコア）がないために，その実現が難しい。しかし，これらの研究を参考にすることが重要であろう。研究結果の全体的見解としては，読み聞かせはわずかではあるが，語彙の習得に対して効果があると言える。なお，より厳密にこのことを研究するためには，

様々に出された実験の数値から，トータルでどのようなことがいえるのかを明らかにする（このことを「統合する（synthesize）」という）メタ分析という方法がある。ただし，統合できるのは，統計的手法の，すなわち数字が出ている研究のみである[2]。

②読解力の伸長

Holmes（1985）は，大学生の読み方の4つのモード①聞き手に対して読み聞かせを行う，②自分自身に対して音読する，③黙読する，④読み聞かせを聞いている間黙読をする，のどれが，学生の読解力伸長に効果があるかを研究した。筆者の定義からすると，④だけが読み聞かせの一種と認められる。48名の大学生がこれらの4つのモードを経験したあと，読解能力を測定する質問に答えた結果は，①が最も成績が高く，③がこれに続き，④が最も低かった。

de Jong ら（2002）らは，電子本（electric book）という新しいメディアを用いた読み聞かせの研究に挑戦した。実験群の幼稚園児12名にはコンピュータの一部として電子本が与えられた。統制群の12名には普通の紙の本が与えられた。6回の読み聞かせ後のテストからは，普通の本の方が話の内容や句を理解するのに優れているという結果になった。しかしどちらの形式でも，子どもが書きことばを自分のものにする助けとなることが確かめられた。

Dressel（1990）は，5年生の書くことの指導に読み聞かせを用いた。8週間の間，読み聞かせを聞き，それについて話し合い，自分独自の話（story）を創作するということが続けられた。プレテストと比較して，ポストテストでは作文能力の増加が認められた。また，書かれた話の文学的質の向上も認められた。しかし，読書能力に有意差はなかった。

Feitelson ら（1986）及び Feitelson ら（1993）は，イスラエルの子どもたちに対する読み聞かせ研究である。イスラエルでは，文章や本はアラビア文字で書かれるが，読み書き能力の習得の問題は，アラビア語が難しいことであ

る。なぜなら，多くの子どもたちが入学前に使用してきた一般家庭の言語は，これと異なるからである。そこで，1986年の論文は，あまり読むことが得意でない1年生を対象とした。学級終了後20分間ずつ6ヶ月間アラビア語の読み聞かせが行われ，統制群では普通の学習活動が行われていた。結果は，デコーディング（文字を解読して発音できるようになること），読解力，積極的な言語使用において，実験群が統制群を上回っていた。これを受けて1993年の研究は，社会経済的地位の低い幼稚園児258名に，教師の読み聞かせを5ヶ月間毎日聞かせた。実験群の子どもたちは，聴解力と絵をもとに話をつくる力（picture-storytelling）において，統制群（教育省の進める普通の教育のみ）よりも高い成績を示した。特に後者の力は，1％の有意水準で，「節の構成力」「節と節の接続表現」「終末の使用」において優れていた。これらの結果は，家庭の言語と異なる言語の読み書き能力の向上に，読み聞かせが有効であることを示唆するものである。

　これらの研究結果を踏まえたRosenhouseら（1997）の論文は，読み聞かせがイスラエル1年生の読み書き及び読解力に対して効果的であることを，様々な側面から示した実験研究である。1年生339名に対して，3つの実験群と1つの統制群が設定された。第1群では，教科書に掲載されている物語が読み聞かされた。第2群では，1人の著者による異なる物語が聞かされた。第3群では，第2群と同じ著者の，シリーズもののみが扱われた。全ての実験群では，読み聞かせの前・中・後に，教師との言語的交流が奨励された。統制群は読み聞かせに関係のない活動を行った。週5回6ヶ月間継続後の結果は，①実験群全般において，1年生の教室で継続的に行われる読み聞かせが，読み書き能力や読解力，絵をもとに話をつくる力に関して効果的であった。②読み聞かせ前・中・後の言語的交流がこれらの力を伸張することが分かった。③シリーズものを扱った第3群の子どもたちは，余暇時に自主的に本を購入して読んでおり，シリーズものが子どもの読書興味を高めていることを証明した。

Sipe（1998）と Sipe（2000）は同じ研究である。前者は博士論文が国際読書学会の1998年度博士論文賞に選ばれたという報告で，後者は，学術誌の研究論文として書き直されたものである。これは質的方法の典型例で，1年生と2年生に対する読み聞かせ記録テープ83本のうち，読むことの理解場面に焦点をあてて45本を選んで記述し分析した。その結果，読むことの理解には「テクスト分析」「テクスト間のつながり」「個人的つながり」「物語の世界と子どもの現実世界が重なる適度な物語との関わり」「創造的表現のための基礎・事前段階としてのテクストの利用」の5側面があることを明らかにした。そして5側面に基づき，子どもがどのような過程を経ながら読むことを理解していくかというモデルを構築した。

Morrcw（1988）は，3つのデイケアセンターで，社会経済的地位の低い79名の4歳児に，読み聞かせの実験研究を行った。2つの実験群のうち，第1群の子どもたちは，毎週異なった本を10週間読み聞かせられた。第2群の子どもたちには，3冊の本だけが繰り返し読み聞かせられた。実験群では，大人と子どもとの間の相互作用的な行動が奨励された。これに対して統制群では，伝統的な読書レディネス活動が行われ続けた。結果は，実験群では，数多くの複雑な質問やコメントが子どもたちから挙げられ，その数が増加していったことが確かめられた。特に，3冊の本だけを繰り返し読んだ子どもたちは，活字そのものや物語の構造についてのコメントが多く出され，能力の低かった子どもたちに対して，最も効果的であることが明らかになった。

一方，Purcell-Gates ら（1995）は，社会経済的地位の低い子どもたちのうち，スキル学習中心の学級と，ホールランゲージ中心の学級を比較した。両者とも，1年生の終わりまでに，読み聞かせによって高い言語知識が獲得された。中でもホールランゲージの学級では，スキル学習を中心の学級に比べて読み聞かせとその本についての話し合い，読むことや書くことを探究する経験が豊富にあり，彼らは言語知識の習得に重要であったと結論づけている。

この分野の研究には，社会経済的地位の低い子どもたちに言及したものが

多い。彼らの家庭環境では，読み聞かせの機会や触れる本の数自体が少ない。学校現場でそのような子どもたちにどのように読むことを教えていくかが国語科教育の深刻な問題となっていることを反映している。

③読み聞かせのスタイル

　読み聞かせのスタイルとは，読み聞かせの場のセッティングから読み手の読み方の癖まで広い範囲のものを含む。学校における読み聞かせ研究の中では，比較的新しい分野である。

　Morrow ら（1990）は，読み聞かせに最適な子どもたちの人数を探究した。幼稚園生27学級を対象とし，1対1，小グループ（3名），学級全体（15名）の3つの大きさの集団における読み聞かせを行い，その後読解力テストを行った。結果は，小グループが最も高い成績をあげ，次に1対1，学級全体は最低であった。読み聞かせの内容をみると，1対1の場合は，その子どもに合わせて行われるので，その子はより多くのコメントや質問をする機会に恵まれる。しかし，小グループはよりも多くの相互作用があり，これが高い成績につながったと推測されている。

　Martinez ら（1993）は，6名の幼稚園教師が同じ4冊の本（storybook）を読み聞かせているのをビデオに録画し，記述して検討した。その結果，教師の読み聞かせには，①読んでいる間の教師の話（talk），②読んでいる間に交わされる，教師と子どもたちの間の話の情報，③教師によって用いられる教授方略，という3つの側面があることを発見した。さらに，これらのデータを質的及び量的方法で分析し，それぞれの教師のスタイルがどのように構成されているかを明らかにした。この論文は，子どもの読み書き能力の発達において，教師の読み聞かせスタイルの多様性を研究する必要を示したものとなった。

　Dickinson ら（1994）は，語彙習得や読解力の伸長に最も効果にある読み聞かせのパターンを探究した。この実験では，4歳児の24学級で「共同構成

的」「対話・相互作用的」「パフォーマンス的」の3つのスタイルの読み聞かせが行われた。1年後，語彙力テスト（PPVT-R）と読解力テストを行った結果，語彙力については，パフォーマンス的読み聞かせが最も効果があることが明らかになった。また，読解力についても，パフォーマンス的読み聞かせがわずかながら対話・相互作用的読み聞かせを上回った。

　以上のような，読み聞かせのスタイルについての研究は，学術的でありながら，読み聞かせ実践に対して直接役立つ情報を提供するものである。我が国の読み聞かせでは，国民性もあるのか，一般的に受動的な聞き手や淡々と読む読み手が広く受け入れられている。ここにレビューした研究結果が我が国についても通用するのかどうか，すなわち，積極的な聞き方を奨励し，パフォーマンスや相互作用的要素の強い読み方にすることが，効果的な読み聞かせとなるのか，研究を要すると言えるであろう。

4．考察

⑴研究が行われた国と研究対象の子どもの年齢

①国

　本稿がレビューの対象とした国際学術誌の読み聞かせ論文は，25編のうち，15編がアメリカ合衆国，3編がイスラエル（Feitelson ら（1986），Feitelson ら（1993），Rosenhouse ら（1997）），3編がオランダ（Bus ら（2000），Bus ら（1995a），de Jong（2002）），2編がカナダ（Sénéchal ら（1993），Sénéchal ら（1995）），2編がニュージーランド（Elley（1989），Phillips ら（1990））における研究である。これらは，読み聞かせが家庭においても学校においても，世界各地で行われていることを示している。一方で，社会経済的地位や親の収入の違いを前提したアメリカの論文（例えば，Mollow ら（1994），Purcell-Gates（1995）など）や，民族や家庭文化の違いに着目したオランダの論文（Bus ら（2000）），家庭言語と読み書き言語が異なるイスラエルの論文（Feitelson ら（1986），Feitelson ら（1993），Rosenhouse ら（1997））などは，我が国にはない研

究視野を与えてくれる。

　しかし，実際の研究者の執筆の数は，多くの論文が，他の論文と同じ執筆者によって書かれているので（例えば，Bus, Feitelson, Mollow, Sénéchal など），実際に，学術的な読み聞かせ研究を行っている研究者はさほど多くはない。彼らは読み聞かせを長いスパンで継続的に，また様々な角度から研究しているのである。これらの研究は読み聞かせ研究の中心に位置するものであり，筆者のように我が国において読み聞かせを研究する場合でも，これらの成果を踏まえていくべきである。

②年齢

　国によって，教育制度や，学校教育による年齢・学年の区切り方は異なる。
　我が国では，5歳までが幼児とされ，6歳から小学校に入学する。幼稚園は主に4歳児と5歳児，ところによっては，3歳児を教育している幼稚園もある。加えて，心理学者との研究上の住み分けもあって，筆者は，小学生と中学生を研究対象としてきた。しかし，これらの国際誌上では事情は異なっている。例えばアメリカ合衆国では，幼稚園（K）は5歳児を指し小学校の中に学級が併設されていることが多い。5歳未満の子どもたちの学校はプレスクールと呼ばれている。また，アルファベットと発音の関係が複雑なため，単語が音読できるようになるのが3年生とされており，読むことの教育においては，プレスクール，K，1年生，2年生を一つのまとまりとして捉える。こうして研究を見直してみると，筆者（あるいは国語科教育）が対象外としてきた低年齢の子どもに対する研究の成果にも，注目する必要がある。

　本稿では，読み聞かせを利用して作文を学ぶ5年生の研究論文も扱った（Dressel, 1990）。この場合は，読解力育成とは違った意味で読み聞かせが用いられている。年齢における読み聞かせの目的の違いなどは，一つ重要な研究テーマになると思われる。

(2)読み聞かせ研究のトピック

　トピックとは，先に述べた研究テーマと重なる部分が大きいが，家庭・学校の両方の場に共通するトピックもあれば，レビューの分類としては用いなかったトピックもあるので，テーマとは区別してこの言葉を使って，それぞれを考察する。

①親子関係・教師と子どもの関係

　本稿でレビューした論文のうち，6編は，読み聞かせを読むことの研究というよりは，親子関係そのものの研究として扱われていた。我が国で言えば，秋田（1997）が行っている研究などは，親子関係に焦点をあてている。学校における読み聞かせでは，指導方略の問題に帰結しがちであるが，その前提として，教師と子どもの関係を研究することも今後の課題であろう。

②語彙

　語彙の習得は，学校での読み聞かせ研究の文脈で取り上げられていることが多いが，実は，家庭における読み聞かせこそ語彙がどのように発達しているのかを研究する必要があるのではないかと思われる。しかし，これは単に読み聞かせだけではなく，家庭における家族の言語文化と語彙習得の関係についての研究に発展するので，ここでは，語彙習得が広がりのあるトピックであることを指摘するにとどめる。

③読むことの指導

　読み聞かせにおいては，子どもたちの意識は活字や単語に対してよりも，物語の意味や展開過程に向けられることを，家庭における研究（Yaden（1989），Phillips（1990））は明らかにした。これらが発表された1990年前後は，読むことが学習者自身によって意味を生成する過程であるという構成主義が広く認め始められた時期であり，読み聞かせ研究でもこの主調を裏付けるよ

うな論文が発表されたと言える。

④読み手のスタイル

本稿の「読み聞かせ」の定義では，読み手は一様に大人であり，「読み聞かせ」は子どものために行われるものであるから，「読み聞かせ」の結果子どもがどうなるかということに焦点を向けがちである。しかし，教師のどのように読むかという「読み聞かせのスタイル」の研究（Morrow ら（1990），Martinez ら（1993），Dickinson ら（1994））は，読み手に焦点をあてた読み聞かせ研究という意味がある。

⑤電子媒体などの新しいタイプの本

最後に，電子本という新しいタイプの本を用いた読み聞かせの研究（de Jong ら（2002），Smith（2001））が始められたことについて，触れておきたい。人間が紙の本を読むということについては，長い歴史と研究の蓄積があるのであるが，電子本は，研究が始められたばかりである。しかも，この研究が進められる速度よりも速く，新しい媒体が開発されていくことが予想され，どのような研究を行うことができるのか，未開拓の領域である。

(3)研究アプローチの傾向

最後に，研究方法に焦点をあて，増加あるいは減少しているアプローチを考察し，今後の読み聞かせ研究の展開や可能性を探る手がかりとする。

①近年増加しているアプローチ

家庭においても学校においても増加してきているのは，質的方法を用いた記述的研究アプローチである。これは，読み聞かせ時に起こっていることを，ビデオやオーディオテープに録画・録音し，それを徹底的に起こした上で，読み聞かせという現象を記述していくというもので，Sipe（2000）や Smith

（2001）が代表例である。これらのアプローチは，一人の研究者であっても，数少ない聞き手であっても，時間をかければ行えるアプローチである。

②減少しているアプローチとアプローチの多様化

　対照的に，過去に非常によく行われ，近年はそれほどでなくなってきているのが，一連の語彙習得研究に見られる，実験的・統計的手法の大掛かりな研究である。これは，プレテスト後，実験群と統制群に分けて何らかの読み聞かせの実践を一定期間行い，ポストテストの成績に有意差があれば，その原因を読み聞かせに求めるといったものであった。多くの被験者（子どもたち）の協力が必要であり，費用もかかり，たいていは，多くの研究者（3名以上）が共同で取り組む。我が国のように，教育研究費が多額とは言えず，実験的研究に用いられる語彙力テスト・読解力テストが豊富には存在しない現状では，実施が比較的難しいアプローチである。

　しかし，実際のところはこの研究アプローチの減少の原因は，その難しさではなく，質的研究法の開発が進んだことにあると考えられる。先に述べたトピックとも関連するが，読み聞かせの子ども（一般）に対する研究だけでなく，読み手のスタイルや，読むもの（電子本などの新しい媒体）に焦点を当てた研究に研究者の関心も向けられるようになった。その中で，アプローチも，大人数の大掛かりな子ども一般に対する研究だけではなく，より微妙でより独特の研究アプローチがとられつつあるのである。

5．結語

　本稿では，国際学術誌5誌に掲載された読み聞かせに関する学術的研究25編を選び出し，(1)家庭における読み聞かせ，①親と子の相互作用，②読書能力の発達と，(2)学校においては，①語彙力の伸長，②読解力の伸長，③読み聞かせのスタイルに分けてレビューした。これらの研究が行われている国，子どもの年齢，研究のトピック，研究アプローチの傾向について，考察を加

えた。

第2節　交流型読み聞かせ

1．問題の所在

　平成20年3月に告示された小学校及び中学校の学習指導要領は，「読書に親しみ，ものの見方，感じ方，考え方を広げたり深めたりするため，読書活動を内容に位置付け」（中央教育審議会答申国語科の改善の基本方針，下線引用者）たものになった。このことは，本の紹介などによって従来の課外の個人的な読書を奨励するということにとどまらず，国語科授業の中に，読書活動を組み込むことを意味している。教科書が基本的な読書材となっており，子ども・生徒数の図書を確保することが困難な我が国の国語科授業の現場において，（絵）本1冊で行える読み聞かせは，有効な読書指導の方法であると言える。小学校学習指導要領第2章第1節国語の「第2　各学年の目標及び内容」〔第1学年及び第2学年〕における「2　内容」には，「C　読むこと」の言語活動例として「⑵イ　物語の読み聞かせを聞いたり，物語を演じたりする」ことが取り上げられている。読み聞かせの方法について検討を加えることは，国語科授業に読書活動を位置付けるために重要であると考えられる。

　しかし，我が国の読み聞かせは，その最中に声を発するのは読み手である教師のみであり，聞き手である子ども・生徒は静かに聞くようにする「静聴型読み聞かせ」であることを前提にしていることが多い。我が国の国語科教育や読書指導の論者も，読み聞かせという活動については「静聴型読み聞かせ」を薦めている[3]。一方，海外では，読み聞かせの前・中・後に読み手と聞き手または聞き手同士の交流を行う「交流型読み聞かせ」がよく行われている。Tomkins（2009）は，物語，ノンフィクション，詩などの指導において，交流型読み聞かせの技術（表　3.1）が用いられているとしている[4]。筆

【表 3.1】交流型読み聞かせに用いる様々な技術

物語	物語の重要なところで予想をしたりその予想を修正したりする。 個人，世界，文学とのつながりを共有する。 児童が何を心に思い描いたか，どのような他の方略を用いたかを話す。 一人の登場人物や一つの出来事についての絵を描く。 登場人物の人格を想定したり登場人物の考えていることを共有したりする。 物語の場面を再び演じる。
ノンフィクション	質問をしたり情報を共有したりする。 読まれた特別な情報について手を挙げる。 質問としての見出しを再び述べる。 ノートを取る。 グラフィック・オーガナイザーを完成させる。
詩	効果音を加える。 教師と一緒に微音読する。 教師の後でその行を繰り返す。 脚韻，頭韻，オノマトペ，その他の詩の技法で手をたたく。

(Tompkins, 2009, p. 15)

者は，アメリカ・オーストラリア・スペインなどに滞在中に学校の授業現場で「交流型読み聞かせ」が行われているのを見たことがある。また，海外の読み聞かせ研究論文において扱われている読み聞かせも「交流型読み聞かせ」であると判断できるものが多い[5]。「静聴型読み聞かせ」を否定するわけではないが，国語科授業における読み聞かせを考える時，読み聞かせの行い方を検討することは意味があると考えられる。

　そこで本稿では，海外で行われている「交流型読み聞かせ」では，何がどのように交流されているのか（交流の内容），交流型読み聞かせはどのように行うのか（指導の方法），どのような場面でその交流型読み聞かせを行うのか（カリキュラム上の位置付け）を明らかにし，我が国の国語科授業における読書活動の1方法つとしての「交流型読み聞かせ」の可能性を追究することを目的とする。

2．交流型読み聞かせにおける交流の内容
―Lawrence Sipe の研究より―

⑴交流型読み聞かせにおける読者反応の5つのカテゴリー

Sipe（2000）は，米国の小学校1年生及び2年生において観察した83の読み聞かせ事例のうち65を選び出し，その中の子どもの口頭での反応について，ストラウスとコービンのグラウンデッド・セオリーに基づいてカテゴリー化し，5種類の反応のタイプを見出した（表 3.2）。

カテゴリー1の分析的反応とは，テクストを分析や解釈の対象として扱っている反応である。カテゴリー2の間テクスト的反応とは子どもが読み聞かせを聞いたことのある絵本や，読んだことのある作家の作品や，見た映画・ビデオ・広告・テレビ番組など，様々なテクストに関連する反応である。カテゴリー3の個人的反応とは子どもが自分自身の生活につながることについての反応である。カテゴリー4の率直な反応とは，子どもがその物語世界に入り込んでいるようなことを示す反応である。カテゴリー5の遂行的反応とは，カテゴリー4同様，子どもがその物語世界に入り込んでいるようなことを表すのであるが，子どもの側がそれを自分で操作して，言葉というよりはパフォーマンスとして演じてみせているような反応である。

この研究は，のちに2008年の著書 "Storytime" に収められている（Sipe，

【表 3.2】読み聞かせの際の子どもの発言の概念的カテゴリー

カテゴリー	発言数	％
1 分析的（Analytical）	3,048	73
2 間テクスト的（Intertextual）	402	10
3 個人的（Personal）	418	10
4 率直な（Transparent）	89	2
5 遂行的（Performative）	208	5

(Sipe, 2000, p. 264)

第3章　交流型読み聞かせ　107

2008)[6]。その著書から，この5種類のカテゴリーを説明に使用されているトランスクリプトを取り上げる。バレエを行いたいと思っているアフリカ系アメリカ人の女の子グレイスの物語 "Amaging Grace"（Hoffman, 1991）という絵本の読み聞かせの例である。発言が分かりやすくなるように Sipe 自身が100から順に番号をつけている。その後の［　］内の番号は，5つのカテゴリーを示している。カテゴリーの番号以降の名前は，子どもの名前を示す。

10ページを開く。右側のページ（11ページ）には，グレイスがダンスをしている8種類のポーズが示されている（ジョセフ・シュワルツ（1982）が「連続語り」（continuous narration）と読んだ例である）。

100　教師：［太字は絵本上のテクストのそのままの音読］グレイスは，想像でチュチュを着てジュリエットのパートを踊った。その後で，私は望めば何だってできる，と思った。

101　［4］ゴードン：おお，イェーイ，イェーイ。よーし。（皮肉っぽく）

102　［3］ジュリー：うちの妹もよくそうしてるよ。バレエをやってるんだ。

103　［5］テリー：バレエ，バレエ！（歌ったり，あっちこっちに体を動かしたりしながら）

104　教師：なぜ，ここにグレイスの絵がたくさんあると思いますか？

105　［1］サリー：絵がそうしたかったから。

106　［1］ジュリー：彼女がいっぱい練習してこの動きを全部やったから。

107　［1］サリー：彼女がどう動くのかを，絵が示したかったからよ。

108　［1］ゴードン：これとさ，これは同じだよね（ページ上部の絵と下部の絵を差しながら）。あれ，いや，ちょっと違うな。

109　教師：そう，似ていますね。

（Sipe, 2008, pp.87-88.）

　この部分は，カテゴリー1「分析的反応」，カテゴリー3「間テクスト的反応」，カテゴリー4「率直な反応」，カテゴリー5「遂行的反応」の4種類が表れたため，これらの説明に用いられているのであるが，本稿で注目したいのは，交流型読み聞かせとしてのこの発言の流れである。100で教師がテ

クスト部分を読み聞かせており，それからカテゴリー４，カテゴリー３，カテゴリー５の反応が表れる。その後教師が，104「なぜ，グレイスの絵がたくさんあると思いますか？」という問いを投げかける。その後の105から108までの４つの発言は，すべてカテゴリー１「分析的反応」に分類されている。このことは，すなわち，教師が分析的反応をするように促していると言える。表１のように，この研究結果では，カテゴリー１「分析反応」が73％を示しているのであるが，これは教師が促して反応した結果も含まれているわけである。逆に，101から103までは，そのような教師の促しによらず自然発生的に呟いた発言を拾っていると言える。

　これらの例から言えることは，交流型読み聞かせにおける交流には，聞き手である子どもの方から自然発生的に表れるものと，教師の方から問い（発問）を投げかけることによって，子どもが反応を返していく両方があるということである。

⑵本文でない部分についての交流

　上記の Sipe（2000）の中で，Sipe が最初に取り上げているトランスクリプトが興味深い。これは，"Little Red Riding Hood（赤ずきん）"（Hyman, 1983）の表紙についての教師と子どもの交流を示したものである。この絵本は，コールデコット賞の銀賞を獲得しており，表紙にそのメダルの絵が印刷されている。

　ペギー：これコールデコット候補だったのね。
　子ども（名前は不明）：うん。銀賞さ。
　ケニー：２番目に良かったってことだね。
　ミッキー：何年に描かれたの？
　教師：そのことはどこを見れば分かるかな？
　ミッキー：裏表紙だね。著作権表示のところ。

（Sipe 2000, p.264）

これは，読書指導の方法として読み聞かせが有効であることを示す部分である。まず，テクストそのもの（本文）についてではなく，表紙という実際の絵本の使用をよく表していると言える。この中で，子どもは絵本に関する知識（この場合は，コールデコット賞）を得，教師の促しによって，出版年は裏表紙の著作権表示のところで確認できるという，本の扱い方を学んでいる。これは，Sipe の分類によると，カテゴリー1「分析的反応」に入る。なぜなら，ペギーが表紙を分析的に見てこの一連の会話が起こっているからである。

　表紙のような本文でない部分についての読み手と聞き手の交流の諸相を，Sipe（2008）は，peritextual 分析として論じている。peri とは，「周りの」「近い」などの意味を表し，表紙のほかに見開きやエンドページなどを表す。米国の絵本を使用した読書指導（読むことの指導）においては，この peritext をどう読ませるかということが重要になってきている。交流型読み聞かせでも peritext について，子どもが自主的に触れたり，教師が発言を促す働きかけをしたりしている。

(3)ページブレイク（ページの区切り）における交流

　絵本は，通常の本や全集などと違って，ページブレイクというものがある。ページブレイクは，作者やイラストレーター（さらには編集者やデザイナー）によって作られており，そこで間を生み出している。交流型読み聞かせでは，このようなページブレイクの扱いをどのように行っているであろうか。Sipe & Brightman（2009）は5冊の現代絵本（①～⑤）[7]について，小学校2年生の教室での，交流型読み聞かせにおける子どもの反応を研究した。

　教師は，読み聞かせの際にページブレイクとは何かを紹介し，このページブレイクで何が起こっているかについて発問して考えるように促した。しかし，教師が促さない時でも，子どもが自主的にページブレイクについて発言

【表 3.3】ページブレイクに関する教師の発問と子どもの発言

発言者	①		②		③		④		⑤		計	
	発言数	%	発言数	%	発言数	%	発言数	%	発言数	%	発言数	%
教師	9	35	9	64	6	65	7	54	6	29	37	42
子ども	17	65	5	36	5	45	6	46	15	71	48	58
計	26		14		11		13		21		85	

(Sipe & Brightman, 2009, p. 85)

を始めることもあった（表 3.3）。

　ページブレイクに対する子どもの反応は、「1　登場人物が起こすであろう行動を推測すること」「2　登場人物の対話を想像すること」「3　登場人物の思いや気持ちの可能性を考えること」「4　ページブレイク間の設定の変化を話すこと」「5　オープニングの1ページと次の間の時間の経過を推測すること」「6　オープニングの1ページから次のページへ読者の視点の変化について仮説を立てること」「7　ページブレイク間にある文学的ジャンルから別のジャンルへと変化することを確認すること」の少なくとも7点が観察された。つまり、読んでいる時の流れというものが意識されていることが分かる。

⑷交流の内容

　このように、Sipe の一連の研究を通して、交流型読み聞かせにおける交流の内容を見てきた。その結果、次の2点が明らかになった。

　1点目は、交流型読み聞かせで示す子どもの口頭の反応は自然発生的に表れるものと、主に発問によって教師が促すものがあるということである。つまり、自然な読者反応の表れも、教師による指導的な反応も両方とも等価で扱われているということである。また、ページブレイクのところで見たように、そのような発問から、子どもが自主的に気付いていくことも交流型読み聞かせ内で起こることが想定される。

２点目は，交流型読み聞かせでは，Peritext やページブレイクといった，絵本の読み方に特徴的な事柄を，交流の中で，意識的に指導していくことが可能ということである。その際に読んでいく流れを重視してとらえることが確認できた。

それでは，教師の側がどのようにして意識的に指導していくのか，その指導の方法を次に見ていくこととする。

３．交流型読み聞かせの指導の方法—Linda Hoyt の著書より—

Linda Hoyt は，Heinemann 社から，"Interactive Read-Alouds" という授業用図書（lesson book）（印刷に使用できる CD-ROM 付）及び教師用指導書（teachers guide）の２冊を，K-1年・2-3年・4-5年・6-7年[8]の４種類，計８冊出版している。これらの書籍には，学年の表示だけでなく，授業にあたる"lesson" という言葉が使用されたり，指導事項である "standard(s)" という言葉が使用されたりするなど，明らかに授業という状況の中で行われる読み聞かせであることが分かる。

本稿では，この４種類８冊を取り上げて，「交流型読み聞かせ」としてどのような指導の方法が用いられているかを検討する。

⑴交流型読み聞かせが行われる教室の物理的環境と使用される本

アメリカ・オーストラリアなどでよく見られるのが，教師がホワイトボードや特大サイズのポストイットの前に立つか椅子に座り，子ども・生徒は床にあぐらをかいて座る形である。Hoyt の「交流型読み聞かせ」も，授業用図書や教師用指導書の写真を見ると，同様の形で教師と子ども・生徒の距離を近づけ，読み聞かせによる一体感を得やすいようにしている。

フィクションの絵本及びノンフィクションの絵本がよく用いられている。また，直接読み聞かせに使用される本をメンター・テクスト（mentor text）と呼び，これに関連する本を５種類ずつ紹介している。この５冊の本はブッ

クリンク（booklink）と呼ばれるが，その5種類には絵本でないいわゆる読物の本も含まれる。後で〈資料〉として『三匹のコブタのほんとうの話』を交流型読み聞かせをする場合のブックリンクの例を挙げる。

(2)交流型読み聞かせの交流のタイミング

「交流型読み聞かせ」の交流のタイミングは読み聞かせの最中だけではない。Hoytは読み聞かせ開始前，読み聞かせ中，読み聞かせ終了後のいろいろなタイミングで「交流」を行っている。その交流がどのようなものであるかを示していく。

(3)交流型読み聞かせの交流の技術

交流型読み聞かせには，次のような交流の技術がある。

①題名から来る先行知識・予想

読み聞かせを始める前に，子どもに題名について持っている背景知識を尋ねたり，その題名からどんなストーリーが展開するかを予想させたりすることを行っている。

②考え聞かせ（Think-aloud）

考え聞かせ（think-aloud）[9]は，教師が読み聞かせをする際に，一人の読み手としてその本を読む場合に，どのような思考（thinking）生起するかを口に出して（aloud）言うことで，読み手のモデルを示す（modeling）というものである。すなわち，（絵）本に書かれた文字テクストを音声化するだけでなく，文字に書かれていないが文字を読んで（あるいは絵を見て）考えたことを述べるという形である。

③**考えていることを全体に話すこと（Think Together）**

　読み聞かせを聞いている時には，いろいろなことを考えるはずだが，「交流型読み聞かせ」ではその考えをクラス全体で共有することを奨励している。そのために，言いたいことがある子ども・生徒は挙手をし，発言する。

④**向き直って話そう！（Turn & Talk!）**

　交流型読み聞かせには，「向き直って話そう！」（Turn & Talk!）という時間がある。これは，読み聞かせの最中（あるいは読み聞かせ後の場合もある）に，シンキング・パートナー（thinking partner）の方を向いて座り直し（turn），読み聞かせを聞きながら考えたことを話し合う（talk）というものである。

　この活動は，必ずしも読んだ後の感想交流だけではなく，途中に行っていくこと（頻度としては5分ごとに「向き直って話そう！」の時間をとるように示している箇所がある）に意味があると考えられる。なぜなら，読んでいく途中の思考を再現し，予想を深めたり，読み手によって感じることが異なると気づいたりすることができるからである。

⑤**リーダーズ・シアター**

　「交流型読み聞かせ」では，読み聞かせが終わった後，その本の一部をリーダーズ・シアターとして演じさせることがある。そのためのスクリプトが，Hoyt の授業用指導書に示されている。〈資料〉として，『三びきのコブタのほんとうの話』を用いて交流型読み聞かせをした際のリーダーズ・シアターの台本「オオカミとブタ」を掲載する。

4．交流型読み聞かせのカリキュラム上の位置付け

⑴指導事項

　Hoyt の交流型読み聞かせでは，指導事項が明示されている。学年によって多少異なるが，基本的には，①読解，②文章構造の要素，③語彙・文学言

語，④文学要素・表現技法，⑤ジャンル，⑥作文の特徴の計6種類の指導事項がある。その具体的な内容について，6-7年の授業用図書からそれぞれに代表的な指導事項を挙げる（表　3.4）。

　このように指導事項が明確であることから，「交流型読み聞かせ」という読み聞かせの方法は国語科授業での使用に適していると言える。カリキュラムに位置付けられており，lesson plan（学習指導案に類する指導計画）の書式も掲載されていることから，Hoyt の本に挙げられている絵本を用いた「読み聞かせ」が English, Language Arts, Reading と言った我が国の国語科のような授業で用いられていることが窺える。以下，〈資料〉として『三匹のコブタのほんとうの話』（ジョン・シェスカ作，レイン・スミス絵，いくしまさちこ訳，岩波書店，1991年）を用いた交流型読み聞かせとブックリンクの例を示す。1つは2〜3年生に文学の要素と技法として「視点」を指導する場合，

【表　3.4】6-7年における指導事項

①読解	②文章構造の要素	③語彙・文学言語	⑤ジャンル
先行知識の活性化と応用	設定	精密語彙	フィクションの特徴
字義通りと質問と解釈的	葛藤	単語の意味	ノンフィクションの特徴
質問	プロット	文学的／比喩的言語	自伝・伝記
接続	シークエンス	頭韻	ファンタジー
異文化・異体験への接続	登場人物	翻訳の語	詩
批判的	語りと対話	直喩／隠喩	多文化文学
推論	テーマ	イディオム	スピーチなどの文書
テクストのタイプと語彙	テクスト構造	④文学要素・表現技法	⑥作文の特徴
の予想	挿絵	形象	アイディア
記述と結論の支持	調子／ムード	視点	構成
比較／対照		擬人化	ボイス
原因と結果の特定		予兆	語の選択
主題と支持する詳細の特		回想	文の流れ
定		暗示	句読点
重点の想定		象徴	語の変遷
目的によって調整して読		反語	
むこと		類推	
要約			
一般化			
作者の目的の想定			

（Hoyt, 2007h より作成）

第 3 章　交流型読み聞かせ　　115

もう 1 つは 4 〜 5 年生に「原因と結果の特定」（読解）を指導する場合である。

〈資料〉『三匹のコブタのほんとうの話』の交流型読み聞かせ
（Hoyt, 2007b, pp. 179-182. 及び Hoyt, 2007c, p. 57より作成）

————————————————————————————

● 2—3 年「視点」（文学の要素と技法）（Linda Hoyt "Interactive Read-Alouds. Linking Standards, Fluency and Comprehension. Grade 2-3" Heinemann pp.179-182）

学習の焦点
導入：物語の印象は，その物語を語っている人物とその視点に大いに影響を受ける。「ジャックと豆の木」が巨人の視点から語られるのを想像してみよう。男の子が家に入ってきて，家のものを盗んでいくなんて，巨人は本当に怒ったと思う。私たちは，人はこんなことはすべきではないと知っている。巨人がジャックに何か話すとしたらどんなことを話すと思う？
（話間）『3 びきのくま』について考えてみよう。もしも，くまたちがこの話を語ったら，どんな物語になるだろうか？ 3 匹のくまは何を言わなければならないか？
それでは，視点に焦点をあてて，ジョン・シェスカの『三びきのコブタのほんとうの話』を読んでみよう。

交流型読み聞かせ
実践のモデルとガイド

表紙を見る。これは新聞記事みたいだね。「A. ウルフ談」と書いてある。『三びきのコブタのほんとうの話』という本だ。ほんとうの話というけど，だれにとっての本当の話なのか，私は不思議に思うよ。表紙が新聞みたいで，私たちに何か伝えているのだとしたら，これが「真実だ」という報告になるのだろうか。
（話間）シンキング・パートナーと話し合おう。視点とはどういうことか？　誰がこの物語を語っているだろうか？

「とちゅうでさとうがきれちまった（ので）」までを読む。私はこのお話で「おれ」（I と me）という言葉（単語）が使われていることに気付いたよ。このお話の「お

れ」って誰だろうか。この視点について、話してみて。
（話聞）だれがこの物語を語っているのか？　視点は知っているふつうの話「三匹のこぶた」とどう違うか？

「めのまえに　でっかい　チーズバーガーが　おいてあったと　おもってくれればいい」までを読む。オオカミが話をすると、この物語は確かに違うね。
（話聞）シンキング・パートナーと、オオカミの視点とはどういうことか話してみよう。この視点から話されていると、オオカミの印象はどうなるか？

最後まで読む。「オレははめられた（I was framed＝邦訳　おれは　わるいことなんか　ひとつも　してやしない）」の「はめられた」（framed）とはどういう意味か？
（足立注、日本語訳で読み聞かせを行う場合、2つ前の文「おれは、わるいわるい　オオカミに　されちまった」の「されちまった」を使用するのが妥当であると考える）
（話聞）シンキング・パートナーと、物語の終わり方について話してみよう。オオカミはほんとうにはめられた（わるいわるい　オオカミに　されちまった）と思うか？この視点を信じるか？　なぜそう思うか／なぜそう思わないか、話してみよう。

終わってからの物語の振り返り
オオカミは、自分は無実だ（わるいことをしていない）と言っている。彼は、家は偶然に（accidentally＝わざとではなくて）壊れた、ブタを食べたのはおなかがすいていたからだと言っている。ここが、みんなが知っているふつうの「三匹のこぶた」と違うところだね。
（話聞）オオカミの視点とはどういうことだろうか？　この物語は「ほんとうの話」だと思うか？　彼の話を簡単に信じられるか？　それとも信じるのは難しいか？

警察がコブタの家にやってきたところのオオカミの描写（おまわりどもが　やってきたとき　おれは　コブタの　いえの　ドアを　こわそうと　けんめいだった。それにそのあいだじゅう、フーフーいったり、くしゃみをしたり、おおさわぎしてた）**まで戻る**。オオカミは、「オレ」という言葉を使って、この物語を話している。すべてオオカミの視点からの話だったね。
（話聞）一緒に考えてみよう。もとの「三匹のこぶた」の話では、「フフーのフーッと　おまえの　いえを　ふきとばしてやるぞ」っていうよね。今日の絵本は、もとの知っ

ていた話とどのように違っているかな？

学習の共有 「視点」に焦点をあてて

・読むことを共有する文章「現場から」……1ページにわたって，取材した新聞記者
の視点からの文章が載せられている。この文章はHoytが作成している。
　「現場から」を流暢に音読する手本を示すように範読しましょう。二度目には，子
どもたちにも音読に参加させます。それから，視点について話し合います。視点が分
かる手がかりとなるのはどこか？子どもたちに，もう一度この文章を読むようにさせ，
なめらかで流暢な解釈を強調します。

現 場 か ら

　私の情報送信者から，緊急情報が送られてきました。私はそれを記事として書
こうと思いましたが，そのためにはきちんと調べなければなりませんでした。私
はどきどきしながら取材用のバンに乗り込み，現場へと向かいました。あるレン
ガの家の外に，巨大な毛むくじゃらのオオカミがおり，その家を壊そうとしてお
りました。オオカミは，怒鳴ったり大きな音をたてたりしていました。つまり，
オオカミが腹を立てているのですよ。彼は，オレのおばあちゃんにブタの野郎が
ひどいことを言ったとわめいていました。オオカミは，どなったり鼻を鳴らした
りしていて，家は彼の鼻息で今にも倒れそうでした。たとえ，レンガの家が吹き
飛ばされることはないと分かっていても，見ていてかなり怖ろしいものでした。
そのオオカミはすでに二匹のブタを食べていました。彼は本当に危険で，近くに
いたくないと思いました。彼が別のハムを夕食にする機会がないように，私は
911番に電話しました。なぜって，彼を刑務所に入れて外に出させないようにし
ておくためです。

・学級で使用するリーダーズシアターのスクリプト「オオカミとブタ」（Lynnette
Brent作，オオカミとブタについての詩）が載せられている。
　「オオカミとブタ」を読み，子どもたちに二つの視点を同定させます。それから，
オオカミとブタのチームに分けます。子どもたちに，ノンフィクションの行がどれか
分かるように作業をさせます。そのあとで，チームごとに二つの声でそれぞれのスク
リプトを音読発表します。前もって，上手に演じられるようにそれぞれのパートをリ
ハーサルするよう指示します。

オオカミとブタ

オオカミ	ブタ
オレたちは，それぞれの色をしている。灰色だとか，黒だとか，赤だとか，白だとか。	ぼくたちは，それぞれの色をしている。灰色とか，ピンクとか，白とか，ぶちとか。
オレたちは鋭い歯を持っている。オレたちは主に肉を食べる。	ぼくたちは，草や肉を食べる。
オレたちの嗅覚はすごいぞ。	ぼくたちの嗅覚はすごいぞ。
オレたちは森に住んでいる。	ぼくたちの仲間には，農場で飼われていたり者もいれば，野生に生きている者もいる。
オレたちは習慣を失いつつある。	ぼくたちは世界中のどの大陸にも住んでいる。
オレたちは時速30マイルで走ることができる。	ぼくたちはそんなに速くは走れない。
オレたちはかしこい。	ぼくたちはとてもかしこい。
オレたちは多くの物語に出てくる。	ぼくたちは多くの物語に出てくる。
時には物語の中で悪いことになっているが，物語は作られただけのものさ！	「シャーロットのおくりもの」はぼくたちのお気に入り。
偉大な生き物，オオカミ！	偉大な生き物，ブタ！

学習を拡張する

・ベン図を作って，ジョン・シェスカのこの物語と伝統的な「三匹のこぶた」を比較する。

・オオカミの裁判の劇化をさせる。裁判官，弁護士たち，豚たち，検察側及び弁護側

の証人たちが必要である。いずれの場合も，発言者の視点を表現したり説明したりする。

・子どもたちに，本当の動物の視点を考えるように指導し，その動物たちの一日の生活について語らせる。犬の視点から，犬の一日はどのようであるか。

・ドリーン・クローニン著『クモくんのにっき』『みみずくんのにっき』を読む。

・学校での出来事について一緒に考えさせ，複数の視点を認識させる。例えば，児童の立場からカフェテリア（ランチルーム・給食室）について話し合う。それから，コックさんにインタビューし，コックさんの視点からランチの経験について話し合う。

学習を評価する

・シンキング・パートナーで視点について話し合っているところを聞く。視点が，登場人物の感情に関連させ，どのように物語に影響を及ぼしているかが話せなければならない。

・子どもたちが読む別のテクストを選ぶ。視点を同定できるか，また，視点が登場人物の理解にどのように影響を与えているかを尋ねる。

・子どもたちが何か新しく書くことを行う時に，フィクションであってもノンフィクションであっても，視点について理解しているかどうかを尋ねる。どの視点を選んだのか？　またそれはなぜか？　誰が語っているのかをどのように読み手に分からせるか？

ブックリンク

1 『野うまになったむすめ』ポール・ゴーブル，神宮輝夫訳，ほるぷ出版，1980

2 『おばあちゃんのきおく』M.フォックス，J.ビバス，日野原重明訳，講談社，2007年

3 『かいじゅうたちのいるところ』モーリス・センダック，じんぐうてるお訳，冨山房，1975年

4 『かようびのよる』デヴィット・ウィーズナー，当麻ゆか訳，徳間書店，2000年

5 『ハトにうんてんさせないで』モー・ウィレムズ，中川ひろたか訳，ソニーマガジンズ，2005年

120

●4―5 年「原因と結果の特定」（読解）の一部（Linda Hoyt "Interactive Read-Alouds. Linking Standards, Fluency and Comprehension. Grade 4-5" Heinemann p.57）

学習の焦点
導入：ジョン・シェスカの『三びきのコブタのほんとうの話』を，原因と結果に焦点をあてて読んでみよう。表紙を見ると，オオカミが息を吐いて，コブタが飛んでいるのが見える。コブタが飛んだ原因は，オオカミが息で吹き飛ばしたからだと言えるね。つまり，コブタが飛んだのが結果だというわけだ。
（話聞）表紙の右下を見てごらん。ページがめくれているよ。一緒に考えよう。めくれた新聞について，原因と結果の文（cause-and-effect statement）を作って説明してごらん。

交流型読み聞かせ
実践のモデルとガイド

「（とちゅうで　さとうが　きれちまったので──）おとなりさんに　さとうを　一カップ　わけてもらおうと，でかけていった。」まで**読む**。私は原因と結果について考えている。オオカミがでかけていった原因は，さとうが必要だったからということだね。でかけていったというのが結果だね。
（話聞）シンキング・パートナーと話してみよう。「はなが　ムズムズしてきた」ってあるけど，これが原因で結果は何だと思う？

次のページ（そんなわけだから～かえろうとした。）を読む。
（話聞）戸がバサッとたおれてしまったね。原因と結果の文はどれになる？

最後まで読み続ける。頻繁に立ち止まって，原因と結果の関係に焦点をあてる。

終わってからの物語の振り返り
オオカミは，自分は無実だ（わるいことをしていない）と言っている。彼は家は偶然に（accidentally＝わざとではなくて）壊れた，ブタを食べたのはおなかがすいていたからだと言っている。この物語全体を考えてみよう。
（話聞）一緒に考えよう。この本の主題を反映した原因と結果の文（a statement）を

作れるかな？　　　　　　　　（以下略）

ブックリンク

1 『むこうがわのあのこ』ジャクリーン・ウッドソン，E・B・ルイス，さくまゆみこ訳，光村教育図書，2010年
2 『かわいそうなぞう』土家由岐雄，武部本一郎，金の星社，1970年
3 『リディアのガーデニング』サラ・スチュワート，デイビッド・スモール，福本友美子訳，アスラン書房，1999年
4 "Mufaro's Beautiful Daughters" John Steptoe. Puffin; New Ed, 1997（邦訳なし）
5 『狼とくらした少女ジュリー』ジーン・クレイグヘッド・ジョージ，西郷容子訳，徳間書店，1996年

————————————————————————————

　このように，同じ本であっても，複数の学年や場面で，異なる指導内容・ブックリンクが示されている。

⑵**評価**

　Hoyt の交流型読み聞かせには，3種類の評価がある。

　第1には，交流型読み聞かせを行うその際に，Think Together や Turn & Talk! を観察して，そこで子どもたちがどのような読者反応を示しているかを観察して評価する方法である。特に，焦点をあてている指導事項を子どもが適切に理解しているかを評価する。この場合，交流型読み聞かせで学習していることといわゆるテストなどで使用されている言語（公的言語）との接続がつくように，「公的言語の導入」という欄が付されている。

————————————————————————————

公的な言語の注入　テスト型言語

視点が表しているのは，次のことである。
　A．どこでその物語が起こるか
　B．誰がその物語を話しているか
　C．いつその物語が起こるか

D．その物語の最もエキサイティングな部分はどこか

この物語は，主に○○の視点で語られている。

A．オオカミ

B．一匹目のブタ

C．三匹目のブタ

D．オオカミのおばあさん

————————————————————————————————

　第2には，子どもが交流型読み聞かせから展開するリーダーズ・シアターで，どのように音読を行っているかをみるもので，いわゆる読みの流暢さ（Fluency）を評価するものである。

　第3には，交流型読み聞かせの場面を離れて，違った場面で面接による評価などを行うものである。巻末に掲載した『三匹のコブタのほんとうの話』の交流型読み聞かせのガイド例には，第1の評価の例が示されている。

　このようにHoytの交流型読み聞かせでは，静聴型読み聞かせでは行えない子どもの読者反応や音読をとらえることができ，指導事項に沿った評価が行えるのである。

5．まとめ―交流型読み聞かせの可能性

　以上，交流型読み聞かせの交流の内容，指導の方法，カリキュラム上の位置付けを見てきた。我が国でも，読み聞かせは，子ども・生徒が各自の机を前に椅子に座って聞くことばかりでない。教師が椅子に座って絵本の絵が見えるように本を持ち，子ども・生徒が床に座って聞くこともある。また，その際に黒板を使用することも可能である。したがって，Hoytのような「交流型読み聞かせ」を行う教室の物理的環境は可能であると言える。また，本1冊があればよいということからも，我が国の国語科教育で行うのは容易であると考えられる。「題名に基づいて考えさせる」「考えたことを述べさせる」「隣の席の子ども・生徒と交流させる」「劇化させる」といったことは，我が国の教科書教材の読解指導として培われてきた指導技術でもある。した

がって，交流型読み聞かせとしてこれらの指導の方法を行うことは可能であると考えられる。また，これらの活動は，指導事項が明示され，カリキュラムに位置付けられており評価の方法も明確なことから，我が国の国語科授業の具体的な指導として取り上げることが可能である。Hoyt はメンター・テクストの次に5種類の本をブックリンクとして紹介していたが，我が国の国語科教育においては，教科書教材の読解指導で学んだ指導事項を応用してみるとして，この交流型読み聞かせを使用することも考えられる。結論として，交流型読み聞かせは，読書を国語科の内容として扱っていく際の具体的な指導法として可能性があると言える。

6．本章のまとめ…交流型読み聞かせの読書指導法としての提案

　以上をふまえて，本章では，交流型読み聞かせを読書指導法として提案する。Tierney と Readence の5項目で整理して提示する。

読書指導法1．交流型読み聞かせ
(1)目的（purpose）
　交流型読み聞かせの目的は，読み聞かせの前や途中や後に様々な交流を行って，読み手も聞き手もお互いに考えていることを明示し，理解を深めることである。

(2)原理（rationale）
　読み聞かせは様々な場面で行われている。多くは，読み手だけが声を発し，聞き手は静かに聞く静聴型読み聞かせである。それでも思考は十分に働いているが，より積極的に自分が思考していることを交流することで，理解や思考を深めることができる。
　Sipe（2000）は，交流型読み聞かせに表れる子ども達の反応には，「分析的反応」「間テクスト的反応」「個人的反応」「率直な反応」「遂行的反応」の5

種類があることを示している。

⑶意図されている学習者（intended audience）

幼児から中学校1年生までの学習者。

⑷手順説明（descriptions of the procedures）

読み聞かせの前や途中や後に，教師と子ども，子ども同士の交流の時間を入れる。

- ・題名からくる予想，題名について知っていること
- ・考え聞かせ…読んでいる最中に考えていることを教師がモデルとして示す。
- ・向き直って話そう！…思考パートナーと考えたことについて話し合う。
- ・考えていることを全体に話す…教師に問われたことについて自分の考えを発表する。
- ・リーダーズシアター…せりふや地の文を子どもが演じるように音読する。

⑸意義と議論（cautions and comments）

交流型読み聞かせの意義は，交流を通して読み聞かせの際に読み手や聞き手の思考を示すことである。しかし，読み聞かせを黙って聞いている聞き手の思考が断絶してしまうという批判がある。

1）国際読書学会 "The Reading Teacher" 中の読み聞かせ論文98編なども調べてみたが，これらのうち学術的な価値があると認められるものは，同じ著者が国際学術5誌のいずれかに学術的な形式で論文を載せているので，今回のレビューでは扱わない。学術的研究書（例えば van Kleek ら（2003）など）も，同じ理由から扱わないこととする。読み聞かせのレビューを含む論文・本の章として，メタ分析の論文の他に，Huck（1992），Morrow ら（2000），Teale（1981）などがある。出版年の

都合からレビュー対象となる論文は異なるが，特に Morrow ら（2000）と Teale（1981）を参考とした。

2）読み聞かせのメタ分析の論文としては Scarborough ら（1994）と Bus ら（1995b）がある。しかしこれらも，やはり，統合されているもとの研究論文は，本稿のレビュー対象と完全には重ならない。

3）余郷（2010），石川（2013），笹倉（1999）など。例えば余郷は，「教室で絵本を読み聞かせた後，『面白かった？』とか『どこが心に残りましたか？』などと，感想を求めてはいけません。『主人公の行動をどう思いますか？』とか『あなたならどうしましたか？』などといった質問もタブーです。もちろん，感想文を書かせるのは，厳禁です。絵本を読み聞かせた後，一度でも感想を求めたり質問したりすると，それが心の傷になり，次の絵本の読み聞かせを心から楽しめなくなります。せっかくの絵本の読み聞かせが子どもの心の深くに届かなくなるのです。（中略）『読みっぱなし』に徹することが肝要です。」（余郷，2010，p.55）としている。これらの「静聴型読み聞かせ」は，読書の時間を国語科の授業とは区別しようとしていることが窺われる。また，余郷は教師が発問をして交流を促すことには否定的であるが，子どもたちが自然につぶやいて反応を表すことは奨励している。石川は「教室読み聞かせ」として基本的な伝統的な静聴型読み聞かせをふまえているが，いくつかの実践例の記述においては，範読を聞いてメモを取らせる，教師と生徒で対話をする，再話作文を書かせるなど，本稿において交流型読み聞かせとして紹介している方法に非常に類似する例も展開している（石川，2013，p.85など）。

4）Tomkins（2009）によれば，interactive read-alouds は一般的に認知されているリテラシーの指導法である。対象の子ども・生徒としては，K学年〜8年生や英語を母語としない第二言語としての英語の学習者にも可能である。手順としては，①本を取り上げる，②本を下見する（preview）（どこで間を置くか，どこで子ども・生徒の興味を引きつけるかなど付箋を付けたり，頁に印をつけたりする。また，本の紹介の仕方を考えたり，難しい語彙を確認したりしておく），③本を紹介する（子ども・生徒の背景知識を活性化させたり，読み聞かせを聞く目的を明らかにしたりする），④本を交流的に（interactively）音読する（すらすらとあるいは感情をこめて音読する手本を示したり，定期的にストップしてある部分に焦点をあてる質問をしたり，他の活動をしたりする），⑤子どもに読んだ後の活動（話し合ったり，その他の反応を示させたりする活動）をさせる，の5段階を示している。

5）Arnold ら（1994），Martinez ら（1993），Sipe（2000）など。足立（2004b）参照。

6）Sipe（2008）については，山元（2008）が，全国大学国語教育学会で取り上げて

発表している。山元の発表資料では，5つの反応は，「分析的」「間テクスト的」「個人的」「透過的」「遂行的」となっている。しかし，本発表のうち，本書（Sipe, 2008）については，勝田光の訳を参照した。勝田は5つの反応について，は「分析的な」「間テクスト的な」「個人的な」「率直な」「遂行的な」と訳している。

7）ここで述べられている現代絵本（contemporary picturebooks）とは，①『だめよ，デイビッド』デイビッド・シャノン，小川仁央訳，評論社，2001年，②『はなうたウサギさん』エリック・ローマン，いまえよしとも訳，BL出版，2004年，③『ハトにうんてんさせないで』モー・ウィレムズ，中川ひろたか訳，ソニーマガジンズ，2005年，④『ホンドとファビアン』ピーター・マッカーティ，江國香織訳，岩崎書店，2003年，⑤『かいじゅうたちのいるところ』モーリス・センダック，じんぐうてるお訳，冨山房，1975年の5冊である。

8）アメリカの学校・学年について解説する。Kはkindergartenであり，直訳すると幼稚園ということになるが，小学校の中にあることが多く，授業なども行われている。それより下の学年はpreschoolと言うが，こちらの方が幼稚園の意味に近い。アメリカの小学校は必ずしも6年生まででなく，7年生まで含んでいる場合もあれば，6年生以降は中学校（middle school）の場合もある。これらの書籍を見ると，interactive read-aloudsは，我が国で言うところの小学校低学年だけに適用されるものではなく，中学年や高学年あるいは中学校の範囲でも使用できるとされている。

9）think-aloudは発話思考法や思考発話とも呼ばれ，心理学分野での読みの研究で多く用いられているが，ここでは教師が子ども・生徒に行う活動であることを重視し，『リーディング・ワークショップ』の邦訳で吉田らが読み聞かせ（read-aloud）に対応させる形で訳した「考え聞かせ」を用いた。

第4章　読書へのアニマシオン

第1節　読書へのアニマシオンの導入の意義

1．はじめに

　本節の目的は，スペインで展開されている「読書へのアニマシオン」[1]運動とは何かについて，日本における読書指導法との比較を通して，その特質を明らかにすることである。日本においては，これまでに翻訳書が出版されいくらか広まってきてはいるが，スペインの元来の運動とはかなり異なる形になっているのが現状である。筆者は，1999年9月に，運動創始者に会ってインタビューを行い，その方法論学んできた[2]。そこで本稿では，まず，スペインにおける本来のこの運動について詳細に分析することを通して，この運動の特質を明らかにした上で，今後日本に導入する際の意義，問題点を論じる。

2．スペインにおける「読書へのアニマシオン」運動

(1)「読書へのアニマシオン」とは

　「読書へのアニマシオン」とは，スペインにおける読書運動である。アニマシオンとは，アニマ（ラテン語で魂の意）を生き生きと躍動させることである。「読書へのアニマシオン」と言えば，生き生きわくわくした気持ちで読書を楽しむようにするための運動ということになる。この運動は，現代の子どもたちを取り巻く危機的な状況を危惧したジャーナリストのモンセラット・サルトらが，読書の力をつけることが必要だと考え，仲間たちと試行錯

誤するなかで，方法論をゲームとして（その方法のことを「作戦」と呼ぶ）洗練させてきた。このゲームの目的は，子どもが大人に読書の仕方を教えられるのではなく，子どもたちが自分で読書の楽しみを発見することにある。そうでなければ，本当の読書の力にならないとモンセラット・サルトらは考え，ゲームという手法を用いることにした。

「読書へのアニマシオン」に関する著書として，2冊の本が出版されている。1冊目[3]は，25の作戦を示したもので，1984年に出版され，1997年に邦訳されている。2冊目[4]は，これらを進化させたもので，75の作戦が示されており，さらにどの作戦をどのような順番でどのように行えばよいのかということが体系的に示されている。2冊目の75の作戦を，表 4.1に掲載する。

子どもたちは，その作戦というゲームを行う2週間前から当日までの間に，指定された本を読んでくることになっている。その本を読んできていると，作戦というゲームで楽しく遊べることになる。ゲームによって適切な子どもの年齢や人数が決まっている。6〜7歳向きのものもあれば，12〜16歳ぐらいのものもある。2冊目の著書には，どの作戦が幼児向けであり，どの作戦が小学生向けであるのか，一目で分かるようになっている。

各作戦について，ねらい，対象（子どもの年齢，人数など），所要時間，準備するもの，進め方，アドバイス，成功のコツと留意点，検討課題などの項目で整理されている。作戦を行う大人をアニマドール[5]と呼ぶ。アニマドールとは，アニマシオンを行う人という意味であり，アニマシオンの導き手である。ゲームの主体者は子どもであって，そのゲームを組織し支援する人物である。つまり，この2冊の著書は，アニマドールがゲームを行う際のマニュアル本であると見てよいであろう。

(2)「読書へのアニマシオン」運動の歴史[6]

「読書へのアニマシオン」運動は，1974年に始められた。モンセラット・サルトは，ジャーナリストで，新聞の児童欄を担当していた。子どもの活字

【表 4.1】読書へのアニマシオンの作戦

1	読み違えた読み聞かせ	39	何のために？
2	これ　だれのもの？	40	私はこう考える
3	いつ？　どこで？	41	なぞなぞを言って，説明するよ
4	何を言いたいの？	42	わたしの言葉，どこにある？
5	いる？　いない？	43	みんなの記憶
6	本と私	44	詩人の気持ち
7	どんな人？	45	いい詩だなあ！
8	にせもの文	46	あなたは，私と一緒に
9	だれのことを言ってる？	47	これが私の絵
10	つかまえるよ！	48	吟遊詩人
11	これが私のつけた書名	49	だれが，だれと？
12	前かな，後ろかな？	50	どこですか？
13	誤植	51	何かの役に立つ？
14	ブルル	52	今度は私の番
15	合戦	53	よく見る，見える
16	それぞれのタイトルを，あるべき場所に	54	だれが，だれに，何を？
17	…と言っています	55	聴いたとおりにします
18	これがあらすじです	56	詩人の対話
19	海賊文	57	俳句で遊ぼう
20	ファラウテはだれ？	58	みんなで一つの詩を
21	アングルを変えて	59	それ，本当？
22	…と言われています	60	ばかだなあ！
23	想像のはさみ	61	詩人はこううたう
24	だれが，何を，どのように？	62	この文には，意味があります
25	チームで遊ぼう	63	一緒のほうが，うまくいく
26	ここだよ	64	一見して
27	これ，君のだよ	65	そして，そのとき…が言いました
28	本から逃げた	66	舌がもつれる
29	物語を語りましょう	67	この詩が好き
30	何てたくさんのものがあるんでしょう！	68	詩を持ってきました
31	どうして？	69	言葉が飛んでいった
32	どれが本当の話？	70	意味は，はっきりしてる？
33	こう始まり，こう終わる	71	発見しました！
34	彼を弁護します	72	いいですか，いけませんか？
35	その前に何が起きた？	73	この本を好きなわけ，知っていますか？
36	物語ではそう言ってる？	74	考えていることを言います
37	だれが…でしょう？	75	私なら消さない
38	ここに置くよ		

離れについて，読むことも多かったという。直接の契機となったのは，1974年にベルギーで行われた児童文学に関する国際シンポジウム（BICE 国際カトリック児童問題事務局開催）である。このシンポジウムのテーマは，「子どもの権利を守り，活字離れを防ごう」というもので，変化するメディア・社会の中で読書はどのような役割を果たせるのかということが話し合われた。当時，視覚メディアに代表されるようなメディアの進歩によって，子どもたちが自分たちの小さな世界を築けなくなってきていることが問題視されていた。すなわち，子どもたちが自分たちの世界観や価値観を気づく前に，グローバルで様々なニュースが飛び込んでくる。子どもたちは無防備なまま大人と同じ情報にさらされているということである。そのような状況では，子どもたちに要塞・免疫となるようなものを持たせなければならない。それは読書力に他ならないのではないかとモンセラット・サルトらは考えた。一方で，この頃から余暇の拡張に伴って，学校教育の中にとどまらず，読書をしていく人間が求められるようになってきた。このシンポジウムから，モンセラット・サルトらは，「読書へのアニマシオンというコンセプトに開眼した」と述べている。

　モンセラット・サルトらは，シンポジウムから帰国して，小さなサークルを作った。現在行われているアニマシオン・セミナーの原型となるものである。モンセラット・サルトの意志に賛同した者18人で出発した。最初は，公立図書館の館長が，参考書と漫画しか読まない子どもたちに，何かできることはないかと相談してきたので，そこでゲームを実行してみた。手弁当で，いろいろな実践を試みては練り直し，作戦を洗練させていった。

　この運動には，何人かの援助者がいる。タレンティム書店の店主である，カルメン・オリバレスが，この活動を支援した。また，サンタ・マリア財団のホセ・パレーナが資金的な援助を行った。サンタ・マリア財団はアメリカのカーネギー財団のように，文化的な活動に援助を行っている団体である。同系列のサンタ・マリア出版は，後に2冊の作戦の著書を出版することにな

る。書店関係者を巻き込んでいけたことは，この運動の成功に多大なる影響があったと言えるが，この点については後ほど考察する。さらに，メキシコ教育大学のフランシスコ・クベール・サラスが，教育心理学の立場からこの活動を支援した。読書の重要性について説き，シェーマなどの認知にかかわる理論的アドバイスを行った。

1980年代は，次第に地道にモンセラット・サルトらの活動が認められるようになり，セミナーへの参加希望者が増えていった。幼児向け，小学校向けなどアニマドール養成の観点から様々なセミナーを行う必要がでてきた。こうなってくると，ある程度の組織が必要になり，ESTEL（エステル）文化協会[7]が設立された。ESTEL とは，研究（estudio）・教育（educacion）・読書（lectura）の頭文字をとったものである。ESTEL 文化協会は，メキシコ，プエルトリコ，ガテマラ，ペルー，エクアドルなど南米各国にも活動を広げていった。このような活動が IBBY（国際児童図書評議会）にも認められ，モンセラット・サルトは，1993年に朝日 IBBY 賞を受賞する。この受賞を契機として，日本語版の翻訳が1997年に出版された。また，イタリアにおいても1993年に 1 冊目の翻訳本が出版された。

現在，アニマシオン運動は拡大し，スペインの教育文化省（日本の文部省にあたる）にも認められるようになった。モンセラット・サルトのセミナーを200時間受けると，修士号と同等の資格を与えることにしている。そのセミナーの内容は，幼児向け，小学校向け，障害者向けなど，13にもなる[8]。また，モンセラット・サルトのセミナーをこれまでに受講した人は，図書館の司書や教師など 8 千人にのぼるという。児童図書館で余暇の時や，学校の中で授業とは無関係の楽しみの時間として，多くのアニマドールによって，多くのアニマシオンが実践されている。日本で実践されているアニマシオンは，授業中の教科指導に取り込まれてしまっているが，本来は授業とは別の楽しみの時間であることを強調しておく。

3．日本の読書指導法との比較―「読書へのアニマシオン」の特徴

　ここでは，従来の日本の読書指導法と比較することを通して，スペインの「読書へのアニマシオン」運動の特徴を浮き彫りにする。「読書へのアニマシオン」は，スペインの唯一の読書指導法ではないので，日本とスペインを比較するというわけではない。日本に「読書へのアニマシオン」を導入するという前提に立って，これまでの読書指導法と比べてどのような意義があるのかを考察するための検討である。

⑴子どもの読書に関する現状認識と読書力の捉え方

　結論から言えば，日本における子どもの読書に関する現状認識とモンセラット・サルトらの現状認識は非常に似ていると言える。つまり，同じ現状に立っているので，「読書へのアニマシオン」を日本へ導入する意味があるのである。

　日本において，読書指導が盛んに行われるようになったのは，昭和40年代である。このころ，テレビ・マンガなどの映像媒体が増え，それらに押されて，活字離れが進んだ（すなわち本を読まない子どもが増えた）という認識があった。これらは，1974年にモンセラット・サルトらがベルギーのシンポジウムでとらえたものと共通している。「このメディアが進歩した時代，視聴覚が発達した時代に，本は何ができるか，ということが1974年の段階で話し合われました。そのシンポジウムで出された疑問は，この文化，文明の転換期に本や雑誌はどういう役割を果たせるのかということでした。」[9]モンセラット・サルトらは，読書力を，他の映像媒体を活用する力とは切り離して考える。つまり，読書によって考える力，時代を認識する力を養おうというのである。現代は，無防備なものごとに対するものさしを持っていない子どもに，世界の裏側のニュースまで入り込んでくる時代であるという前提で，そのものさしを持たせることができるのは，読書の力であるとしている。

しかし，日本では，この映像というメディアの特性を読書と対立させてとらえた。そして，活字の読書でこそ行わなければならないことを考察せずに，映像メディアも印刷メディアの一種として取り込んでいってしまった。毎日新聞の学校読書調査では，マンガの読書量を調査している。また，滑川道夫・読書指導研究会などは，読書材としてマンガの研究を行っている。現在日本では，マンガに限らず様々な形のメディアが誕生しているが，読書に取り込んでいくという傾向は変わっていない。すなわち，読書力を，情報活用力としてとらえられている。読書指導も，情報を収集し活用し発信していくための指導ととらえている。この点がモンセラット・サルトや ESTEL 文化協会と決定的に異なる点であろう。

(2)読書の教え方―本を読むことをではなく，本を読んでくることを教える

日本で行われている読書指導法は，本の読み方そのものを教えることが多い。あるいは，ブック・トークに代表されるように，「このような本があるよ。このような本を読むといいよ。」ということを教え，本の世界の入り口に子どもを立たせるというものである。しかし，アニマシオンでは，本は前もって「読んでくるもの」として扱われる。これは大きな違いである。本を読んでこなければ，ゲームに参加することができない。楽しい体験をすることができないのである。そこで子どもは必ず本を読んでくる。だからといって，読書が強制されているわけではない。子どもは自分の意志でそのゲームに参加するかどうかを決め，参加したい場合は自主的に本を読んでくることになる。日本で自由に本を読ませるという意味は，本人が読むかどうか本人に任せてしまって，本当に読んでいるか感知しないということになってしまう。そうでない場合には，強制になる。この場合，読まないでいられる権利[10]は保証されない。この方式は，読書の楽しさを子どもが自分で発見しなければ意味がないという考え方に基づいている。

本を読んでくるということには，もう1つの利点がある。それは，本を3

回読ませるということである。1回目は自分で読んでくる。2回目はゲーム
を行いながら，皆とコミュニケーションを持ちながら読む。3回目はさらに
面白さを感じて読むことになる。もちろん，すべての子どもが必ず3回読む
わけではない。しかし，興味をもって読む子どもには，読書の奥行きを体験
できる（読むたびに違った意義を発見する。新たな面白さに気づく。）ようになっ
ている。

⑶方法の体系化

　日本での読書指導技術は，体系化されていない。たとえば，読み聞かせや
ブックトークなどは，定着している読書指導の方法であるが，1つの方法が
単独で行われていて，本格的な指導方法の体系化はない。実際，読書指導に
関する数々の実践報告はある。しかし，1度行われた実践例に過ぎず，何度
も実践を積み重ねて洗練されてきた方法ではないし，その方法の体系という
ものを持っていない。

　しかし，「読書へのアニマシオン」では，洗練された方法が体系化されて
いる。1冊目の訳者あとがきでは，「25のゲームは読書をさまざまな角度か
らとらえ，具体的な目標を持ち，進むにつれてレベルが上がっていくようバ
ランスよく構成されている。例えば，こんな分け方ができるでしょう」[11]と
して，それぞれの作戦でつけられる力の系統が示されている。このように，
「読書へのアニマシオン」の作戦は体系を持っている。2冊目では，75のゲー
ムを，幼児向け，小学校向け，中学校高校向けに分類している。すなわち，
どの年齢にどのようなゲームでどのような力をつけていくかが明確に示され
ているのである。

　また，「読書へのアニマシオン」で開発されている作戦は，一見すると日
本で行ってきた方法と似ているものがあるが，その目標が，作品の深い理解
に向かうのではなく，子どもが主体的に読書の楽しみを発見していくための
体系として位置付けられている点で，決定的に異なるのである。

第4章 読書へのアニマシオン　135

⑷個人指導と集団指導

　日本における読書指導は，基本的には個人指導が中心に行われていた。読書というのは，子どもの興味・関心や生活経験が大切にされ，その結果個々に応じた指導が原則とされていた[12]。このことがかえって，体系的な読書指導を阻害してきた。反対に集団指導を行う場合は，学級全員で1冊の決まった本を強制的に読まされるという形になってきた。

　これに対して「読書へのアニマシオン」は，作戦に応じた適切な人数のグループで，それぞれの力や役割を果たしながら，読書の世界を楽しむことになる。そのゲームに参加するかどうかは子どもが決定する権利を持っている。そして，ゲームに参加したときは，その子どもは他の子どもと協力することによってゲームを楽しむことができる。すなわち，そのゲームを進めるために，なくてはならない存在になるという形で，コミュニケーションが成立する。個々の存在感を持ち，主体的に読書をしながら，集団の中での自分の役割を認識できるという構造になっているのである。

　この形の集団指導は，これまでの日本の読書指導にはなかったものである。だからこそ，「読書へのアニマシオン」を日本へ導入する意義があると言えよう。

⑸授業との関係

　スペインにおける「読書へのアニマシオン」では，基本的に授業にその手法を用いることはない。このことには，明確な思想がある。モンセラット・サルトは，教授法と育てることの二者を区別している。教授とは，学校の授業で行われるある意味で客観的な知識・技術の伝達であるとする。それに対して読書は主観的なものであり，教授というよりは育てるものであると言う。読書の主観性は，読書の本質的な問題である。

　日本では，「生活読み」[13]という言葉でその主観性が言い表されてきた。読書指導は読書生活指導であるととらえ，生活における読書を学校における読

書と対立的にとらえることもあったが，結局のところ，「生活読み」を学校教育（国語科の授業）の中で指導せざるを得ず，矛盾を抱えてきたと言えよう。これは，日本で広がりつつある国語科授業や社会科授業において行われているアニマシオン[14]と完全に異なる点である。

　この違いは，学校教育に対する両国の違いでもあると言えよう。スペインの学校教育には落第制度があり，授業の評価も達成度評価として日本に比べて厳しく行われている。客観的な知識・技術を伝達することに主眼がある。一方日本の学校教育は，特に最近の動向としては，できるだけ楽しい授業を作り，子どもたちが主体的に活動できる場を設定しようとする。客観的な知識・技術を受け止めている授業よりも，それぞれの子どもが主体的に活動できていることのほうが，よい授業とされる。子どもたちが本にかかわって生き生きと活動できるのであれば，「読書へのアニマシオン」の手法をみようという考え方も不自然ではない。

　では，なぜスペインの教師がアニマドールになるために，セミナーを受講するのか。教師は，授業とは関係のない時間を使って，希望者のみに「読書へのアニマシオン」を行っているという。例えば，1つの学年に1・2組の2つの学級がある場合，1組の教師がアニマドールとなって「読書へのアニマシオン」をすると言う。その場合，1・2組の参加した子どもだけが集まって，アニマシオンを行う。その間，2組の教師は残りの子どもたちと，他の活動をしているのだという[15]。あるいは，放課後，希望者だけで行う場合もあるという。また，学校教育の中で客観的な評価を行わない総合的な学習の中で，読書へのアニマシオンを行ってはどうかという提案もある。この場合は，読書の楽しみを自分で発見するためというモンセラット・サルトの考え方を踏まえながら，学校教育の中で時間と場を確保できるという利点がある。しかし，「総合的な学習の時間」場合は，すべての子どもが参加しなければならないので，読みたい子どもだけが集まってきて読むという本来の形がとりにくいという欠点がある。

いずれにせよ，今後，アニマシオンが，図書館中心に進んでいくか，学校教育中心に進んでいくか，大きな分岐点になっていると言えよう。

(6)読書材－まるごと1冊

前述のような読書力のとらえ方は，読書材のとらえ方をあいまいにしている。すなわち，日本では，本・雑誌の断片，映像化された物語なども，様々な情報を読書材ととらえることになる。一方，「読書へのアニマシオン」は，読書材を限定する。すなわち，本はまるごと1冊扱うものであり，断片や，映像化されたもの，音声化されたものは，読書材としない。府川源一郎・高木まさき・長編の会らは，教室に長編を持ち込むことによって読みの授業を改革しているが，教科書以外の本を扱ったとしても，それ以外の様々な本の世界として取り込んでいる。

「読書へのアニマシオン」では，そのゲームに参加すると自分の意志で決めた子どもたち全員が，同じ本を読んでこなければならない。毎回毎回異なる本が指定される。この方法を同じように行った場合，一番の問題点は，それだけの本を子どもに用意できないということであろう。スペインでは，次の5つの方法によって何とか本を入手し，ゲームを行う当日より2週間前以内に本を読んでくるようにさせる。

例えば学校である年に4冊購入する。次の年に4冊購入すれば，8冊になっている。本は将来も使えるものであるから，徐々に蔵書数を増やすことができる。

・子どもたちに買わせる。1人1人に買わせる場合と，2，3人で回させる場合とがある。
・両親に購入を依頼する。クリスマスの時などに購入する家庭が多い。
・出版社に，社の宣伝になると言って，大幅に値引きしてもらう。
・学校図書館の予算で購入する。また，一度「読書へのアニマシオン」で使用した図書は，学校図書館に寄付する。

これらは，1冊まるごと扱うという信念がなければ，できないことである。コピーでもよし，読み聞かせでもよし，一部でもよし，という考え方では，到底できないことである。

4．「読書へのアニマシオン」の構造－本の売買運動

なぜ，モンセラット・サルトらが1冊の本まるごとを扱うことにこだわっているのか。また，タレンティム書店，サンタ・マリア出版，エデベ出版[16]など，この運動を支援する書店があるのか。出版社はなぜ，3割引などの値引きを行えるのか。このことが，「読書へのアニマシオン」の構造を明らかにするポイントである。モンセラット・サルトらは，子どもが自分で読書の楽しみを発見し，読書の力で世界の認識する価値観を手に入れ，余暇を充実して過ごすことを目的にこれらの運動を展開した。しかし，この運動が成功し，拡大していったのは，「読書へのアニマシオン」の構造が本を売買するものになっていたためである。すなわち，子どもが自分でお金を出して本を買うようになること，これがこの運動の構造なのである。書店は，「読書へのアニマシオン」によって，本を買う客を獲得する。そのためには，値引きして読者を育てる運動に喜んで参画する。本のコピーや，読み聞かせや，一部が認められないのは，それを許可してしまうと本が売れないからである。本1冊1冊をまるごと読みつづけて買いつづける子どもを育てなければならない。これは単に，経済的に成功している運動という意味ではない。児童文化運動に対する貴重な視点を提供してくれる。

日本においても，昭和10年代は児童文化運動が盛んに行われた時期であった。良い本を出版することによって，良い児童文化を育て，良い児童文化を育てることによって，良い子どもを育て，良い子どもを育成することで，日本の国の文化水準を上げようと言うものであった。しかし，どうすれば子どもが本を読むようになるかという研究は十分に行われなかった。良いものを出版すれば，自然に子どもは（あるいは親は）それを買うことになるだろう

という安易な考え方があった。子どもが本を買うようになるためには，読書が楽しいものであるということを子ども自身に発見させるような読書指導の方法を開発して，読者として子どもを教育しなければならないという視点を欠いていたのである。

　戦後も，滑川道夫や読書指導研究会の会員など，読書指導の第一人者は，児童文化の発展に対して多大な関心を払っていた。子どもの本やマンガについて研究をし，良い本を選んだリストを作り，解説を書くなど良い本の出版に協力し，自らも児童文学を執筆した。児童文化教室を行ったこともあった。だが，どうすれば良い文化に触れつづける子どもが育てられるかということに対しては，「読書へのアニマシオン」ほど積極的でなかった。

　筆者は，滑川道夫と古田足日の児童文化概念の相違についても論及してきている[17]。古田は，滑川ら児童文化研究者は，児童文化の個々の領域の研究に終始しており，子どもの成長発達が文化とどのように関係しているか探究していないことを批判していた[18]。しかし，もっと積極的に，経済的な面をも含んで文化と成長発達の関係をとらえることが必要だったのではないだろうか[19]。児童文化を概念としてではなく実態としてとらえ，こうすれば本を買い文化水準を高める読み手が育つという積極的な指導法論に踏み込んでいるところに，「読書へのアニマシオン」の導入の意義がある。

5．日本における導入の意義と問題点

　以上のように，「読書へのアニマシオン」運動の日本導入の本質的な意義は，本を買う読者を育てる運動を体系化された方略で進められることである。個人の主体性や生活を重視した読書の本質を妨げることなく，読書をしつづけ本を買いつづける読書を育てる方法の導入である。その有効性は，南米各国，ヨーロッパ各国にこの運動が広がっていったことで実証済みであると言える。グループによって進めるゲームは，他者を尊重し，他者とコミュニケーションする能力を育てるという副次的な効果も期待できる[20]。

しかし，日本への導入の際に，問題点がないわけではない。本来，「読書へのアニマシオン」は学校教育，特に客観的な評価を行わざるを得ない授業とは切り離して行われるべきである。現在既に，日本で行われている「アニマシオン」的な活動は授業の中で行われているのである。最大の問題は，本を買おうとする読者の活動を阻止する方向でこの活動が行われる場合であろう。子どもが多くの本を買い続けるようにするには，多くの本に出会わせる必要があるわけであるから，1冊の本や1つの話でいくつものゲームを行うことは間違っている。読書材として教科書を利用することも間違っていると言える。教科書を利用していては，教科書本文を楽しむ子どもは育てられても，他の本を買ってまで楽しむ子どもは育てられない。

これらの導入の問題を克服するには，ESTEL文化協会が行ってきているような，徹底したアニマドールの養成が不可欠である。2000年5月にESTEL文化協会のメンバーを招聘するプロジェクトが目下進行しているが，この「読書へのアニマシオン」の構造と運動の意義を，どのようにアニマドールになっていく人材に伝えていけるかが，日本における導入の成否の鍵を握ることになるであろう。

6．おわりに

本節では，スペインにおける「読書へのアニマシオン」の視察，および運動創始者へのインタビューなどに基づき，本来の「読書へのアニマシオン」運動について詳細に分析した。また，日本の読書指導を研究してきた立場から，日本における旧来の指導法との対比に基づいて，この運動の多くの特質を描出してきた。

この運動の日本への導入が進展しつつある現時点で，その位置付けを行うことは急務であった。「生活」「個人」のものである読書の性質を生かして自ら発見させるという形をとった日本の読書指導に対して，「読書へのアニマシオン」運動は大変興味深いものである。今後は，日本におけるアニマシオ

ン・セミナーへ参加しながら，この運動の特質をさらに見極め，日本の読書指導実践に寄与していきたいと考える。

第2節　スペインにおける読書へのアニマシオンの成立過程

1．問題の所在

　1997年に『読書で遊ぼうアニマシオン―本が大好きになる25のゲーム―』[21]（以下，『25の作戦』）が出版されて以来，「読書へのアニマシオン」は，新しい読書指導の方法として日本の国語教育界でも認知され，様々な実践が行われ始めている。しかし，スペインの「読書へのアニマシオン」が本来どのような背景のもとに成立し，どのような特徴があり，したがって，日本導入にあたってどのような意義がありどのような影響を与え得るのかといった原理的研究はほとんど行われていない。原理的研究を行うにあたって，まずは，この方法の成立過程をたどることが重要である。なぜなら，あらゆる教育の方法はその歴史的事情の上に成り立つのであり，その成立過程を追えば，この方法がよって立っている理論が明らかになるからである。そこで，本稿では成立過程を明らかにすることを通して，「読書へのアニマシオン」の特徴を導き出し，日本における意義や影響を論じることを目的とする。

　ところが，この方法の成立過程を明らかにするのは，容易ではない。なぜなら，いわゆる理論書が存在しないからである。これまでに発行されている書籍『25の作戦』及び『読書へのアニマシオン　75の作戦』[22]（以下『75の作戦』）は，「作戦」と呼ばれる一連のゲームを中心とした方法を体系的にまとめた作戦集のマニュアルである。「作戦」とは，ある本を読んできた子どもたちが，アニマドールと呼ばれる作戦の実行者（主に教師や図書館司書）から，本についての問いを一人ずつ与えられ，その問いに答えることで，本の読み方を学んでいくというものである。マニュアルの根本にある基本的な考え方

は，通常，セミナーで講義される。筆者は，これまでに「読書へのアニマシオン」を開発してきたエステル（ESTEL, Estudio, Educación, y Lectura, 学習教育読書の意）協会という民間団体のセミナーを4回受講した[23]。どの場合でも，歴史の説明や根本思想・鍵概念の講義といった理論が半分，受講者が生徒になっての作戦の体験や教材づくりといった実践が半分である。これらのセミナーのノート（一部は録音）や，セミナー外で質問して得た回答をもとに，その成立過程を再構成していかざるを得ない。すなわち，本稿は「読書へのアニマシオン」の成立過程について，筆者の持つ情報を提供するという性質も合わせ持つことになる。しかし，発行されているセミナーの記録[24]については，活字となって安定しているので，これらをできるだけ確認・引用することとした。このような情報源をもとに成立過程を再構成することが本節の主眼となるわけであるが，その中で理論的な基礎が生まれていった事情については，指導方法の特徴を明らかにする鍵となるため，筆者の考察を加えることとした。

2．基本概念と作戦の構造

まず，「読書へのアニマシオン」の基本概念と作戦について説明する。なぜなら，これらは，成立過程を解明する重要な手がかりとなるからである。

(1)基本概念

①アニマシオン（animación）……活気，にぎわい，雑踏（小学館西和中辞典）。すなわち，読書について活発に意見交流を行うことを表したもの。広義には，一連の作戦を取り入れた読書指導法とその試み全体を，狭義には，読書を行ってきた子どもたちが集まってきて行われるゲームそのものを指す。

②エドゥカシオン（educación, 教育）とエンセニャンサ（enseñanza, 教授）……エドゥカシオンは知育，徳育の両面にわたって人格の形成を目指す。エンセニ

ャンサは，英語の teaching に相当し，知識の獲得を目指す（同西和中辞典）。エステルでは，エンセニャンサでは客観性に，エドゥカシオンでは主体に重きが置かれるとし，「読書へのアニマシオン」は，学校カリキュラムにそって与えられる知識的なエンセニャンサではなく，子どもの内部に根を下ろすエドゥカシオンであるとしている。このことは，以下に述べる内化とも関係する。「読書へのアニマシオン」では，読書が子どもの主体（内部）へ働きかける（読書を内化する）ことを目指し，本をめぐる外的な活動（例えば本の要約，文献のリストアップ等）と厳しく区別する。

③内（面）化（interioridad）……人間が学ぶということは，自分の中に何かを位置づけるのだと考える考え方。そのために「読書へのアニマシオン」では，一人でじっくり考える沈黙（silencio）の時間が重要であるとする。

④アニマドール（animador）……芸人，エンタティナー，司会者，進行役（同西和中辞典）。つまり，「読書へのアニマシオン」の進行役，作戦の実行者。エンセニャンサをする教師と区別するために，この言葉が用いられている。

⑤作戦（estrategia）……「読書へのアニマシオン」という読書指導法を具体的に行っていく際の方法論。アニマドールが統括する，ゲーム（遊び）である。『75の作戦』は，75個の作戦について，「タイトル」「参加者」「ねらい」「責任者」「必要な素材と手段」「実践方法」「所要時間」「興味・関心と難しさ」「行ったアニマシオンの分析」を説明した作戦集である。

⑥スキーマ（eschema）……図式。「読書へのアニマシオン」では，各作戦を行うことで，子どもたちの頭の中に読書に対するスキーマができると考える。この考え方は，内化と結びついている。

⑵作戦の構造

「読書へのアニマシオン」は，アニマドールが本を選んで子どもに与える。子どもはその作戦に参加したいと思ったら，本を読んでくる。基本的な作戦の構造は以下のとおりである。

①読んできた本の要約を述べ，内容を確認する。

②アニマドールが本の内容についての質問が書かれているカードを配る。カードは一人の子どもに一枚ずつ割り当てられる。それぞれのカードには，異なる問いが書かれている。

③子どもは自分の力で，黙ってそのカードを読み，その問いに対する答えを考える。

④子どもたちは順々に自分の問いを読み上げ，その答えを述べる。分からない場合は保留とし，他の子どもたちが各自の問いと答えを言っているのを聞きながら考える。

⑤一通り答え終わったら，保留になっている問いを持つ子どもはその答えを言う。それでも答えが分からなければ，他の子どもたちが助ける場合もある。

⑥割り当てられたカードにかかわらず，その本について感じたり考えたりしたことを話し合う。

⑦次のアニマシオンを行う場合は，アニマドールが次の本を提示する。

作戦の番号は生まれた順であり，そのうち1から25までは，『25の作戦』『75の作戦』の両方に掲載されている。アイディアから何度もの試行錯誤を経て，方法論として安定してから番号が付される。たとえば，ある作戦をやっていて，もっと年齢の高い子どもにもというアイディアが生まれると，数多くの実践を経て，新たな作戦として生まれるという具合である。こうして，75もの作戦が生まれた。

3.「読書へのアニマシオン」の成立過程

　「読書へのアニマシオン」は，スペインのジャーナリストであるモンセラット・サルト，タレントゥム書店という本屋の店主であったカルメン・オリバレスによって始められた。子どもが読書をするようになることを目標にして行われた一種の読書運動である。現在は，民間団体であるエステル（サルトは顧問）が活動を引き継いで，セミナーを行っている。筆者が参加したセミナーでは，初めに必ず，この運動の歴史の講義があった。それは，その歴史を語ることが，「読書へのアニマシオン」の根本的な原理の説明に必要と，サルト自身が考えているためである。これらに基づいて筆者が，その講義の記録を再構成し時代区分を設定し成立過程を論じることとする。

(1)萌芽期―読書観・子ども観の成立―

　どんな運動にとっても，その開始時期は重要である。なぜなら，その運動の性質に決定的な考え方が培われるからである。この運動は，1970年代の前半から始まっている。スペインの新聞「YA」の児童欄の責任者で，青少年雑誌「スーパーヘスト」の編集長で，児童雑誌の書評欄などの執筆を担当していたサルトは，1970年代になって，テレビなどのニューメディアが子どもの生活を変えていくことに危機感を感じていた。すなわち，「活字離れ」という現象である。運動の直接の契機となったのは，BICE（Bureau International Catholique del' Enfance）会議である。この会議は2年に1度国際シンポジウムを開く。1974年の中心テーマは読書で，「子どもの権利を守り，活字離れを防ごう」であった。教師だけでなく，マスコミ，出版界，図書館や本に関わる者が集まった。コミュニケーションの手段であるメディアの発達及び社会の変化，余暇の増加と子どものリクリエーションの可能性，教育改革の現状等が話し合われた。その当時欧州各国では，産業改革によって余暇の時間が数多く生み出されていた。余暇が増加すれば子どもがそれをどのよう

に過ごすかが問題になり，「読書」がその余暇におけるレクリエーションの可能性を持つものとして注目されたわけである。一方で，コミュニケーションの手段であるメディアの発達，具体的にはテレビなどのメディアが子どもの生活に入り込んでいくという社会の変化があった。このことは，子どもたちが家庭・地域といった安定した環境の中で成長し自分の価値観や社会観を確立していくその前に，地球規模の様々な情報にさらされることを意味する。サルトは，子どもが自分の価値観や社会観を確立していくためには読書が重要であると考えた。そして，この会議が契機となり，「読書へのアニマシオン」の「基本的なコンセプトに開眼した」という。筆者の見解では，1970年代に「読書へのアニマシオン」の基本的な考え方が作られたことは，後のこの運動の方向付けに決定的な意味を持っている。つまり，ここでサルトは，自分の「読書観」「子ども観」を確固たるものとしたのである。

　サルトの「読書観」とは，余暇の時間を充実したものにするという意味での読書と，社会の変化から自分を守っていくという意味での読書である。だからこそ，エンセニャンサである学校の読書ではなく，エドゥカシオンである日常の読書を対象としたのである。サルトはテレビなどの新しいメディアによって，子どもたちは自分の認識能力に合わせて世界を少しずつ知っていくということができなくなったとしている。子どもたちは新しいメディア以前に，「小さな世界」を築くことができた。ところが，現在では，地球規模の様々な現実に子どもたちがさらされてしまい，自分の「小さな世界」を築き，価値基準となる「ものさし」を作ることができなくなったというのである。しかし，本の世界では，子どもの認識能力に合わせて様々な問題が描かれている。子どもは，自分にあった「ものさし」を徐々につくっていけるというわけである。セミナーで用いられた例を示すならば，両親の離婚[25]という理解し難い現実があった時，子どもは何とかこの事態を理解しようとする。サルトは，優れた児童文学には，子どもの「ものさし」に合わせた現実の切り取り方が示されている。子どもはこのような優れた児童文学を読むことに

第 4 章　読書へのアニマシオン　147

よって，この事態を乗り越えていくことができるというのである。サルトは，「本の牛には全てがある」と述べているが，それは現実を見る見方が示されており，読書をすることによって，子どもが現実に対する適切な能力を持つことになるという意味である。

　また，このような読書観から明らかになるサルトの子ども観は，以下のようなものである。子どもの認識は，大人のそれとは違って生活年齢や知的発達にあわせて行われる。子どもは大人から保護され，子ども時代を通過し，成長しなければならない存在である。そして読書は，このような子どもが，様々な問題を自分の発達に合わせて乗り越えていくために必要なものと考えられる。サルトは，子どもは自分の自身で自分の読書を形づくっていくことが大切であり，読書はエンセニャンサとして学校で上から与えるべきものではないととらえた。

　この読書観は，子ども自身が読みを育てていくという子ども観とともに，次の確立期を経て，読書や学習に関する心理学理論に支持されることになっていく。

(2)確立期—「作戦」という方法論の確立と読書や学習に関する心理学理論による支持—

　BICE 会議から 5 年後の1979年に，サルトとその親友のオリバレスは，「読書へのアニマシオン」の運動を始めることとなる。オリバレスの呼びかけで，サルトと主婦や教師や司書や記者など子どもの読書に関心を持つ14名がマドリッドにあるタレントゥム書店の 2 階に集まって，講習会を行ったり，近くの図書館に出かけていって子どもたちを対象に「作戦」を実行したりするようになった（このグループは，タレントゥム・サークル（Círculo Talentum）と呼ばれた）。「作戦」は，繰り返しになるが，読書をめぐって展開されるルールのある集団遊びのことであり，「読書へのアニマシオン」の方法論である。「作戦」はアニマドールによって運営される。「作戦」は実践を積み重ね

て確立していき，1984年に25の「作戦」集がマニュアルとして出版されることとなる。教育学者・心理学者であるフランシスコ・クベルス・サラスは読書の重要性を学者として説き，この14名のグループの活動を理論的に支えていった。サルトは，「サラスさんは，どういう方法を行いなさいということは言わなかったけれども，子どもにとって読書がどんなに大事かということを理論的に説明してくれた」と述べている。

　筆者は，この運動がこの時期に確立していったのは，1970年代から1980年代に展開した認知心理学に基づいた読書理論の成果を取り入れていったからであると考えている。そのために，クベルス・サラスの活動は非常に大きな意味を持っていたと考える。その根拠として，読書や子どもをめぐる認知心理学の成果を挙げたい。①スキーマ（eschema）理論，②内化（interioridad）の理論，③他者の支援による学習の理論，である。

　1つ目のスキーマ理論は，1980年代に我が国にも紹介され，頻繁に取り上げられた。読書理論との関連で述べるならば，スキーマ理論では，読書過程を，先行知識のネットワークの中に，新しい知識を統合していく過程であると考える。この理論を応用して，サルトらは「作戦」を組み立てた。彼女らの説明を要約すると以下のようになる。「子どもたちは，作戦を通して，あらゆる読書のスキーマの中に，新しいスキーマを結合して行きます。例えば，1つの作戦で登場人物に注意をして読むというスキーマを得たとします。するとその子は，別の本を読むときもそのスキーマを使って，登場人物に注意しながら読むようになります。次に別の作戦で，登場人物の行動を読むということをしたとします。そうすると前に得た登場人物に注意して読むというスキーマに結び付けて，登場人物の行動をとらえるスキーマをつくって行くわけです。」すなわち，サルトらは，本を読むために重要なスキーマとなることは何かを考え，そのようなスキーマを獲得できるような作戦を開発していったのである。スキーマに対する彼女らの理解が妥当かどうかは議論の余地があるが，いずれにせよ，スキーマ理論に触発されて，このような作戦群

を生み出すに至ったのである。

　2つ目の「内化」は翻訳では「内面化」となっているが，外的な活動が認知的に内的に取り込まれていく過程を重視するという意味において，ピアジェ心理学で言うところの「内化」と同じであると考えられる。サルトらにとって，「作戦」によって生じる外的な言語活動は「内面」に届くものであり，また，「内化」しなければ，作戦は読書にとって意味のない活動になってしまうと考えるのである。そのために，サラスとサルトらは沈黙の時間を重視する。「作戦の中の静けさは，内面化への道を開くという役割を果たします。アニマシオンは，外面的でにぎやかなお祭り騒ぎのことではなく，人間の魂の奥深く届くことを願意した言葉だということを忘れてはなりません」[26]。このように，やはり「内化」の理論の支持されて，「作戦」という方法論が確立された。

　3つ目は，2つ目と関係するのであるが，ヴィゴツキー派に代表される他者の支援による学習の理論である。ヴィゴツキーは，子どもが個人できるレベルと教師や仲間の援助によってできるレベルとの間を，「発達の最近接領域（ZPD）」と名づけた。そして，子どもの精神発達を，他者とのかかわりの中で言語が内化していく過程としてとらえている。サルトらはこの考え方を取り入れ，「作戦」においては，他者との活動を通して，読書過程が個人の中に内化させるような形をとった。さらに，その他者の人数やレベルはどのくらいがいいか，試行錯誤を繰り返し，「作戦」を厳密化していった。

　以上のように，これら3つの心理学理論によって，「作戦」という方法論が確立したわけであるが，これらの理論は同時に，サルトの持っていた子ども観および読書観を支持した。スキーマ理論は，読書過程が子ども自身によるスキーマの結合によって行われること，学校教育のエンセニャンサによって押し付けられるものではないことを明らかにした。したがって，大人にできることは，成長していく子どもの姿をとらえ，その発達段階に応じて優れた本に出会わせること，そして，外的な言語活動が内化していくような「作

戦」という手法をとることであった。

⑶拡張期－セミナーの開催とエドゥカシオンの概念－

　その後，活動は広がっていく。1986年には，サンタ・マリア財団より資金
的援助を受けられるようになり，やがて，彼女らのグループ（ノーバル
（Noval）と言う名前になった）は，マドリッド以外の都市や，スペイン以外の
国にも拡大していった。学校がサンタ・マリア財団とコミーリャス大学の協
力で設立され，そこでアニマドールを養成するようになった。この学校の卒
業生72名が，アニマドールの資格を与えられ，各地で学校の教師に対して
「読書へのアニマシオン」の普及活動や指導を行ったのである。また，メキ
シコを始めラテンアメリカの国々に「読書へのアニマシオン」は紹介される
ようになった。1990年には，「スペインとラテンアメリカで合計9100名もの
教師の研修を行うことができ」[27]たという。彼女らの活動（この頃には，読書
へのアニマシオングループ（Grupo de animación a la lectura）という呼び名になっ
ている）が認められ，1993年には子どもの本の普及に尽くす団体に送られる
IBBY朝日児童図書普及賞を受賞した。受賞は朝日新聞の記事になり，この
新聞記事を読んだ佐藤美智代が，青柳啓子とともに『25の作戦』を1997年に
邦訳・出版することになる。1990年代の中頃，サンタ・マリア財団の援助の
形態が変わり，グループ名がエステルとなる。1990年代の終わりには，スペ
イン教育文化省の援助で，教員向けの100時間セミナーを行うようになる。
このように，彼女たちの活動の基本は，セミナーにある。セミナーを行い，
「作戦」を実行しながら新しい「作戦」を開発していく。セミナーを通して，
理論の整備を行ったのである。実際筆者の体験したセミナーでも，講師達は
レジュメを用意し，「読書へのアニマシオン」に必要な要素（作戦，本，子ど
もなど）の概念整理を行っていた。しかし，それを理論書として出版するこ
とはなかった。

　最後にもう一度，重要概念である「エドゥカシオン」について論じる。こ

の概念が「読書へのアニマシオン」運動の基本的な立場を示していると考えるためである。エンセニャンサは学校教育制度に代表されるように，大人が教えるべき内容をもっており教えていくものを指す。子どもがまだ持っていないものを与えていくことと考えればよい。学校における授業は教師の方で意図した教育内容がありそれを教えていくわけであるから，典型的なエンセニャンサであるとサルトは考える。それに対して，エドゥカシオンの方は，子どもが持っているものを「引き出して」いく教育であるとする。エドゥカシオンにするために，エステルでは，次のようなこと（条件）を守るようにと述べている。整理すると，①参加したい子どもだけ参加する。②参加したい子どもたちに，本を読んでくる以外の課題（感想文など）を与えてはいけない。③本は1冊丸ごと扱い，教科書やプリントなどは用いてはいけない。④授業では行わず，学校で行う場合も授業とは違う状況で行う。⑤作戦は遊びであって評価（生徒から見て点数をつけられること）をしてはいけない。しかし，これらの条件を守ろうとするのはかなり難しいというのが，一般の教師の実感であろう。このエドゥカシオンの概念には2つの背景があると筆者は考えている。1つは，確立期で見たように，この運動が，スキーマ・内化・集団および他者の援助による学習の理論に基づいて構成されていることである。スキーマ理論では，読書行為は先行知識のネットワーク（スキーマ）の中に，新しい知識を統合していく過程であると考える。すなわち，読み手自身の創造的過程であり，読み手自身の問題意識やモチベーションが重要になる。読書は教えられるものではなくて読み手自身の中にあるものと考えた。また，協同による学びを内化していくことを主眼としているので，単に読書の周辺にある外的な活動（例えば，本について劇をしたり，本に関するスライドを見たりすること）は読書のエドゥカシオンではないとする。もう1つの背景は，オリバレスとサルトが，学校教育の外で本を扱う仕事をしていたということによる。彼女らは，子どもたちの中にある読書の喜びを引き出していくためには，色々と障害のあるエンセニャンサとは別の場を設けなければなら

ないと考えたのである。

4．「読書へのアニマシオン」のその後の展開

(1)日本の国語教育における展開とエンセニャンサ化

　このような経緯で成立した「読書へのアニマシオン」は，どのように日本に広まっていったのだろうか。日本で最初に「読書へのアニマシオン」が紹介されたのは，1997年の『25の作戦』邦訳の出版である。サルトらの活動は，セミナーが中心となっており，原書を読むだけではこの運動の全貌や本質を理解しにくい。そこで，この邦訳書では，この理解しにくさを解決するために，以下のような工夫を行った。①冒頭に，生涯教育の観点から「アニマシオン」という概念を研究してきた増山均の解説「アニマシオンとは何か」を挿入した。②小学校教師の岩辺泰吏による実践レポート「ぼくらは，読書探偵団―活字の世界はおもしろい」を付加した。具体的な教材・授業展開・子どもの反応が記してあり，活動をイメージしやすいものである。③司書の佐藤涼子の文章「子どもたちと本―いま，アニメーターの役割を考える」を挿入した。④司書の黒沢克朗による「読書のアニマシオンのための参考図書リスト」を付加した。⑤原書にあった専門用語が多くて難解なサラスの序文の大幅に削除し，教師に分かりやすい日本語に書き換えた。⑥原書にあった，サルトによる「作戦」の使用方法の説明を半分の長さに要約した。これらの改変で，「アニマシオン」の概念の広がりと多面的な活動を紹介したのである。しかし同時に，サルトらが用いている「エドゥカシオン」の概念が理解しにくくなった。また，②によって授業として，すなわち，「エンセニャンサ」としての読書指導実践を「読書へのアニマシオン」として紹介したということにもなる。

　岩辺はこの後，この実践レポートからヒントを得て，「物語探偵団」というグループを組織する。そして『25の作戦』を用いた実践を集めて，『ぼくらは物語探偵団―まなび・わくわく・アニマシオン―』（岩辺泰吏編著，柏書

房，1999年）を出版する。この本は読書をめぐる様々な活動を取り上げてい
て興味深いものであるが，エステルの考え方とは次の5点で異なっている。
①授業で行っている，②自由参加ではなくクラス全員の子どもを対象に実践
している，③1冊の本や教材でたくさんの作戦を用いている，④教科書教材
を用いている，⑤探偵という外的活動に焦点をあてている。このようになっ
た原因は，岩辺が「エドゥカシオン」の概念を学ぶ機会がなかったことであ
る。それらはセミナーで講義されるものであり，翻訳書中のサラスの序文は
大幅に削除されていた。また，教師の立場で，子どもを「自由参加」にする
のには抵抗があるだろうし，実際にどのような時間枠の中で作戦を行えばい
いのか，イメージできなかったのではないかと考える。加えて，全員がそれ
ぞれ十分読んでこられる数を揃えるとなると，教科書教材が便利だと考えが
ちである。岩辺がこの中で提案しているのは，いわゆる「読解」によって
「国語ぎらい」をふやすよりも，ゲーム（作戦）で楽しく読書をしようとい
うことである。そして，その楽しくするための演出として，「探偵」を用い
たのである。彼らは学校での研究会や授業公開などを行ってきた。研究会に
は300人を越す教師が訪れることもあったということで，彼らの活動は，日
本における「読書へのアニマシオン」の展開に大きな役割を果たした。

　さらに，元教師の上條晴夫は，ゲームにはルールがあり，ルールによって
授業を組織することができると考え，「読書へのアニマシオン」運動に関心
を持った。そこで学習ゲーム研究会という組織を立ち上げ，その中に「読書
へのアニマシオン」を組み込んだ。上條は，教育雑誌『授業づくりネットワ
ーク』の編集長でもあり，特集（第169号，2000年4月）を組んで，「読書への
アニマシオン」が教師に認知されるのに貢献した[28]。

　さて，このような経緯で，日本に「読書へのアニマシオン」が導入されて，
様々な実践が行われるようになった。多くの教師は，岩辺の著書，上條編集
の雑誌に基づいて，作戦を行っていくことになった。活字になった実践をみ
てみると，サルトらの考えとは違う6つの特徴を持っている。①授業で行っ

ている．②自由参加ではなくクラス全員の子どもを対象に実践している．③
１冊の本や教材でたくさんの作戦を行っている．④教科書教材を用いている，
⑤作戦の難易度と子どもの実態があっていない，⑥作戦のねらいと作戦の実
施状況があっていない．筆者は，これらの実践が国語教育における読書指導
として，問題があると述べているわけではない．エンセニャンサとしても読
むことの指導は必要である．ただ，本稿では，スペインの「読書へのアニマ
シオン」の展開という問題意識で，これら日本の実践を検討している．⑥に
ついて具体例を挙げる．吉田伸子の実践では，「注文の多い料理店」につい
て作戦12「物語バラバラ事件」を次のように行っている．

「作品名を知らせずに，短冊にした13の注文の言葉を配り，物語の展開を
予想しながら並べるように指示した．『注文の多い料理店』の読書経験のあ
る学習者は，作業中に作品名に気づいたようであるが，注文の言葉だけでの
並べ替えは読書経験があっても難しい．ほとんどの学習者は，勘をたよりに，
しかしゲーム感覚で楽しみながら作業に取り組んでいた．ここでの読みの力
としては，f〈予想力〉が求められる．」[29]『75の作戦』によると，作戦12で
は読んできた物語の順序に着目し，そのねらいは，「読むときの集中力を鍛
える」「物語の順序やそのテンポの価値を知る」ことである．つまり，作戦
のねらいと吉田実践のねらいである予想力との間に，ずれが生じている．し
かし，予想力は，「読書へのアニマシオン」作戦12では扱わないが，国語教
育において指導されるべき読みの力である．つまり，『25の作戦』のような
方法のマニュアルを見たときに，我々はこれをエンセニャンサとして理解す
る可能性が持っている．吉田がこの実践を行った時にはセミナーの情報も伝
えられておらず，『75の作戦』の翻訳書も出版されていなかった．しかし，
そのような背景を差し引いても，「読書へのアニマシオン」は，エドゥカシ
オンとして成立したものでありながらエンセニャンサ化されるような構造を
内在しているのである．そのことを次に，スペインの現状をたどりながら証
明する．

⑵スペインにおける現状

「読書へのアニマシオン」のエンセニャンサ化は，日本特有のものなのだろうか。ここでは，2001年12月に行った，スペインの書店や学校の視察に基づき，スペインの現状を明らかにする。

マドリッドの中心地グラン・ビアにある書店カサ・デル・リブロは，スペインで有数の書店である。児童用図書の階の中央部に，『75の作戦』の原書が平積みになっていた。出版から3年後にこの状態であるということは，よく購入されているのであろう。また，筆者が店員に「読書へのアニマシオン」について尋ねたところ，このことをよく知っており，この運動の認知度は高いと感じた。しかし，『75の作戦』以外の「読書へのアニマシオン」の書籍については，違う階の「エンセニャンサの棚」にあるということであった。つまり，児童用図書を担当する店員でさえ，「読書へのアニマシオン」はエンセニャンサの一種ととらえているのである。

また，マドリッドの王宮近くの児童用図書専門店ラ・マル・デ・レトラスでは，毎月2回「読書へのアニマシオン」を実施している。店内には，その写真が飾られていた。写真の子どもたちは，先のとがった帽子や風変わりな衣装を身に纏っていた。先述のように，エステルが進めている「読書へのアニマシオン」は沈黙によって読書を内化させることを必要とするので，仮装などの外的な活動は行わない。疑問に思ってエステルのメンバーに質問したところ，この書店の活動は，読書を内化させるものではなく，劇そのものを楽しむための活動になっているという回答を得た。また，ここでは本棚2段分が「読書へのアニマシオンの棚」となっている。その棚の書籍の多くは「読書へのアニマシオン」の仕方のマニュアルである。しかし，これらは，エンセニャンサとしての書籍で，エステルの進めているものとは異質という。『75の作戦』と同様多くの作戦を収めているが，実は授業で用いる活動集ということであった。

以上より，本場スペインでも，必ずしもすべての人にエステルのエドゥカ

シオンの考え方が理解されているのではないという結論に達した。むしろ，一般的には，エンセニャンサととらえられている。このことは，サルトらの「読書へのアニマシオン」が，理解しにくいものであることを示している。一方で，「読書へのアニマシオン」のマニュアルである『75の作戦』は，新たなエンセニャンサのヒントを多く含んでいる。セミナーで理論面を学ぶことを前提にし，この概念を十分に書籍で説明せず，作戦集だけ出版すること自体が，「読書へのアニマシオン」のエンセニャンサ化を促す構造になっているのである。

　しかし，スペインにおける全ての実践がエンセニャンサ化しているわけではない。エステルのメンバーのアンヘル・シスネロスは，教員として「読書へのアニマシオン」を学校で行ってきた。その学校，コレヒオ・アモロスでは，エンセニャンサにならないようにするために，授業を持つ担任以外の教師がアニマドールを務める。筆者が見学した作戦は全員参加であったが，子どもたちは作戦を長く経験しているために，これが授業とは違う面白い遊びであることを知っており，全員が望んで参加しているという。また，この学校では，図書館のほとんどの本は，30冊ずつ用意されている。このような例はスペインでもまれであり，たいていの学校では，日本と同じように，1冊か多くても2冊しか同じ本を購入しない。したがって，多種多様な本を所蔵することができるが，実際の利用率を考えると，コレヒオ・アモロスの方が高いという結果になるであろう。日本で「読書へのアニマシオン」をエステルの考えで行うならば，今後はこのような実践形態と本の購入や管理についての配慮が知られることが必要である。

　このように，エステルの「読書へのアニマシオン」は，エドゥカシオンという鍵概念に成り立っているが，それはかなりの努力に基づいてできることで，少しでも気を緩めたり手を抜いたりするとエンセニャンサになってしまうという弱さを構造的に持っているといえよう。

5．まとめにかえて―「読書へのアニマシオン」が提起している読書指導の根本的な問題―

　以上，「読書へのアニマシオン」の成立と展開について論じ，これを支持している心理学理論を検討し，その構造的な弱さを指摘した。最後に，この運動が提起している読書指導の根本的な問題を考察する。

　サルトは，「読書へのアニマシオン」は，エンセニャンサではなくエドゥカシオンであるとしたが，エンセニャンサの営みを否定しているわけではない。むしろ，エンセニャンサは読書ができるようになるために，不可欠なものであると考えている。ただ，エンセニャンサだけでは，自分の意志で読書を楽しむ子どもを育てることができない。そのために，エンセニャンサとは別の，エドゥカシオンが必要と考える。読書のエドゥカシオンとは，子どもの中にある潜在的な読みの力を引き出していくことである。そのためには，子ども自身が「やらされている」という義務感を持たずに，自分の意志で読書することが大切である。また，読書は子どもにとって自ら発見するものであるという。読書の本質を考えた時，教えられる経験だけでは，本当には読書は内化しないという根本的な問題を，この運動は提起している。

　ここでさらに，日本の読書指導史について論じてみたい。「読書へのアニマシオン」運動が始まった1970年代は，日本でも読書指導が盛んに論じられた。この時期に，日本では，「読むことの指導」において，「読解」指導の偏りをなくし，「読書」指導をその両輪と認め，重視しようという動きがあった。エンセニャンサと「読解」，エドゥカシオンと「読書」は，厳密に言えば同じ概念ではないのだが，子どもに読む力をつけるためには，エンセニャンサや「読解」だけでは無理であるという認識構造は同じである。つまり，読書を指導するということは，学校で授業という形で指導するだけでは不十分であり，補うべき何らかの方法が必要であるということである。日本の1970年代の読書指導論では，子ども個人の生活における読書を，学校教育の

中に何とか持ち込んで指導しようとしたのである。しかし，作戦などの方法を持たずに，そのまま学校に入れようとした。ここに矛盾が表出し，あまり根付かない結果に終わったと筆者は考えている。「読書へのアニマシオン」では，子どもの自由意志や自然な読書のあり方を維持するために，すなわち，エドゥカシオンにするために，詳細な条件を設定していた。1970年代の日本の教師の中に，このような条件設定や，授業以外の場を使った方法を開発するという発想は存在しなかったのである。「読書へのアニマシオン」は，他人に教えられているのだけでは本当の意味で内化していかない読書の本質をとらえ，それを指導していくための，具体的な場を設定し，方法論を提示したと評価できる。

　最近は読書の重要性が法律の上でも示され，読み聞かせボランティアや朝の一斉読書などによって，読書指導を行う様々な場が学校でも確保されつつある。「読書へのアニマシオン」をエドゥカシオンとして行う素地が整いつつある。これは，最近3年ほどの間に急速に変化したことである。しかし，「読書へのアニマシオン」は，厳しい条件の上に成り立ち，常にエンセニャンサへと変化してしまう危険性を持っている。我々がこの方法に関わる時，そのことを念頭に置き，この運動が提示した読書の本質をとらえていくことの重要性を認識したい。

第3節　「読書へのアニマシオン」の理論的背景

1．本節の目的

　本節の目的は，海外における読書指導の理論的背景を探究することである。経済協力開発機構による国際学力調査に代表されるように，我が国における読むことの指導も，国際的な影響を受けている。読書指導の方法についても，海外における指導方法が紹介され，我が国の教室に取り入れられている。し

かし，そのような海外の読書指導がどのような理論によって成り立っているかの研究は十分に行われているとは言い難い。そこで，本節では，1997年に紹介され，2000年代に入ってから一般に知られるようになったスペインの「読書へのアニマシオン」（以下，アニマシオンとする）の理論を解明することとする。アニマシオンは，スペインの児童文学のジャーナリストであるモンセラット・サルトによって開発された。スペインで「アニマシオン」というと，様々な人々によって様々な意味で用いられているが，本稿では，サルトのものだけを検討することとする。1997年に日本に紹介されて以来，このサルトの指導法に基づいた様々な読書指導の実践が行われてきた。しかし，その理論の解明は立ち遅れてきたといわざるを得ない。なぜなら，サルトは，理論を著書という形で出版していないからである。サルトらは，エステルという20名弱からなるグループで活動しており，エステル主催のセミナーで講義または実習として，理論を伝えるのである。さらに，解明が立ち遅れている理由として，日本の国語科教育界では，スペインという国について取り上げた先行研究がなく，教育学や図書館学等の周辺領域でもほとんど研究されていなかったことが挙げられる。結局，情報源は，これまで日本人向けに数回行われたセミナーに限られた。

　そこで，足立（2002a）では，セミナーで得た資料に，わずかに活字化されている文献を補いながら，アニマシオンの成立過程を再構成し，理論的解明の布石とした。また，足立（2004c）では，スペインに5ヶ月間滞在し，各種の資料収集や研究者及び実践者へのインタビューを行って，「アニマシオン」がどのように拡大していったか，また，「アニマシオン」が読書指導の方法論として，スペインの教育学・国語科教育学・図書館学等の分野で，どのように評価されているかを研究した。

　これらを踏まえて，本節では，特に読書や学習に関する心理学研究の成果に焦点を当てて，アニマシオンの理論的背景を論じることとする。

2. アニマシオンの概略と理論解明の前提

(1)概略

　アニマシオンは，「作戦」と呼ばれる読書活動にその特徴がある。子どもたちは，アニマドールが事前に紹介して配っておいた本を読んできて，作戦に参加する。作戦は次のように実行される。まず，読んできた本を少し振り返る。次に本についての質問が書いてあるカードが配られる。カードは，子どもの人数分，別々の質問が書かれている。子どもは，自分に割り当てられたカードを読み，考えた解答を言う。他の子どもたちは，それを聞いている。分からない場合は，保留しておく。そうして，それぞれの子どもたちが，解答を言い終ったら，未解決の質問について，もう一度その担当の子どもが解答を試みる。それでも解答が出ない場合は，他の子どもが答える。このようにして，全ての子どもの解答が出揃ったら，その本についての感想などを話し合って終わりとなる。質問は，その子の読書能力にあったもので，その質問に答えることで，読書の重要なポイントを学んでいくという構造である。

　そこで，まず，本稿で解明しなければならないのは，この「作戦」がどのような理論によって構成されているかということである。

(2)理論解明の前提

　筆者は，サルトがアニマシオンを考案するためには，次の3つの経緯をたどったと考えている。まず，①サルトが児童文学のジャーナリストとして持っていた読書観・子ども観があった。そこへ，②フランシスコ・クベレス・サラスという心理学者の支持があり，読書が学習に関する心理学研究の成果とその成果に基づいた理論が伝えられた。さらに，③スペインという国の社会背景などもあって，その理論が作戦という形に成就したというものである。

　本節で，中心的に取り上げるべきなのは，②である。なぜなら，②がアニマシオンの理論構成の中核をなすものであり，我々にも理解・応用可能であ

るからである。①③は研究成果や理論というよりも，サルトの信念やその信念を成り立たせた状況であり，日本でアニマシオンの原理的研究をするための理論解明としては，あまりにも周辺的であるからである。また，足立（2004c）で論じたこととも重複する部分もあるので，本節では②に集中したい。繰り返しになるが，アニマシオンがスペインのサルトらによって，その社会的背景のもとに成り立った指導方法であったとしても，スペインでこそありえたのであって，我々には通用しないものだという姿勢をとってしまっては，日本人研究者がアニマシオンを研究する意味が薄くなるからである。

　このようなことから，本稿では，足立（2002a）や足立（2004c）に示したセミナーやインタビュー中心の資料ではなくて，サルトらがアニマシオンの理論構成に利用したであろう心理学に関する文献の研究に重きを置く。結果として，心理学の研究が発達していた米国の文献を扱うこととなった。

3．アニマシオンの作戦の理論

(1)ガニエの「方略」概念

　作戦とは，一般的には，アニマシオンを成り立たせるための手法だととらえられている。しかし，心理学文献をたどってみると，そのとらえ方は，誤りか，誤りでなくとも浅いとらえ方であるということが言える。このことを証明するのが，本稿の主要な課題である。

　「作戦」の原語はスペイン語の estrategia，英語では strategy であり，日本の心理学分野では，方略という訳語をあてている（ストラテジーと片仮名書きにする場合もある）。サルトは，作戦について，ロバート・M・ガニエの定義をとることを名言している[30]。

　　　私たちは，ロバート M. ガーニェ先生の，次のような説明に納得しています。「作戦とは，学習や記憶，思考において各自のふるまいを左右する妙技です。」私たちは，ガーニェ先生の言うさまざまな学習分野のうちの，知的能力の中に，作戦を位置づけています。

この鍵かっこの部分は，ガニエの著書，『学習の条件第3版』からの引用である。『学習の条件』は初版が1965年，第2版が1970年，第3版が1977年，第4版が1985年に出版されている。第2版から第3版へは，大きな変更があった。第3版のスペイン語翻訳が出版されていることも確認（未見であるが）済みであり，第3版からであることは間違いがない。この中で，ガニエは，学習の5種類の能力について述べている。それらは，「知的技能」「認知的方略」「言語情報」「運動技能」「態度」であるが，このうち，先ほどの引用部分は，「認知的方略」の説明の部分である。前後も含めて，引用する。

> 人間が学習する二番目の，そしてきわめて重要な種類の能力は，〈認知的方略〉とよばれるものである。これは，学習者が，自己の内的な注意や，学習や，想起や，思考の過程を統制するために用いる技能である。（下線筆者：上述のサルトが引用した部分にあたる）……／人間の学習者は，その環境をあつかう能力（知的技能）のレパートリーが広がっていく以外に，自己の技能の学習，保持，使用を活用させ，統制するために用いる巧みな方略を次々と習得していく。……もし，学習者が，注意の方略（一種の認知的方略）を改善したなら，この方略は，内容の如何にかかわらず，どのような学習にも適用できよう。

すなわち，ガニエがここで述べた認知的方略とは，学習者が自分の学習を展開していくための学習方略とほぼ同じ考えだといえよう。つまり，うまく指導するためにアニマドールが行う指導方法の作戦ではなく，学習者自身が主体的に学習しようとしていく方略の意味であった[31]。

村山（1995）によれば，方略という概念は，人間の能力に対する，それまでとは違った見方を与えたという。すなわち，「人間の知能が知能指数や記憶容量などの固定的な要因によって決定されているならば，頭の善し悪しもまた固定的である。……しかし，ストラテジーという考え方に基づけば，人間は自分自身の努力によって自分自身の認知プロセスをより効果的なものに変えていくことができる。」のである。

まとめると，アニマシオンの作戦概念は，もとは，アニマドールが，子ど

もがわくわくできるような場をいかに作るかという「指導の作戦」の意味ではなく，人間が何かを学んでいくとはどういうことかを追究することでとらえられた考え方であり，学習者の主体性を強調する概念であったのである。

　しかし，サルトは，「方略」を「学習方略」と受け止めるに留まらず，それを30人の子どもたちに対する「教授方略」として，組織化していった。これは，サルトだけの話ではない。学習方略の心理学的研究は，学習者がどのような方略を用いて学習しているかという研究から，その方略を意図的に意識させ，教えていくかという教授方略（つまり，「教える作戦」ではなくて「学び方を教える」という意味）へとシフトしていったのである。1980年代に米国で整備された読書の学習方略あるいは読書指導方法には，このような仕組みを持っているものが多い[32]。

　表　4.2は，心理学の研究成果に基づく学習観の違いを示したものである。大雑把に言えば，「A 行動主義心理学アプローチ」は，1960年代以前の心理学，「B 認知心理学アプローチ・情報処理」は1970年代と1980年代，「C 認知心理学アプローチ・状況認知」は1990年代以降と，おおよその流れをとらえることができる。この表を用いると，ガニエの心理学上の位置を明らかにし，アニマシオンの理論の特徴が分かりやすくなるので，これを用いること

【表　4.2】心理学の研究成果に基づく学習観の違い

項目	A 行動主義心理学アプローチ	認知心理学アプローチ	
		B 情報処理	C 状況認知
知識獲得	経験による刺激と反応の連合	心的構造や過程の形成	コミュニティへの実践的な参加
カリキュラム	連合の強化を目標	概念的理解や一般的能力の開発を目標	実践的な参加を目標
動機づけ	外発的動機づけ	内発的動機づけ	没頭した参加
教師の役割	調教師	ガイド	ガイド
児童・生徒の役割	情報の吸収者	知識の構成者	知識の構成者
仲間の役割	考慮されない	それほど重要でない	重要である

多鹿（1999）p.3.「表1−1 授業過程を理解するための3種類のアプローチの特徴」より，一部改変

164

にしたい。

　ガニエは，「A　行動主義心理学アプローチ」の研究者だと認識されている場合もあるが，認知的方略の理論については，「B　認知心理学アプローチ・情報処理」と考えてよい。先ほど，『学習の条件』には，第4版まであって，第2版と第3版で大きな違いがあることを述べたが，Aのアプローチから，Bのアプローチへと移ったのである。このことを，ガニエ自身が明確に意識しており，第3版のまえがきで明示しているからである[33]。そして，サルトのアニマシオンの作戦は，主に，このBのアプローチの心理学理論から構成されたというのが，本節の主張である。このことを，他の読書や学習に関する理論に基づいて，証明していく。

(2)スキーマ理論

　スキーマ理論は，「B　認知心理学アプローチ・情報処理」の中で，最も基本的な理論である。スキーマとは，認知心理学の中では，認知過程の中で，ある程度のまとまりをもった知識の単位のことである。学習者は，あらかじめある程度の既有知識（＝スキーマ）を持っているはずで，新たに学習することは，そのスキーマに新たな情報を関連づける（＝情報のネットワークの網の目をつなぐ）ものと考えられる。このような一連の学習についての考え方を，スキーマ理論と読んでいる。

　サルトらは，アニマシオンにおいて，スキーマを次のように考えた。「子どもたちは，作戦を通して，あらゆる読書のスキーマの中に，新しいスキーマを結合して行きます。例えば，一つの作戦で登場人物に注意をして読むというスキーマを得たとします。そうするとその子は，別の本を読むときもそのスキーマを使って，登場人物に注意しながら読むようになります。次に別の作戦で，登場人物の行動を読むということをしたとします。そうすると前に得た登場人物に注意して読むというスキーマに結び付けて，登場人物の行動をとらえるスキーマをつくって行くというわけです。」[34]このようにして，

サルトらは，スキーマを意識化させる質問を用いて作戦をすることを想起していったのである。

(3)ベテルハイムとゼラン「子どもの読みの学習」及びサルトの読書観

　サルトの作戦づくりを支えた著書として，ブルーノ・ベテルハイムとカレン・ゼランの『子どもの読みの学習』がある。ブルーノ・ベテルハイムは，ウィーン学派出身の心理学者で，シカゴ大学の附属養護学校（オーソジェニック・スクール）で教える傍ら，同僚のカレン・ゼランとこの本を著した。彼らは，観察研究を通して，いわゆる読めない子どもたちはけして読めないのではなく，本当は自分は読みたくないと読むことを拒否しているのだという主張である。読むということは，自分にひきつけて意味を見出すということであり，そうでない限りは，文字通りに発音ができる（つまり音読）ができても，読んだことにならない，という主張である。ベテルハイムは，フロイトの精神分析などの影響を受けており，一般的には，認知心理学者とは認識されていないが，この子どもたちの見方は，「B　認知心理学アプローチ・情報処理」に整合性がある。

　ところで，彼らのこの著書は，重版と論文等での引用を見る限りでは，米国シカゴよりもむしろスペインで広く受け入れられているようである。米国の文脈では，この著書は，いわゆる学習障害者を対象としていたし，米国では，教科書批判に焦点があたっていた。この後，さらに学習者にとっての意味づけを重視した，「ホールランゲージ」運動が展開された。ベテルハイムやゼランの見方は，その運動の中に吸収され，実際の教育活動として学校教育に定着していくことになる。それに対し，スペインでは，子どもが自分に意味があるように読むということに力点を置いて理解され，学校における教授活動としてのエンセニャンサではなく，学習者が自分の方略を学んでいくことを引き出していくエドゥカシオンに結びつくことになるのである。

　このような考え方をさらに推し進めたのが，ダニエル・ペナックの『奔放

な読書』である。これは，高校教師だったペナックが，読書嫌いの教え子との読書の付き合い方を考えて，読まない権利を主張したもので，やはり，学習者が意味を発見していく過程でなければ，読書教育とはいえないという，サルトの読書観を強化することになった。

　以上のようにして，サルトはベテルハイムらやペナックの著書を，学習者個人の主体性的活動として読書をとらえ，その主体的方略を支援するための作戦を作ったのである。

(4)内面化と沈黙の理論

　アニマシオンの中で分かりにくい概念として，「内面化」がある。これを，筆者は，ヴィゴツキーの述べている「内化」だと考えてきた。しかし，サルトのとらえ方は，少し異なるようである。なぜなら，セミナーでも，活字化されたものでも，サルト（あるいはエステル）の「内面化」の説明には，必ず，「沈黙」があわせて説明されているからである。ヴィゴツキーの「内化」とは，初めは社会的な操作（社会的機能：精神間）として遂行され，のちに個人的な心理的操作（心理内機能：精神内）へと発達していくことを言う。したがって，何かしら外側にあるものを学習すること（あるいは他者から学ぶこと）が先にあり，その後，それが自分の中に定着していくという考え方である。ところが，サルトの理論では，読書で深く考えることを自分に定着（内化）させるためには，逆に，とりあえず，他の人とお話したりせずに，沈黙することが重要であるという。沈黙して，自分でよく考えてから，解答を言うという形である。

　このようなサルトのアニマシオンの理論は，表１で言うところの「B　認知心理学アプローチ・情報処理」で，個人の読者（あるいは学習者）の読書過程をとらえてきており，個人の学習者と前提としているからであるといえる。学習が他者との関係で行われるとする「C　認知心理学アプローチ・状況認知」とは，根本的に考え方が異なるのである。

4. アニマシオンの理論的限界……集団についての理論

　前述のとおり，アニマシオンの作戦は，1970年代から1980年代にかけての「B 認知心理学アプローチ・情報処理」の成果に基づいた，「学習方略」「スキーマ理論」学習者の主体性の強調などによって，構成されていた。しかし，内面化・沈黙の理論を検討したように，アニマシオンは，ヴィゴツキーの内化な他者との関係からの学びを内面化していくという理論には基づいていなかった。最後に問題になるのは，作戦が，「C 認知心理学アプローチ・状況認知」に基づいているかどうかという点である。作戦は，一人に対してではなく，集団に対して行われる。集団のダイナミズムを学習の過程ととらえて，積極的に生かしているのだろうか。

　この点について，解明するために，次のような方法をとってみたい。ここまで米国で主に発達してきた認知心理学の研究成果を中心に，それがスペインのサルトらにどのように取り入れられているのかを見てきた。しかし，米国にもアニマシオンと同じように，同じ本を子どもたちが読んできて，話し合うというリテラチャー・サークル（あるいは，ブック・クラブという似た方法もある）という読書指導法がある。これらは，より直接的に，認知心理学アプローチの成果を取り入れて，開発された方法である[35]。リテラチャー・サークルでは，少人数のグループで，読んできた後話し合いをするのであるが，グループの成員は，異質であることが前提となっている。なぜなら，グループは能力別にはしないし，読んでくる読み方も，グループの中で違う読み方になるように，意図的に読み方の役割を決めるからである。つまり，リテラチャー・サークルは，様々な読み方をしてきた子どもたちが，話し合いをすることによって，お互いの読み方やものの考え方を知ったり認め合ったりするということに，焦点をあてている。それぞれの読書能力の高さや低さは問題にならない。なぜなら，学習するということは，そのような様々な人で構成されたコミュニティーの中で，自己の位置づけをつくりあげることである

からである。これが、「C　認知心理学アプローチ・状況認知」に基づいていることは、言うまでもない。

　これに比較すれば、アニマシオンの作戦における集団は、基本的には（あるいは理想的には）同じような読書レベルの子どもたちからなる。すなわち、同質の子どもたちである。もちろん、実際のアニマシオンでは、様々な子どもたちがいるけれども、配られるカードの質問も、同じスキーマに焦点をあてていて、ある一つのスキーマを学習者個人が、内面化させていくところを重視しているのである。このことは、結局、仲間の役割をリテラチャー・サークルほどには重視していないためである。あくまで、学習者個人についての学習ということであって、作戦は、そのような学習が実現できるよう管理する手段となる。もう一度、話を学習の心理学研究にもどすと、研究が「C　認知心理学アプローチ・状況認知」にシフトするにしたがって、学習の問題は社会学や文化人類学という文脈でとらえられるようになり、旧来のストラテジーという考え方があまり使われないようになってきた（村上，1995）。このような現状を考えても、アニマシオンの作戦は、「B　認知心理学アプローチ・情報処理」に基づいているといえるのである。

　このアニマシオンとリテラチャー・サークルの違いは、地域差ではなく、むしろ成立年代の違いにあると考えられる。現在のスペインでは、「C　認知心理学アプローチ・状況認知」の研究成果は、十分に紹介されているからである[36]。足立（2002a）で示したように、アニマシオンの作戦は、1980年代中ごろに確立した。その後、理論的支柱だった、クベレス・サラスはメキシコに移り、エステルも、作戦づくりよりもその手法を広めていくことに中心が置かれるようになった。この結果、アニマシオンの理論は、情報処理の認知心理学アプローチに基づいてつくられたが、その後の学習理論（特に集団における学習論）については、あまり取り入れてこなかったのである。

5．結語

(1)結論

　本節では，アニマシオンの理論構成について，作戦の概念に着目し，心理学の文献を扱うことで，これまで明らかにされてこなかった，アニマシオンの理論を解明することができた。すなわち，アニマシオンの作戦とは，もとは，ガニエの「認知的方略」で，認知心理学の情報処理的アプローチの中でとらえられた，子どもが自分の読書を学習していく方略とする見方に端を発し，そこから，意図的に方略を教える方法としての作戦が構築されたということである。その作戦の内容を指示する理論としては，スキーマ理論，ベテルハイムの「子どもの読みの学習」など，認知心理学アプローチ・情報処理の成果に負うところが大きかった。サルトは，スペインという社会背景と，自分の読書観の中で，学校的な仕組みから離れたエドゥカシオンという理念として，消化したのである。

　しかし，作戦の形は1980年代中ごろに確立されてしまったので，その後の認知心理学の状況認知的アプローチの成果は，取り入れられなかった。したがって，アニマシオンの作戦も，異質集団による学びあいのダイナミズムを取り入れないものとなってしまった。

(2)今後の課題

　今後の課題は，アニマシオンの理論のさらなる追究である。本稿では，読書及び学習に関する心理学の成果に焦点をあてた。しかし，これが，サルトの読書観・児童観，及びスペインの社会背景にどのように受け入れられていったか，検討する必要がある。特に，集団の理論については，スペイン人社会学者が唱えている，「遊び」についての考え方を，もっと掘り下げていく予定である。

6. 本章のまとめ…読書へのアニマシオンの読書指導法としての提案

以上をふまえて，本章では，読書へのアニマシオンを読書指導法として提案する。Tierney と Readence の5項目で整理して提示する。

読書指導法2. 読書へのアニマシオン

(1)目的（purpose）

読書へのアニマシオンは，1人で読書をすることができない子どもたちに，本を使って作戦という読書ゲームで遊ぶという構造を用いて，読書をさせ読み方を学ばせ，読書の力をつけさせることを目的とする。

(2)原理（rationale）

学習者は特に指定された本を読んでおく。この時に読み方は指定されない。そして「作戦」というゲームを通してある読み方（読書方略）を学ぶ。そうすると，学んだ読書方略を次の自分の読書の機会に生かすことになる。このようにして，様々な読書方略を身に付け，読書能力を高めていく。

ロバート・ガニエの『学習の条件』における「認知的方略」をもとに，学習者側の読書方略を「作戦」（estrategia）という指導方略へと結びつけた。また，スキーマ理論など，認知心理学の影響が見られる。集団のダイナミズムも利用しているが，学習者は同質の集団である。

(3)意図されている学習者（intended audience）

幼児から高校生までの，文学を楽しもうとしている子ども。作戦によって，適した年齢がある。

(4)手順説明（descriptions of the procedures）

1　子どもは前もって文学の本を受け取り，本を読んでおく。

第4章　読書へのアニマシオン　171

2　作戦というゲームを行う。

例）作戦9　だれのことを言ってる？

⑴アニマドールがあらすじを手短に話す。

⑵アニマドールは人物描写の設問が書かれたカードを1枚ずつ伏せて配る。子どもは配られたカードを黙って読み，解答を考える。

⑶子どもは一人一人カードを読み上げ，解答を言う。

⑷全員が発表したら，人物について話し合い，人間にとって大切な特質を浮き彫りにしていく。

3　次に自分で別の本を読む際にも作戦で体験した読み方を生かす。

⑸意義と議論（cautions and comments）

　読書へのアニマシオンの意義は，教室のような授業に準じる場面で15人～30人という大きな集団に対し，読書指導ができる点にある。予読の際には，どの読み方で読んでくるようにという指示は出さず，普段の趣味としての文学作品の読書に近い読み方を実現しながら，その後に明示的に読み方を指導することができる。その発生・成立の経緯から，アニマシオンの行い手のことをアニマドールと呼び，授業でない場面で行われてきており，評価はしないということが言われてきたが，指導法としての構造は，教師が学級の授業場面で行うことができ，観察による評価は行うことができる。

　この指導法の難点は，子どもの人数分の複本を用意しなければならないところにある。作戦によって異なるが15～40冊の同じ本が必要である。しかし，この指導法が起爆剤となり，複本を扱った読書指導が行えるようになるとよいと考えている。

―――――――――

1）「読書のアニマシオン」「読書で遊ぼうアニマシオン」等の熟語が既に用いられているが，本稿では，原語に即して「読書へのアニマシオン」で統一することにする。

2）2000年5月にモンセラット・サルトやESTEL協会のメンバーを日本に招聘し，

「読書へのアニマシオン」のコンセプトや具体的な方法論について学ぶセミナーを行うプロジェクトの一環として，事前にスペインの実践等を視察したもの。佐藤美智代（モンセラット・サルト著『読書で遊ぼうアニマシオン』翻訳者），有元秀文（国立教育研究所国語教育研究室室長），上條晴夫（授業ネットワーク編集長，学習ゲーム研究会代表），三森ゆりか（つくば言語技術教室代表），コルデロ（日本在住スペイン人宣教師）の各氏と足立の6名であった。

3）Montserrat Sarto（1984）La Animación a la Lectra; Para hacer al niño lector. Fundación Santa Maria　モンセラット・サルト著，佐藤美智代・青柳啓子訳（1997）『読書で遊ぼうアニマシオン―本が大好きになる25のゲーム―』柏書房

4）Monserrat Sarto（1998）Animación a la Lectura; con nuevas estrategias SM

5）『読書で遊ぼうアニマシオン』の中では，アニメーターと訳されている。しかし，アニメーターはアニメーションを作る人という意味ですでに定着しており，誤解が生じる可能性がある。アニマシオンという用語との統一性から考えてアニマドールというスペイン語の方が適当だと考え，本稿ではアニマドールという言葉を用いる。なお，『読書で遊ぼうアニマシオン』の訳者，佐藤美智代にも同意を得た。

6）ここで示した情報の多くは，1999年9月16日にホテル・バラハスで行われたインタビュー（翻訳佐藤美智代，コルデロ）　9月17日エデベ出版で行われたモンセラット・サルトの講演（翻訳佐藤美智代）に基づいている。

7）ESTEL文化協会のメンバーには，モンセラット・サルトの他，会長のマリア・ドローレス，秘書のフランシスカ・リポール，教師であるアンヘル・シスネロスなどがいる。インタビューを通して，彼らから貴重な情報を得た。

8）スペインの教育文化省の読書部門の教員研修計画としては，8歳から12歳向け，12歳から14歳向けなど，対象にしている子どもの年齢が違う場合や，児童文学・ヤングアダルト文学を中心にする場合，図書館において行う場合など，13のアニマシオン計画が実施されている。

9）1999年9月17日のモンセラット・サルトの講演による。

10）ダニエル・ペナックは『奔放な読書―本嫌いのための新読書術―』（藤原書店，1993）の中で，読者の権利10カ条を主張している。その第1カ条が「読まない」権利である。

11）青柳啓子「訳者あとがき」『読書で遊ぼうアニマシオン』154頁。

12）例えば，日本における読書指導の草分け的存在であった滑川道夫は，『国語教育辞典』（西尾実編集代表，朝倉書店，1957）の「読書指導」の項目の中で，7つの原則を挙げている。(1)適書を適者に適時に，(2)被教育者の興味と要求に根ざさなけ

ればならない，(4)ひとりびとりの個性的生活の進展に役立たなければならない，などの原則は，明らかに個人指導を中心においている。

13) 例えば，井上敏夫は昭和40年代，埼玉県内の小学校中学校の教員とともに「生活読み」の理論と実践を探究した。

14) 岩辺泰史編『ぼくらは物語探偵団－まなび・わくわく・アニマシオン－』柏書房1998には，国語科や社会科の授業でアニマシオンの作戦の手法を用いた活動が行われている。また，1999年9月24日付けの日本教育新聞には，「リノベーション」という記事の中で，日本では，ゲームを通して本好きにすることを目的に学校現場に普及し始めたこと，本場スペインでは図書館中心に普及していることが対照的に書かれている。

15) 学校での「読書へのアニマシオン」の実践の仕方については，ESTEL文化協会に所属し，教師であるアンヘル・シスネロスにインタビューを行ったものである。

16) 筆者らが参加したセミナーは，エデベ書店のホールを借りて行われた。

17) 足立幸子（1999）「滑川道夫の児童文化観と読書指導論」人文科教育学会『人文科教育研究』第26号

18) この論文の結論としては，滑川は児童文化の広い教育性をとらえ，その教育性と子どもの成長発達との関係を論じていたことを示した。すなわち，使っている言葉は異なっていても，古田の児童文化観と滑川の児童文化観はかなり似ているものであった。

19) 古田は，自分のとらえる児童文化概念は，フランスなどヨーロッパにおけるアニマシオンという概念に近いのではないかということを述べていた（『子どもと文化』久山社，1997）。この点については，別稿で論じるつもりである。

20) モンセラット・サルトらは，アニマドール養成のセミナーを受け，アニマシオンを体験した人の声を紹介した。「子どもたち同士や子どもとアニマドールの相互コミュニケーションが多いにできた。」「子どもの知的能力の発達を助けるような気がする。」「考えるキャパシティー（能力）を育てる。」「分析的能力を培う。」「要約能力にも役立つ。」「自分が個人として言ったことを尊重するという力，気持ちを育てる。」「ひとつのお話の価値を発見させる。」「読み手の情緒を育てる。」「頭の回転が速くなる。」「意思の力が強くなる。」「他人の意見を尊重できるようになる。」「グループで読書していることによって，他人の読書をも豊かにすることができる。」「他者へを尊重し，自分の限界を受け入れることができる。」「私的な協力を促進する。」

21) モンセラット・サルト，佐藤美智代・青柳啓子訳（1997）『読書で遊ぼうアニマシオン－本が大好きになる25のゲーム－』柏書房，原書：Montserrat Sarto（1984）

La animación a la lectura; Para hacer al niño lector.Ediciones SM

22) M・M・サルト，宇野和美訳（2001）『読書へのアニマシオン　75の作戦』柏書房，原書：Montserrat Sarto（1998）Animación a la lectura, con nuevas estrategias. Ediciones SM

23) 1999年 9 月17日（マドリッド），2000年 5 月13日〜14日（東京），2000年11月 6 日〜17日（マドリッド），2001年12月10日〜15日（マドリッド）。

24) 佐藤凉子（2000）「アニマシオンを求めて－ビブリオテカ一行スペインへゆく－」（1999年 9 月17日の記録等），国立教育研究所（2000）「『国際読書教育シンポジウム』－『生きる力』をはぐくむための読書教育のあり方－」（2000年 5 月13日〜14日の報告書）である。

25) この例は，セミナー中の質問に対して，サルト自身が挙げた例である。事実，スペインの児童文学で，離婚問題等の子どもにとって深刻な問題が扱われるようになったのは，1970年代からである。

26) 『75の作戦』翻訳書，28頁。しかし，この部分の原文は，『25の作戦』原書に掲載されたクベルス・サラスによる序文である。

27) 国立教育研究所（2000）「『国際読書教育シンポジウム』　－『生きる力』をはぐくむための読書教育のあり方－」国立教育研究所，19頁。

28) この他，学校図書館関係者にこの方法を紹介した渡部康夫，中学校国語科における「教室用アニマシオン」を構想した川田英之の活動もある。

29) 吉田伸子（2000）「読書のアニマシオン教材化に向けての一考察―読みの力に着目して－」『国語教育探究』第14号，中洌正堯研究室，51頁。

30) 国立教育研究所（2000）pp. 23-24. には，サルトが講演で述べたことが，引用部分のように載せられている。また，筆者が参加したセミナーのノートでも，少なくとも三回は，ガニエの引用をしていることが，確認できる。

31) 有元（2002）では，作戦は，「英語のストラテジー（strategy）に相当し，本来は，軍事目的を達成するための手段としての「戦略」の意味です。この軍事的な戦略の意味が，「教育目的を達成する手段」の意味に転用され，日本語でも教育学や心理学，言語学などで，「ストラテジー」とか「戦略」「方略」と呼ばれます。モンセラ・サルトは，「子どもの読む力を引き出すための手段」つまり指導戦略（teaching strategy）の意味で「戦略」を用いています。」（p. 53）としているが，まずは，学習方略としての概念としてとらえた方が妥当である。その後，心理学の研究は，方略そのものの解明よりも，方略を意図的に教えていこうという教授方略にシフトしていく。しかし，その場合も，学習者の用いている方略を生かしていう意味で，指

第4章　読書へのアニマシオン　　175

導の戦略ではない。

32）Tierney, R. J. & Readence, J. E.（Eds.）（1985）（初版）は未見であるが，5年ごとに改変されている第五版（2000）と第六版（2005）から，その内容が推測できる。ここには，1980年代に開発された，読書の方略とその方略を用いた指導方法（Reading Strategies and Practices）が数多く載せられている。どれも，学習者の読書に関する方略を研究し，その方略を意図的に使わせるような指導法となっている。例えば，KWLという情報テクストを読む方略では，優れた学習者は，読む前に，そのことについて事前に知っていることについて想起し（What I Know），何が知りたいかをはっきりさせ（What I Want to Learn）た上で読み，読んだ結果何が分かったか（What I Learned）を明確に認識する。このことを一覧表形式で書き込ませて，意図的に学習させるのが，教師の側から言えば，KWLという指導方法となる。

33）R. M. ガニエ，金子敏・平野朝久訳（1982）p. iv に「本書の第二版を出版して以来，新しい研究成果がたくさん生み出され，また，数々の新しい理論が展開されてきた。……この第三版では，諸々の学習事象（learning events）を情報処理モデルによって解釈することを強くうちだしている……この版は，前の版と比較すると，立場が相当変わったために，構成の仕方もかなり変えなければならなくなった」とある。

34）セミナーのノートを，筆者が要約したものである。スキーマの研究は多様にわたっているが，アニマシオンにおけるスキーマは，読書の技術に関係してとらえられている。

35）例えば，Daniels（1994）pp. 30-49. など。

36）例えば，Coll, C. et al（1993）. など。筆者がスペインで授業を見学したことのある小学校の教員も，インタビューをしたことのある大学の研究者も，このアプローチを熟知していたし，論文・著書も読んでいた。

第5章　リテラチャー・サークル

第1節　リテラチャー・サークル

1．読書指導法開発の必要性

　読書は一般的に個人の生活において行われるものであり，読書指導においては，個々の読書生活を重視して行うべきとされてきた（滑川，1976）。このような性格の読書を，授業という場に持ち込むことは，困難を伴う。なぜなら，生活の中の読書は，きわめて個人的で統合的なものであるのに対し，授業は公の性格を有し，通常集団を対象とし，分析的なものになりがちであるからである。このような状況において，読書指導の方法を充実させていくためには，読書行為の様々な側面に着目した様々な読書指導方法を開発し，目的・状況にあわせて，それらの方法を適切に組み合わせていくが必要である。一方で，ある指導方法ではどのようなことができないのかを検討し，それを補うために適切な方法を開発することが必要である。この検討と開発の繰り返しが，組み合わせられる多くの指導方法を定着させていくことになる。

　筆者は様々な読書指導法に関心を持っているが，1990年代の初めから2000年代にかけて，「読書へのアニマシオン」（La Animación a la Lectura，以下アニマシオン）を研究してきた。その中で，この方法の有効性を理解し，またその方法だけでは不十分であるという，「不足状況」を感じてきた。そして，その「不足状況」を補う新しい読書指導法を提案することが，本章の研究の目的である。漠然と「子どもたちが読書を楽しむ方法がほしい」と思っているときには，「不足状況」は発生しない。しかし，具体的な方法に即した読

書指導を行ってみて，さらに子どもの読書と教育の実態に適応した別の方法が必要であることを発見したのである。

元来，アニマシオンは，スペインのジャーナリスト Sarto らによって生まれた方法で，一種の読書運動であった。彼女らの原点は，学校の授業の中では十分に育てられない子どもの読書能力を，図書館や書店やその他関心を持つ民間人の手によって支えていこうとするところにある。その手法を，我が国の国語科授業に応用する試みもある（岩辺，1999など）し，それを否定するわけではないが，それよりもアニマシオンではできない読書指導の「不足状況」を考えた上で，新たな方法を探したり開発したりしたほうが，本質的であり効果的である。なぜなら，このような応用はアニマシオンの持っている提案―授業の中だけではなく，様々な人々によって子どもの読書を支えていくという発想―を弱めてしまうからである。本節では，この提案を受け止めた上で，なぜこれを教室に応用したいと思う教師がいるのかを考え，それならば教室にどのような方法が必要なのかを考察し，新しい方法を開発する。

そして，結論から言えば，新しい方法をゼロから開発するよりも，アニマシオン同様，本を読んできて話し合うリテラチャー・ディスカッション方式の方法である，リテラチャー・サークル（Literature Circles, 以下 LC）を用いてみたらどうか，ということが本章の提案である。LC は，アメリカのシカゴ公立学校の教師だったハーベイ・ダニエルズ（Harvey Daniels）らによって，1980年代の終わり頃から構想され，1990年代に方法として完成した。この方法を説明する教員用書籍は1994年に出版され，実践による改善を踏まえた改訂版が2002年に出版されている。現在までの約15年の中で，アメリカの教育現場に深く浸透し，現在はアメリカの教員養成の教科書（例えば，Tompkins, (2003)）にも掲載されるほどである。本章のもとになった論文は，日本の国語科教育界において，はじめて LC を取り上げるものであった。したがって，まず，LC とはどのようなものかを説明することに重点を置くことにした。しかし，LC が我が国においてどのような位置づけになるかについては，可

能な限り考察を加えることとする。

なお，スペインで生まれたアニマシオンとアメリカで生まれた LC には，直接の影響関係はない。これらをつなぐのは，アニマシオンによって発見された「不足状況」である。したがって本章では，この「不足状況」を解明することから始めて，LC を説明し，その特質を解明することとする。

2．アニマシオンから発見された読書指導の「不足状況」

⑴アニマシオンの概要

アニマシオンは，「作戦」と呼ばれる読書指導の方法が数多く開発されている点で注目されている。1997年出版の邦訳（佐藤・青柳訳）では25の作戦が，2001年の邦訳（宇野訳）ではさらに50を足した75の作戦が，わが国に紹介されることとなった。様々な作戦があるが，基本的な構造は次のようなものである。

①子どもは事前にアニマドール（アニマシオンを組織する大人）に紹介された本を読んでくる。

②読んできた本の要約を述べ，内容を確認する。

③アニマドールは，子ども一人に一枚，異なる問いを書いたカードを配る。

④子どもは自分の力で，黙ってそのカードを読み，その問いに対する答えを考える。

⑤子どもたちは順々に自分の問いを読み上げ，その答えを述べる。分からない場合は保留とする。

⑥一通り回ったら，もう一度保留になった答えを言う。分からなければ他の子どもが助けてもよい。

⑦割り当てられたカードにかかわらず，その本について感じたり考えたりしたことを話し合う。

⑧次のアニマシオンを行う場合は，アニマドールが次の本を提示する。

それぞれの作戦によって，適切な子どもの読書の特徴や能力，適した本，

カードなどアニマシオン中に用いる道具や教材の作成，実施の手順，反省時の論点などが詳細に決められている。③で配られるカードは，そのアニマシオンで焦点をあてている読み方（スキーマ）によって異なっており，数多くの作戦を経験することによって，子どもたちは読書に必要なスキーマを身につけていく。

　アニマシオンを開発した Sarto と彼女が率いる ESTEL というグループは，アニマシオンの重要な概念としてエドゥカシオン（educación）を挙げている。エドゥカシオンとは，子どもの中にあるものを引き出す教育という意味で，アニマシオンは，子どもの「読書をしたい」という自発的な行為を手助けする，エドゥカシオンであるとする。これに対立する概念としてエンセニャンサ（enseñanza）があるが，これは，大人が予め持っている教育内容を教授していくことである。アニマシオンをエンセニャンサにしないために，ESTEL では，

　　①参加したい子どもたちだけ参加する。
　　②参加したい子どもたちに，本を読んでくる以外の課題（感想文など）を
　　　与えてはいけない。
　　③本は1冊丸ごと扱う。教科書やプリントなどは用いてはいけない。
　　④授業では行わない。学校ならば学級担任ではない教師が行うなど，授業
　　　とは違う状況で行う。
　　⑤「作戦」は遊びであって，評価しない。
という原則を持っていた。

⑵アニマシオンの日本での広がりと着眼点

　読書へのアニマシオンが日本に導入されるにあたって，国語科教育の領域では，「エンセニャンサ化」が起こった（足立，2002）。先述の ESTEL の原則と比較して示すと，日本では，

　　①授業で行っている。

②自由参加ではなく学級の子ども全員を対象にしている。

③1冊の本や教材でたくさんの作戦を用いている。

④教科書教材を用いている。

⑤作戦の難易度と子どもの実態があっていない

という状態になっていったのである。実は，②と③は同じ原因から発生している。アニマシオンでは，子どもに1冊ずつ本を用意することになっているが，それは，実際の学校教育の中では困難である。もしも，その困難を乗り越えて準備ができたなら，教師としてはその本を有効活用して様々な指導をしたいと思ってしまうであろう。そして，様々な作戦を使い，⑤につながっていく。このようなことが起こらないようにするためには，このような教師が求めている読書指導の方法を，新しく開発すればよいのである。すなわち，①授業で行え，②クラス全員の子どもを対象にでき，③本の準備が容易で，④教師にとって，子どもの実態にあった分かりやすい方法で，カードづくりなどの負担が少ないもの（Adachi, 2002）である。

⑶ LCへの期待

そこで，本章は先に述べたように，LCをとりあげる。LCはアニマシオンと同様，リテラチャー・ディスカッションの形であることに加えて，①授業での中で扱うために開発された方法で，②子どもが読みたい本を選んでグループを作るので，自分で読みたいという本を読む活動を保証しながら全員を参加させられ，③同じ本を人数分（すなわち1種類につき3冊から5冊）を使うので，本の準備が比較的容易で，④役割に従って子ども自身が一人読みの成果を準備してくるので分かりやすく，教師にとってもカード等の作成の負担が少ないというものである。その概要について，以下に説明する。

3．Literature Circles の概要

LCは，3人から5人ほどの少人数のグループで，同じ本（literature）に

ついて話し合うというものである。つまり，同じ本を3冊から5冊集められれば，この方法は可能ということになる。この数字は，20冊から30冊を準備するアニマシオンと違って実現させやすい数字である。例えば，違う学校の教師が3人集まって，互いの学校図書館の本を貸しあえれば可能である。LCの概要は，

①子どもたちは，授業中に教師から紹介された本の中から，自分の読みたい本を選ぶ。同じ本を選んだ子ども同士が，グループを結成する。

②グループで読むペースを決定し，それぞれが自分の役割に応じてその部分を一人で読む。これが③準備となる（read & roles or logs）。

③一人読みの成果を持ち寄り，グループで自分がどのように読んできたかを披露したり，話し合いたいことを話し合ったりする（groups meet）。

④②及び③を繰り返してグループで1冊を読みきる。役割は毎回変更され，評価はその都度，教師の観察評価と子どもの自己評価で行う。

⑤1冊読み終わったらそのグループは解散する。次回はまた読みたい本によって新しいグループを作る。

と整理できる。特に②③④について説明を加える。

(1)一人読みの役割について

子どもたちはそれぞれ自分の役割（表 5.1，表 5.2）を持っており，その

【表 5.1】LC（初版）における役割

どのグループにも必要な役割	グループによって付け加えてもよい役割
司会者（Discussion director）	研究者（Researcher）
文章担当者（Literary Luminary/passage master）	要約者（Summarizer/essence extractor）
コネクター（Connector）	登場人物担当者（Character captain）
イラストレーター（Illustrator）	語彙拡充者（Vocabulary enricher/word master）
	場面設定者（Travel tracer/scene setter）

（Daniels, 1994, p. 62）

【表 5.2】LC（改訂版）における役割

どのグループにも必要な役割	グループによって付け加えてもよい役割
コネクター（Connector）	要約者（Summarizer）
質問者（Questioner）	研究者（Researcher）
文章担当者（Literary Luminary/passage master）	語彙拡充者（Vocabulary enricher/word master）
イラストレーター（Illustrator）	場面設定者（Travel tracer/scene setter）

(Daniels, 2002, p. 103)

役割を毎回交代する。これらの役割は，Harvey の 6 つの読書方略（strategies）に基づいて作られている。

　その方略とは，①読んだことを何かに結びつけること（making connections），②疑問をもつこと（questioning），③目に見えるように思い浮かべること（visualizing），④推論すること（inferring），⑤重要なことは何かをとらえること（determining importance），⑥統合すること（synthesizing）の 6 つである。例えば，コネクターは，本を読んで思い出したことや類似の自分の経験などをレポートする役割で，①に基づいている。質問者は読んでいる最中に感じた疑問点を書き留めておき，話し合いのときに提出する役割で，②に基づく。文章担当者は，読んでみて素晴らしいと思った表現や記憶に残ったところや重要だと思う文章などを選んで話し合いの時に読み上げるもので，⑤に基づく。イラストレーターは，読んで得たイメージを絵にしてくる役割で，③に基づく，といった具合である。これらの役割は，シカゴの公立学校における実践の積み重ねによって成立している。中には，実践を経て不要となった役割がある。例えば，表 5.1の司会者は表 5.2ではなくなっている。また，表中にはないが，タイム・キーパーという役割を考えたこともあったという。しかし，これらは，話し合い活動のときは必要でも，一人読みの時間にどのような読み方をしたらよいか分からない。このようなものは，捨てられた。こうして，読むことにもとづいた役割が表 5.2のように確立していった。子どもたちの実態によっては役割シートを配布して，子どもたちが

準備をしやすいようにする。役割シートとは，図　5.1，図　5.2のようにそれぞれの役割を説明し，実際の作業のスペースを備えた一種のワークシートである。役割シートではなく，ノートにこの作業をしていく場合もあるが，いずれにせよ毎回自分が担当する役割は異なり，1冊の本を読むことで，子どもたちは様々な読書方略に焦点をあてた役割を体験することになる。

　この役割シートは，作戦ごとに異なるカードを用意するアニマシオンに比べて，教師側の負担も少ない。また，子どもにとっても，毎回作戦が違うアニマシオンに比べて，方法を飲み込みやすい。しかし，子どもにとっては，毎回役割が異なるので，単調な繰り返しになるというはない。

(2)準備（read & roles or logs）と話し合い（groups meet）の繰り返しについて

　LC では，一人で読んで準備をするところと，グループで話し合いをするところが交互に現れる。基本的には授業で行うのだが，子どもの年齢（LCは幼稚園から大人までできることになっている）や本の難易度にあわせて，次のような時間の組み方がある。

　　・月曜日の授業を話し合い，火曜日を準備，水曜日を話し合い…と交互に45分ずつあてる。
　　・30分の授業のうち，前半の15分を準備，後半の15分を話し合いとする。
　　・月曜日から木曜日までの国語の時間中に準備の時間を一部とり，金曜日に話し合いを行う。
　　・準備は自宅で，話し合いを授業で行う。

(3)評価について

　LC の評価の中心になるのは，子どもが一人読みで準備したもの（役割にそって読んで書いてきたもの）の評価と，話し合い活動の観察による評価である。評価シートを図　5.3，図　5.4として示す。これらからは，単に本が読めるというだけではなく，それに対して反応を出すことができること，仲間

【図 5.2】 役割シート：リテラリー・ルミナリー

LITERARY LUMINARY
（リテラリー・ルミナリー、文章担当者）

氏名
グループ
本
範囲　　頁～　　頁　（または、　章から　　章まで）

リテラリー・ルミナリーの仕事は、特別な段落やページを指し示したり、その引用をしたりすることです。特に興味深いところ、力強いところ、面白いところ、重要だと思うところ、より注意深い考えさせられたところ、などを取り出します。単語や語句のレベルではなく、1ページから1つの段落ぐらいの長さで考えてみましょう。
どうしても書きにくければ引用してもよい。

ページ番号と　　　取り上げた理由　　　どのようにグループ
段落　　　　　　　　　　　　　　　　　の人に紹介するか

【図 5.2】 役割シート：リテラリー・ルミナリー
(Daniels, 2002, p.109)

CONNECTOR
（コネクター、接続者）

氏名
グループ
本
範囲　　頁～　　頁　（または、　章から　　章まで）

コネクターの仕事は、本の中に書かれていることと現実の世界やその本以外の世界にあることとを結びつけることです。
わたしは、読んだことと、自分の経験、より広い世界、他の文章や他の作者の作品との間にこんなつながりを発見しました。

【図 5.1】 役割シート：接続者（コネクター）
(Daniels, 2002, p.107)

子供の氏名（　　　　　　　　　）

日　付（　　月　　日（　）　校時）

　　　　　　　　　　　　　満　点　　得　点

グループの中で協同して
活動しているか　　　　　　　１０

話し合いの邪魔をしていないか　　２０

積極的に聞いているか
（active listening）　　　　　２０

話し合いの最中、
作業を続けているか　　　　　　２０

友だちとの話し合いから、
テクストの理解が進んでいるか　　２０

取り上げている本のレビューを
終えているか　　　　　　　　　１０

　　　　　　　　　　　　計　　１００

【図 5.4】 教師による評価シート その2
(Daniels, 2002, p.196)

グループ名 _____　　　　　　　　　日付 _____

氏名	準備したか？	参加したか？	思考スキル	社会的スキル
ブレンダ	✓	✓	「この場所はおばあちゃんの畑みたいだね。」（目に見えるように思えること／読んだことを何かに結び付けること）	ジョーの意見を引き出した
ジョー	✓	✓	「ここは、あまりリアルに描いてないと思う」（判断を下すこと）	ダンと一緒に話した
メアリー	✓	✓	「自分の犬が死んだことがあるから、この気持ちがわかる。」（読んだことを何かに結び付けること）	アイロニックなコメント
ダン	✓		「読んでないんだ」	質問した
メリッサ	✓	✓	ノーコメント	静かに座っていた

【図 5.3】 教師による評価シート その1
(Daniels, 2002, p.190)

との間にその反応を共有することができること，仲間が読んできたことを積極的に聞き，協同して学ぶという姿勢を持つことなどが，必要な読書スキルとして扱われていることが分かる。

(4)ミニ・レッスンについて

LCは，グループを形成した後は，グループで動いていくが，途中でミニ・レッスンと言って集中的に短時間の全体指導を行うことがある。その内容は，社会的スキルについてだったり，読書方略についてだったり，文学分析についてだったりする。Daniels & Steineke (2004) には，45ものミニ・レッスンが掲載されている。

(5)ガイドブックの存在について

このようにLCは，①授業で行え，②クラス全員を対象とし，③本の用意が容易で，④単純で負担の少ない方法であることが分かった。それでも，実際に教室で扱うには，どうしたらよいか分からないという教師もいるかもしれない。あるいは，実際の教育場面で，教師が求めるような子どもの読みが立ち上がってこない場合もあるかもしれない。そのような場合はどうしたらよいのであろうか。読書教育の領域においてもコマーシャリズムが進むアメリカでは，こういう教師に向けてのガイドブックというものが存在する。LCを進めてきたDaniels自身はこのようなガイドブックの存在を「悲しく思っている」。なぜなら，LCが，子どもの自発的な読みにもとづいた自由な話し合いから，本を読むことの意義を見出すことを目指した方法だからである。筆者もDanielsの考え方に賛同するが，教師にとって分かりやすいガイドとなっていることは事実であり，この存在もアメリカの実情であるので，一例を紹介する。

『ザ・ギバー』（ロイス・ローリー，掛川恭子訳（1995）ザ・ギバー—記憶を伝える者—，講談社，原典：Lowry, L. (1993) The Giver Houghton Mifflin）のガイドブ

ック（Finn, 2001）は三部構成になっている。

一部は，ガイドブックの意味と LC の研究本の紹介，よい話し合いを促進するための方法などの説明があった後，本および作者の簡単な紹介がある。その後，『ザ・ギバー』でのテーマに関わる 3 つの話題，「ユートピアを書いた小説」「語りの伝統」「英雄の旅」についての他の本の紹介がある。

二部は，①一人読み（役割読み）で考えたいことと，②グループの話し合いで考えたいことから成る。これらは，第 1 章，第 2 〜 4 章，第 5 〜 6 章，第 7 〜 9 章，第10〜13章，第14〜17章，第18〜20章，第21〜23章と分けられていて，①②に各 1 ページずつ割かれている。①は各役割についての読み方が記されている。例えば，第 1 章では，「質問すること」として，本を読み始めたときに人はいろいろな疑問を持つこと，それらの疑問を書きとめておいて話し合いで質問してみるといいこと，が記されており，明らかに「質問者」を意識している。②は，話し合いで上がってくるであろう論点と，教師としてこの本で教えたい「同意語」「婉曲的な表現」「誇張」「名づけ」「特別な語彙」「コノテーションとデノテーション」などの内容が，コラム的に含まれている。

三部は，全体を読み終わった後での活動と，教師のための観察用評価シートが載せられている。

この種のガイドは，LC の方法を十分に理解できていない教師・子どもには有効である。しかし，一度方法を理解できれば不要である。後はそれぞれの子どもたちが自分たちならではの読みを持ち寄るほうが，読書の本質にそった話し合いになる。

4．Literature Circles の理論

以上のように，LC は，アニマシオンから生まれた「不足状況」を解決する方法として，期待できる。しかし，アメリカで生まれてきたこの方法が，我が国における読書指導の方向性に適合しているものであるかについて，検

討する必要がある。そこで，LC がどのような理論にもとづいて生まれたのかを考察する。

　次の 8 項目は，Daniels が LC の原理としている学習理論である（Daniels, 1994, pp. 32-44.）。

①思考としての読書研究……近年の研究で，読書行為は，複雑でダイナミックな思考過程ととらえられるようになった。優れた読者は，「読書前」に準備をし，「読書中」に意味を構成し，「読書後」にテクストを超える考えを生み出すための思考方略を用いることが分かっている。

②読者反応・文芸批評……文芸（literature）を探究する行為者としての読者という立場に基づき，読者の個々の読書反応を重視する。

③個人読書……読書指導には一人で読む時間が重要であることが SSR（sustained silent reading）や DEAR（drop everything and read）などで明らかにされた。

④足場設定理論……大人や他者によって設定された手助け（足場）によって学習範囲が広がる。

⑤協同学習……他者との協同（collaborative/cooperative）学習は，一人だけでは得られない学習の成果をもたらす。

⑥グループ・ダイナミクス……集団による学習は，学習に対する期待をもたせたり，自分のやることに責任を持たせたり，葛藤―解決の構造を持たせたりすることができる。

⑦デトラッキング……子どもそれぞれが異なる作業を行うことは意欲や読書の質を向上させる。

⑧バランスのとれた指導……最近のアメリカの教育において効果的な指導方法は，バランスがとれていることであるとされている。

　筆者は，これらをさらに，アメリカにおける国語科教育の思潮を考慮しながら，3 つの分類にまとめてみたいと思う。そのほうが，LC の性質が明らかになるからである。

⑴構成主義理論と子ども主導の考え方…①②③

　読書は受身の行為ではなく，先行知識や経験と結びつけながら意味を構成していく行為である。①は心理学的なアプローチでの読書過程の研究で，スキーマ理論などが上げられるであろう。また，熟達した読者が用いている意識的・無意識的に用いている読書ストラテジーの研究が進み，細かい役割の設定へとつながった。②は文芸批評の理論を元にしており，アメリカでは，Rosenblatt の理論が支持されている。③はむしろ，教育実践の具体的な方法論のレベルである。1985年の "Becoming a Nation of Readers" が，「一人で読む時間の重要性」を示し，SSR（sustained silent reading）や DEAR（drop everything and read）という方法論が確立していく契機となった。なお，LC では，役割読みとして一人で読む時間を確保している。すなわち，読書は，読者が自ら行っていく行為であるから，読者の側に信用をおき，授業も子どもに主導権を渡そうとするものである。Daniels の初版の本（1994）は，Voice and Choice in the Student-Centered Classroom という副題がついており，学習者主導型授業としての重要性を強調している。しかし，その後約10年の間にこの考え方は浸透を見せ，強調するというよりも前提となり，2002年に出版された第2版の副題にも用いられなくなった。

⑵他者や集団を利用した学習理論…④⑤⑥⑦

　これらは，大人や他者との関係の中で，その関係づくりをしながら，学習が成立するという考え方である。④については，Vygotsky や Bruner の名を上げることができる。すなわち，大人や他者によって設定された手助け（足場）によって学習範囲が広がるので，大人はその足場を作る支援をという考え方である。⑤は1990年代初めの Johnson & Johnson『学習の輪』で一般化した。この背景としては，Daniels 自身は明確には指摘していないが，筆者としては，移民の増加などによる学習者の多様化が，collaborative な学習指導方法の開発をもたらしたと考えている。実際に，シカゴは，アメリカ

の第3の都市であり，移民が多い町である。ヘテロなメンバー間の集団学習であることを明確に示しているのが⑦である。デトラッキングとは，トラッキング（能力別クラス編成）に反対する考え方，すなわち，等質な構成員による集団の学習ではなく，異質な他者との交流を重視した学習方式への変化である。LC はこれらの成果を踏まえて3人から5人の小グループを作った。子どもはそれぞれが違った役割を果たすことが期待される。その中で，⑥の集団の力学（グループ・ダイナミクス）によって，それぞれの学びを深めていこうという考え方である。

(3)バランスのとれた指導…⑧

　実は，⑧だけは，議論のレベルが①〜⑦と異なっている。なぜなら，①〜⑦は，アメリカにおける心理学や文芸論などの研究成果から導き出された学習理論であるのに対し，⑧はきわめて実践的なレベルの話で，むしろアメリカの教育政策を強く受けている考え方であるからである。事実，Daniels もこの点に気付き，改訂版では，⑧を別の節に独立させた。「バランスがとれている」という意味について，読むことの指導については，例えば，このような事例が挙げられる。1980年代には，アメリカでは，読むことを教える最初の段階で，子どもたちに綴り字と発音の関連を徹底的に覚えさせていくフォニックスという指導方法ではなく，子どもたちの話し言葉の獲得の過程に注目し，書き言葉についてもこれと同じように自然で全体的視点から学ばせようとするホール・ランゲージという指導方法の興隆があった（桑原，1992）。しかし，1990年代には，ホール・ランゲージの方法を用いていた州の学力試験の不振，英語を母語としないため綴りと音の関連の学習に困難をきたす可能性が高い移民学習者の増加などの背景があり，この方法に反対する動きが出てくるようになった。そして極端ではなく，バランスのとれた指導をしていこうという議論が行われるようになったのである。この，バランスのとれた指導という考え方は，フォニックスとホール・ランゲージの対立だけでは

192

なく，様々な範囲に用いられているのであるが，Daniels は LC の特質を浮かび上がらせるために，他の読書指導方法と比較して図 5.5を描いている。つまり，(i)だれが活動の主導権を握っているか，(ii)どのような学習形態をとっているか，(iii)実際に読む量についてはどうか，そして，次のように論じている。

> 「この図に「正しい側」というものはない。……もしもあなたが，秋学期自分の学級で右側（あるいは左側）ばかりに偏る指導実践をしていたら，それはバランスがとれていないということになる。……もしもあなたが，バランスのとれた指導をしているなら，あるいはバランスがとれていると信じているなら，その実践が正しいのではなくて，子どもに多様で豊かな読書の経験を提供できているということになるのだ。」(Daniels, 2002, p.29)

　以上，3つの分類によって，LC の理論を説明した。次にこの3つの分類を用いて，我が国の国語科教育における読書指導方法上に，LC を位置づけてみることを通し，LC の特質を論じる。

SSR　RW　LC　　　　　　　　　　LSC　　　　　　　　　　TDR　GR　RR
←‐‐→
生徒主導　　　　　　　　　　　　　　　　　　　　　　　　教師主導

SSR　RW　　　　　　　　RR　LSC　LC　GR　　　　　　　　TDR
←‐‐→
個人　　　　　　　　　　　　小集団　　　　　　　　　　大集団

SSR　　　　　　　　　　　　　LC　　　　　　LSC　GR　TDR　RR
←‐‐→
多読　　　　　　　　　　　　　　　　　　　　　　　　　　精読

　　RR＝伝統的なラウンド・ロビン読み
　　SSR＝一人で黙読にひたる読書
　　GR＝ガイディッド・リーディング：小さなグループでレベルにあった本を読む
　　RW＝リーディング・ワークショップ（Nancie Atwell モデル）
　　RC＝リテラチャー・サークル（Daniels モデル）
　　LSC＝リテラチャー・スタディ・サークル（Katharine Samway, Gail Whang モデル）
　　TDR＝教師主導でクラス全員を相手にした指導（典型的な高校の English の授業）

【図　5.5】バランスのとれた指導の中の LC の位置づけ

（Daniels, 2002, p.28をもとに作成）

5．Literature Circles の我が国における位置づけとその特質

　さて，先に述べた LC の理論は，LC 成立の根本的思想を形成している。したがって，この理論自体が我が国の読書指導の状況に適合しないものであれば，たとえ LC を導入したところで，その思想がゆがめられ，せっかくの提案性を弱めてしまうからである。そこでまず，我が国における位置づけを，先の分類を視点にして検討してみたい。（以下の丸数字は，LC の理論である全8項目である。）

⑴構成主義理論と子ども主導の考え方…①②③

　この考え方は，我が国には，②を中心に「読者論」という形で導入されている。日本では，アメリカの理論だけではなく，イーザーなどの文芸理論も影響を与えている（上谷，1997）が，読書とは，子ども自身が意味を構成していくものという考え方は，現在では広く受け入れられている。また，読書指導の分野では，冒頭でも述べたように，個人の読書生活を重んじようという考え方が支配的であった。実践的なレベルにおいても，近年，「朝の読書」などの個人読書の隆盛（第5章掲載の筆者の平成14年度調査では，実施率は小学校77.5%，中学校62.1%）が見られる。したがって，LC が構成主義理論をベースにし子ども主導の考え方を持っているならば，我が国の読書指導の方法として適合すると推測される。

　さらに，①の「読書前」「読書中」「読書後」に働く思考の考え方については，LC の特質を描く視点になりうるので，後で詳しく議論する。

⑵他者や集団を利用した学習理論…④⑤⑥⑦

　この考え方は，1990年代の教科学習においては，数学・理科教育を中心に広く知られるようになる。しかし，国語では読解指導に教室における他者（つまりクラスメート）の読み方を聞きながら自分の読み方を再構成していく

方法が導入されただけであり，読書指導については，ほとんど取り入れられなかった。しかし，アニマシオンの手法が紹介され，実践されたことで，同じ本を読んできて，それについて議論するという方法が発見され，他者や集団を利用した学習の効果が認められるようになりつつある。つまり，アニマシオンが開拓した考え方といってもよい。この考え方は認められるようになったが，実際には，この考え方にもとづく読書指導法があまり生み出されていないので，開発が強く求められているのである。

　ただ，アニマシオンでは他者がどのように読んでくるかのしくみについては，方法に織り込まれておらず，作戦が始まってカードが配られたときに，それぞれの学び方が示されるだけである。だが，LC では，それぞれの子どもが読む段階で役割が決まっており，それぞれの読み方が，集団の学習に役立つように意図的に作り出されている。つまり，アニマシオンで発見した読書指導における「他者や集団を利用する」という考え方を，より強く打ち出した指導方法となっているのである。

(3)バランスのとれた指導…⑧

　この発想は，本書の出発点である。つまり，何かの完璧な読書指導方法を用意するよりも，多くの指導方法を開発し，その方法がどのような特質を持っているかを見極めながら使用していくという考え方である。LC のバランスのとり方は，図　5.5のとおりであった。このような図を我が国の国語科教育における読書指導方法で描くとどうなるであろうか。筆者の現在の見解では，残念ながら，この図が書けるほどの読書指導の方法が安定した状態で開発されていない（定式化されていない）というのが現状であると考える。しかし，このような発想は重要であり，受け入れられるものである。今後も，このような図が最終的に描けることを目指しながら，読書指導の方法を開発していきたい。

⑷「読書前」「読書中」「読書後」を視点とした，LC の位置づけ

　以上，Daniels の理論に対する分類を手掛かりとして，我が国における位置づけを示してみたが，最後に方法的レベルで，LC の特質と他の指導方法群との位置づけを検討してみたい。視点にするのは，LC の理論の「①思考としての読書研究」中にあった，「読書前」「読書中」「読書後」に働く思考で，具体的には次のようなものである（Daniels, 1994, pp. 32-33.）。

読書前：

　動機づけを行うこと／先行知識を活性化すること／基本的な考えを集めたり組織したりすること／問いを持つこと／読む目的と方法を決めること／予想をすること

読書中：

　テクストを試しに読んでみること／テクストの意味を思い浮かべること／読みながら自分の経験とつなげてみること／予想を確認したり変更したりすること／読み続けること

読書後：

　振り返ったり熟考したりすること／意味をはっきりさせるために読み直すこと／自分の言葉で語り，問いを発し，議論すること／応用すること／さらに次のものを読むこと

　これらは，読書行為を以上のような複雑な一連の思考活動ととらえるものであるが，アメリカでは，これらの思考方略に焦点をあてた，指導の方法が開発されているのである。そこで，我が国における従来の読書指導方法をこれに当てはめて考えてみると，次のような形になる。

読書前に焦点をあてた指導：

　・発展読書（教科書教材の発展として同じ作者の本を紹介するもので，子どもの読書に対する動機付けを目的とする。先行知識も活性化される。）

　・夏休み前に行う本の紹介や教師によるブック・トーク（発展読書同様，動機づけを目的とする。）

読書中に焦点をあてた指導：

- 教科書教材の読解指導（教室における読解指導は，どのように読むかを文章をたどりながら行うものであるから，ここに分類できる。）
- 読書指導にはこのタイプのものは少ない。

読書後に焦点をあてた指導：

- 本の帯作り（自分がすでに読んだ本の魅力を他人に伝える活動。振り返ったり，読み直したり，要約したりする。すでに読んでいた本を対象とするので，「どのように読むか」という読書中の指導にはならない。）
- 推薦本の紹介（本の帯作りに同じ。）
- 読書感想文（これも，どのように読むかは指導されず，読んだ後の書き方のみが指導される。）
- 読書記録，読書新聞づくりなど（これらも，読んだ後の書き方が指導の対象となることが多い。）
- アニマシオン（アニマシオンでは，読書前と読書中の指導は禁止されている。教師が読むための動機づけを与えたり，読み方を指定したりしてはいけない。子どもが自分なりに読んできたことについて後で話し合う。）

　さて，LC はどうであろうか。LC は，まず，教師が本を数冊紹介し，子どもに読みたいという気持ちを起こさせる（動機づけ）。先行知識も活性化させる。役割の分担によって，読む目的や読む方法は，明確に決められる。つまり，「読書前」に焦点をあてた指導を行っているといえる。次に準備の段階（一人読み）では，役割シートなどに示された指導によって，実際に読んでいく。実践形態によるが，授業時間に一人読みが設定されている場合には，子どもたちは，その時間読み続けなければならない。自分がたてた目的や問いに答えながら読むことになる。したがって，「読書中」に焦点をあてた指導でもある。そして，話し合いの段階では，振り返ったり熟考したり，自分の言葉で要約したり，議論をしたり，新たな分担を決めたりする。すなわち，「読書後」の指導であるともいえるのである。LC の方法的特質は，このよ

うな読書行為をトータルでとらえた仕組みにある。

　これは，従来の我が国の読書指導方法が，「読書前」か「読書後」かのどちらか一方だけを指導してきたのに対して，大きな違いである。このことは，子どもの側にたってみると，次のような意義を持つ。従来の方法では，読書前に焦点をあてた指導で，子どもは面白そうな本を知ったり，本を読んでみたい気持ちになったりすることはできた。しかし，読まなくてもかまわない。反対に，読書後の指導を受けた場合には，読書してきたことについていろいろと議論したり批評されたりしたけれども，どういう風に読んだらいいかは指導を受けなかったという状態になっているのである。つまり，読んでみたいという気持ち，読んでいるときの気持ち，読んでよかったという気持ちが結びついていかない。したがって，筆者は，複数の方法の組み合わせを主張するが，LC の場合は，その方法自体が，すでに読書行為をトータルで指導できるものとなっているのである。

6．まとめ

　以上，本稿では，次の 4 点を明らかにした。

① LC はアニマシオンと同じような，リテラチャー・ディスカッションタイプの読書指導方法で，アニマシオンによって発見された「不足状況」を解決しうる方法である。

② LC は我が国の読書指導が求める個人の読書を重視するという考え方を踏まえている。それらは，最近の読書研究や構成主義理論に支えられている。

③ LC は，アニマシオンによって開拓された，他者や集団を利用して行う読書指導の一種であるが，それをさらに進めた構造を持つ。

④②③のことから，LC は我が国の読書指導の中に受け入れられる可能性が高いと言える上，従来の指導方法で行いえなかった，読書行為をトータルでとらえ，読書行為に生起する思考過程のそれぞれを指導しうると

いう特質を持っている。

第2節　初読の過程をふまえた読書指導としてのリテラチャー・サークル

1．問題の所在

　前節では，「読書へのアニマシオン」の不足状況から，目標指向の読書の性質を反映させ，目的に合わせて読むものにアクセスしたり読むべきものを選択したりすることができる読書指導法として「リテラチャー・サークル」の提案を行った。さらに本節では，国語科授業における読書活動としてリテラチャー・サークルを定位させるために，目標指向の読書の性質の一つとして初読という観点から考察を深めたい。

　昭和40年代に読書指導を牽引した滑川道夫は，「読解指導」と「読書指導」を統一して「読むことの指導」を創造するという立場から，「読みの一回性をたいせつに」することを提言している。

　　　そこ（引用者注，「読むことの指導」）では，読みの一回性を尊重する。一回読みを原則として，必要に応じて繰り返し読みをさせる。読書では，初読がもっとも重要である。繰り返せば繰り返すほど，読みが深まるというものではない。一回初対面して理解・解釈できないものは，何回読んでもだめな場合がある。（中略）
　　　一回新鮮に読んだときに得た印象・理解・疑問・問題発見・感想・意見・感動こそ，最大に尊重されるべきものだろう。（中略）繰り返して読むことを前提にして読むのは，わるいくせを子どもにつける可能性がある。初読尊重読みは，一回読んで理解し，じぶんなりな意見をもつというきびしさを，子どもたちにつくってやりたいからである。その「きびしさ」こそ教育機能でなければならない。一回読んでわかろうとする読書姿勢の「きびしさ」をうしなったら，何回繰り返して読んでも同じことである。一回読みの「きびしさ」をわからせてやるのが，読書指導の任務の一つである。
　　　それをわかった場合に，必要に応じて繰り返して読むことの意味が出てくるの

である。

(滑川，1976，pp.161-162.)

　滑川も述べているように，私たちが普段の読書で行っているのは，一回読むということである。その初めて読む読み方をどのようにしたらよいかを学ばせる必要がある。一方で，授業でよく行われているのは，再読である。その間には，随分開きがあるのではないだろうか。そこで，本節では「初読の過程」焦点を当てる。初読とは，初めて読むことである。初めて読むのであるから，読んできたところまでは何が書いてあるかを理解しているが，その後に何が書かれているかは想像するしかない。ましてや，最終場面や全体像は把握できていない。そのような時に，どのような思考が生起し，どのように読書の過程が処理されていくのかを，本節では捉えたい。例えば，典型的には推理小説を読む場合に，初読では犯人は誰かと考えながら読む。もしも，同じ推理小説を再読する機会があったとしたら，犯人は誰なのかを読者は知っているので，初読の時と同じような読み方はしないであろう。「犯人はここでこんなことを言っていたか」と初読で見落としてしまったことについて，何か再発見するかもしれない。そのような読み方は無意味ではないが，本稿で取り上げたいのは，犯人は誰だろうか，次の展開はどうなるだろうかなどとドキドキしながら読む初読であり，その過程を授業に組み込んでいくための方法を考察したい。読書をしない児童・生徒の中には，読んでいる途中であきらめてしまう者が少なからずいる。これは，国語の授業の中で，一気に読み終えられないような厚い本をどのように読み進めていけばよいのか，十分に学習できていないからではないか。そもそも，初読の過程は，結末が見えている再読とかなり異なるのではないか。そこで，本研究では，初読の過程をふまえた読書指導の方法を開発することを目的とする。

　以上のことをふまえ，本稿では，次の4つの具体的な課題を設定する。

　(1)国語科教育の中で初読がどのように扱われてきたのか，先行研究を検討

する。

(2)初読とはどのような過程なのかを，実験を通して明らかにする。

(3)(1)と(2)の結果を合わせて考え，初読の過程をふまえた読書指導はどのような条件を備えていなければならないかを整理する。

(4)(3)の条件をふまえた読書指導を提案し，実際に教育現場で実践してみる。そこで行われている読みが，(2)で明らかにした「初読」であるかどうか，(3)の条件を満たしていると言えるかどうかを明らかにする。

それぞれ，(1)(2)(3)(4)の順で論じていくこととする。

2．国語科教育における初読の扱い

(1)井上敏夫「生活読み」

井上（1982）は，「生活読み」という言葉を用いて，より自然な日常の読書を反映する読書指導の提案を試みた。「生活読みの指導過程」を論じる際に，まず，「日常生活のなかの読み」について述べている。日常生活においては，著者の名前が明らかで（あるいは未知でも巻末の著者紹介などである程度知ることができ），文庫・新書・週刊誌・総合雑誌巻末などの媒体，路線（科学的読み物路線，娯楽的小説路線，教養的随筆路線），時代，話題，などから，読みがどのような方向に展開するかを予見でき，それが読みの「志向性」になると述べている。

その上で井上が提案する「生活読みの指導過程」は，

　一　生活的読みの実践

　二　感想の発表

　三　学習的研究的読みの実践

である。井上は，「感想は，もとより，読解後にだけ生ずるものではない。読解活動と同時に，それにともなって生ずる感想もあれば，極端にいえば，読解活動にとりかかる以前においてその題材をめぐってすでに心の中にきざした感じや考えもたしかに存在する」としながらも，指導過程としては，感

想は初読中ではなく，初読後に扱うのがよいとする。なぜなら，「何でもよいから一言一句ごとにうかんでくる思いつきを，うかんでくるままに言わせたり，書かせたりすることは，読みの方向を拡散的にし，かえって読みの態度を散漫不統一なものにさせるのに役立つ」からであるという。しかし，初読というものは本来「散漫不統一」である。そこを扱わず，最後まで読んでしまって，清々しい状態のところでいくら読み方の学習をしても，初めて読むときにどうしたらよいかの学習にはならない。

⑵吉田茂樹「こころ」の指導

　吉田茂樹（2009）は，「学習者が『初読の読者』として意欲的に小説学習に取り組む方法の研究―結末を省略したテクストを用いた『こゝろ』の指導を通して―」という論考の中で，「こころ」のエンディングを予想しながら読むという国語科授業を展開している。単元の概略は，次の通りである。

　第1時　夏目漱石の説明。

　第2時　東芝日曜劇場『こころ』のビデオ（35分間に編集）視聴後，エンディング予想①。

　第3～5時　第40・41段，第42・43段の読み取り後，エンディング予想②。

　第6～9時　第44・45段，第46・47段の読み取り後，エンディング予想③。

　第10時　第48段読み取り。

　第11～12時　映画『こころ』視聴。

　第13時　「先生の自殺の原因」記述。

である。

　吉田は，最後の場面を知る前の，初読の途中の読みを扱っている。ただ，その時に，初読の過程で生起する多数の思考のうち，エンディングを予想するということに焦点をしぼっている。井上敏夫が言うように，「読みの方向を拡散的に」してしまわないように，教師の方で方向を一本化している。また，吉田の授業に特徴的なのは，一冊の本全体を読み，一字一句から来る予

想を取り上げているのではないということである。つまり，まったく自由で自然な読書をそのまま取り上げているのではないが，次はどうなるのかを予想しながら読んでいくという初読の特性を，整理した形で生徒に示している。実際の教育現場では，人数分の本や読む時間，加えて指導方法研究が不足している。この制限の中で，吉田は，他のメディアを使うことで，新聞小説という特質を生かした初読の読書を，授業の中に取り入れることに成功していると言える。

(3)石山脩平「三読法」

　国語科教育の実態として最も頻繁に用いられている三読法は，通読・精読・味読という大きく分けて三つの段階を経過する指導方法である。このうちの「通読」を初読ととらえる考え方がある。三読法を示した石山脩平は，通読には「㈠全文をともかく一二回乃至数回訓読すること（素読），㈡未知難解の語句に就てその一般的意味を理会すること（注解），㈢その結果としておのづから全文の主題と事象と情調とが極く大体の形に於て会得されること（文意の概観）の三要件が含まれている」（石山，p.104）とする。

　この「通読」は，ともかく数回読んでおり，難語句の理解や，文意の概観までを含んでいるので，すでにある程度その文章がどのような意味を持つのかを把握している状態である。すなわち，初読の途中の思考は扱われず，最後まで読むことを何度か繰り返しており，本稿で検討したい「初読の過程」を扱っているとは言えない。

　三読法における通読後に，初発の感想を書かせるということもよく行われる。菱田由美（1990）は，小学校5・6年でどのような初発の感想が書かれるかについて調査した。その結果，「やまなし」のような一部の最終場面にかけての構造が読みにくい作品を除き，子どもたちの初発の感想は，最終場面についての言及が多いという。菱田はむしろ感想に反映されていない点について国語科の授業で扱っていく必要性を説いている。このことは非常に興

味深い。前の方の場面を読み進めて行くときに，どのような読み方をしてい
けばよいのかを指導すべきである。また，井上敏夫の論に重ねてこのことを
考えると，初発の感想というものは，読み終わった後に書かれ，「散漫不統
一」である初読の途中の状態を反映したものではないということができる。

(4)児童言語研究会「一読総合法」

　児童言語研究会は，このような三読法を批判する形で，一読総合法を提唱
した。一読総合法の指導過程は，

　　○題名読み
　　○部分ごとの立ちどまり―立ちどまりごとに分析・総合する
　　○関係づけしつつ予想する
　　○最後の立ちどまりの読み（終結部分の読み）

となっている。分析・総合というやり方が，初読で生起する様々な思考を取
り扱っているものかどうか，さらに詳細な検討が必要ではあるが，とにかく
本節で重視している初読の途中の思考を扱っているのは明白である。つまり，
結末を知る前に何を考えているかを取り上げている。

　初読という点から考えると，むしろ問題となるのは，井上が指摘するよう
な「志向性」を生みにくい教科書教材を用いていることである。題名読みは
あるにしても，媒体・路線といった手掛かりが得られにくい。

　竹長吉正（2002）は，読むことの指導過程論の変遷を追う中で，「作品重
視か，読み手重視か」という軸を出しながら，三読法と一読法の違いについ
て説明している。三読法は，「『読みはその対象によって規定される』という
立場に立ち，『読みの対象となる作品』の構造の理解が重点とな」る，作品
重視の立場である。「これに対して，『一読法』は（中略）『作品構造の理解』
よりも，むしろ，対象となる文章を読んでいく読み手（児童・生徒）の意識
（認識や思考）を重視する立場である」としている。作品重視の立場を否定す
るわけではないが，初読に焦点を当てる本研究では，読み手（児童・生徒）

の意識（認識や思考）を重視する立場をとりたい。竹長は，この部分に続けて，1967年出版の井上正敏の考察を次のように引用している。

　　　この二つの立場の違いについて井上は次のように述べている。「三読法」は対象である作品の本質へ向かう認識過程が問題にされるから「読み方」であり，対象作品の構造分析の科学である文芸学や解釈学が，その理論的支柱となる。また，教育方法論としては教授学をよりどころにする。これに対して，「一読法」は読み手の意識を重視するから，第二信号系理論・内言外言論あるいは時枝誠記の言語過程説といった心理学的言語理論を，その理論的支柱とする。また，教育方法論としてはソビエトの心理学をよりどころとする。1967年の時点でこのように明快に捉えた井上の見解は，今日でもゆるがない説得性を持つ。

　この二者の学問背景の対置は重要な視点をもたらしてくれる。本研究のように「初読の過程」に焦点を当てるには，一読法のように「読み手の意識」がどのようになっているか，「心理学的言語理論」に着目する必要があるということである。そこで，次節においては，初読にどのような読み手の意識が働いているのか，実際に心理学の手法での調査を行う。その上で心理学の理論を中心に検討し，初読の過程がどのような過程であるかを明らかにする。

3．初読の過程を明らかにする調査

(1)調査の手続き

①調査方法－回顧法－

　欧米の読書過程を明らかにする心理学的調査研究で最も一般的なのは，読んでいる時に起こっていることを口頭で報告する（verbal reports）方法[1]である。これは，プロトコル分析（protocol　analysis）という名でも呼ばれているが，口頭で報告するタイミングが，読書行為を行っている最中か事後かによって，発話思考法（think-aloud）と回顧法（retrospective report）に分けられる[2]。前者は，読書行為中の思考が時系列で示されるという利点がある。しかし，発話思考法は，様々な思考のレベルをできるだけありのままに報告

第5章　リテラチャー・サークル　205

してくためには，訓練を受けないと難しいと言われている。まして，本研究の場合，研究対象とするのが読書過程なので，これを発話思考しようとすると，読書行為が音読もしくは読み聞かせのようになってしまい，参加者はその音読・読み聞かせに気をとられ，そこにまつわる思考を報告するのが難しい。そこで，後者の回顧法をとることにした。回顧法は，発問法・質問紙法・面接法の併用が可能であり，その工夫で読書行為中の思考を表出させることが可能である。授業の過程などを回顧する時には，ビデオ撮影をしておいたものを被験者である授業者に見せ，その録画を見せながらその時何を考えていたかを話させる「刺激回想法」（途中に何度かビデオを止めて発話させることから，ストップモーション方式と呼ばれることもある）がある。しかし，本研究では，読書行為自体は外からビデオを撮ったところで，ほとんど動きのない映像になってしまうことから，被験者に回想を促す十分な刺激はビデオでは得られない。事後の発問法は，発問を聞いた時点で被験者が回顧して再構成して答えることになる。それよりは，読書の過程が進行していく際に，思考していくことを書き止めておき，そのメモを見ながら思考したことを報告する方がよいと考えた。そこで，山元隆春（2005, p. 447）が，読者反応を分析するために用いている次の①〜⑤の5観点を援用し，それに⑥⑦の2観点を付加して，書き記すという方法をとることとした。

　①ようす，きもちが自分によくわかるところ。

　②それまでの部分とつながりをみつけたところ。

　③自分の経験したことが思い出されるところ。

　④このことは，こういうことではないかなあ，と思ったところ。

　⑤疑問を持ったり，不思議に思えたりしたところ。

　⑥この後，この話はこうなるだろうという予想。

　⑦この場面の後，話はこうなるだろうという予想。

　山元の5観点を援用する理由は，山元のこの研究が国語教育研究者によく引用され，調査の有効性が認められているからである。⑥⑦を付加した理由

は，本研究の焦点が初読にあたっており，初読ということは既読部分の後の展開が分からないということであり，そこをどのように予想したかを報告させることが研究上重要と認められるからである[3]。

②調査に用いるテクスト

　テクストは，レズリー・ノリスの『風，つめたい風』（きたむらさとし訳・絵，小峰書店1999年刊）の中の「カワセミ」を取り上げることとした。このテクストが初読の過程を調査するのに適している理由は，梗概を示した後に説明する。

　【梗概】十四歳の少年ジェイムズの視点から，父親について語られている作品。もとは，３つの場面から構成されているが，調査上２つ目の場面を３つに分け，５場面構成とした。

　[第１場面] 　十四歳の誕生日の朝，ジェイムズは父に，「わが家の男たちが，十四歳になると打ち明けられる秘密がある」と言われる。その秘密とは，さんざん勿体ぶったあげく，「サンタクロースなんて，ほんとうは，いないんだ」ということだった。

　[第２場面] 　二週間後，父が，ガウンのまま，庭の花や鳥に話しかけているのを，ジェイムズは見た。毎朝の光景だ。その直後，一羽のカワセミが飛んできて，まるで青い稲妻のように，水の中の小魚をさらって，杭の上にとまり，その小魚を飲み込んで，飛び去った。一瞬，鳥の餌を取りに行った父は，このカワセミの飛来を見のがした。

　[第３場面] 　その午後，父とジェイムズは，祖母の入院している療養所に面会に行った。もう言葉を話すこともなく，ベッドに横たわる祖母。帰り道，衰弱してゆく母親のことで苦しみ，激しくいらだった父は，運転が荒かった。どうにかして，「元気いっぱいでとっぴょうしのない，いつものとうさん」に戻せないものかとジェイムズは考えた。

　[第４場面] 　信号で車が止まったときに，ジェイムズは，父にホームズご

っこをしかける。これは，ジェイムズと父の間で昔から行ってきたゲーム
で，通りを歩く人の外見から，その人物を推理するというものだ。このゲー
ムに乗ってきた父は，元気を取り戻す。

[第5場面] 父とジェイムズは，静かな気持ちで夕食をとった。そのあと，
夕暮れ時，ジェイムズは庭に出てみて，絹の切れ端のようなものに気づく。
拾い上げてみると，カワセミの死骸だった。家の方で父がのんきに歌って
いるのを聞いて，ジェイムズは，朝のカワセミの「めざましい飛行」のこ
とも，この「取り返しのつかない死」のことも，父には明かさないでおこ
うと思った。

　このテクストを選んだ理由は，まずはそのテクストの内容である。第1場
面に，主人公ジェイムズが父から秘密を打ち明けられる場面がある。その秘
密を打ち明けようとする時に，読者はどのような秘密を想像しながら読むの
か，読書の過程をとらえるのに適していると考えたからである。第1場面の
最終行で，父はその秘密を明かす。したがって，第1場面の最終行に到達す
る前（すなわち上記項目の⑥に相当）の思考と，最終行まで読んでからの第2
場面以降の予想に関する思考がかなり異なるのではないか，その異なりを読
者はどのように処理しながら読書を進めていくのかが明らかになりやすいと
考え，このテクストを選んだ。また，初読の過程を調査するためには，被験
者が未読のテクストである必要があるが，本作品は我が国ではあまり知られ
ておらず被験者が未読である可能性が高いこともその理由である。なお，本
作品は翻訳作品ではあるが，本研究では，翻訳作品であるかないかは問題に
していない。なぜなら，読者は日本の作者のものでも，翻訳のものでも読書
行為を行うのであり，本稿が研究する初読の過程が，翻訳であるかそうでな
いかによって違いをもたらすとは考えられないためである。もしも，翻訳作
品は，その描かれている世界や言語的な特質によって，読者に一種の「読み
にくさ」があり，それが初読の過程に影響を与えるのだとしたら，本作品に
ついては，そのような影響は比較的少ないと言えるであろう。なぜなら，翻

訳者のきたむらさとしは，日本人でイギリス在住の絵本作家であり，『風，つめたい風』もきたむらが編集して絵をつけたもので，単なる翻訳というよりは，きたむらの作品として成立していると言えるからである。しかし，本研究の関心としては，翻訳であるかないかは問わない。

　調査では，「カワセミ」を5場面に区切って読ませ，それぞれの場面について上記①〜⑦の7項目のうち，書きたい項目だけを書かせた。なぜなら，これは発話思考の代用として，その時に考えていたことが回顧できる手がかりにしたいのであって，被験者の読書行為自体に極力負担をかけたくなかったからである。被験者は，大学院生・大学生を選んだ。理由は2つある。1つ目は，本調査は初読の過程を明らかにすることが目的であり，読者の年齢及び発達段階には関心がなく，児童または生徒である必要がないからである。2つ目は，被験者の負担を考慮したからである。最も負担の大きい発話思考法を避けたとは言え，読書中の思考を回顧して報告することは多少の負担があると考えられる。そこで，研究の趣旨を理解できる大学院生・大学生に協力を依頼した。

③調査日時・被験者

　調査は合計3回行った。第1回は2009年（平成21年）7月に，N大学大学院1年〜2年生の計7名，第2回は2010年（平成22年）5月に同大学3年生・4年生・大学院生の計7名，第3回も2010年（平成22年）5月に同大学3年生・4年生・大学院生の計6名である。第1回と第2回・第3回の最も大きな違いは，初発の感想を書かせるようにしたことである。第1回と第2回・第3回の間に1年間のタイム・ラグがあるが，第1回調査の分析を行った結果，初読の過程と初発の感想の違いを研究する必要が明らかになった。そこで，第2回・第3回は，初発の感想を書かせることにした。なお，第2回・第3回は，フォーカス・グループを行う人数の関係で，2回に分かれたが，行った内容は同じである。いずれも，それぞれの記入用紙を提出させた

後，調査者が記入された内容を場面ごとに同じ調査に参加した全員の反応が分かるような一覧表を作成した。その一覧表（したがって，一場面につき1枚ずつある）をもとに，その場面を読んでいる時に何を考えていたかを面接法の一種であるフォーカス・グループの手法で表出させた。フォーカス・グループは，集団での面接であり，「近年，心理学の質的研究の標準的なデータ収集テクニックとして出現し」，「1対1の面接よりも人工的でない設定をすることができるため，生成されるデータには（より）高い生態学的な妥当性がある」ため，「半構造化面接に取って変わる方法となりうる」とされてい

【表 5.3】読みの反応一覧表の例「カワセミ」第1場面（40頁1行〜45頁9行）

	①ようす・気持ち	②つながり	③経験したこと	④こういうこと	⑤疑問・不思議	⑥このあとどうなる？	⑦この場面のあと
Aさん	もったいぶられると同じようになるなぁ。(p.45 L3)		家のたんすの引き出しとか，ボンドでくっついた部分の感触を思い出した。(p.42 l.3)		なんだろう。どういうことだろう。(p.40 l.2, p.41 l.2)		ジェイムズはがっかりすると思う。予想してたよりもずっとなんでもないような話だったから。
Bさん	p.45 L8 夢が無い感じで物語が進みそう。		p.41 L2 違う意味だが，10歳の自分の誕生日を思い出した。				もっとつらい事実を伝えられるに違いない。
Cさん		(p.41 L2〜)を受けて，二人は男同士だからふたりだけで共有と言ったのだな。(p.41 L7)			・なんで男ちだけなのだろう(p.41 L2〜L3)・母親は料理しないのか。(p.41 L12)	誕生日プレゼントを渡すのかな(p.40 L2)	ジェイムズは父の台詞に拍子抜けして，「冗談言わないで」と言ったのではないか。
Dさん	・そっけない，よそよそしい，〜暗い(p.44 L12)		・気持ちによって部屋の感じ方が変わる。(p.41 L12)	・事実？人生に暗い影「死」を連想した(p.42 L11-13)	・悲しい記念日？・恐ろしい秘密？・二人だけ？(p.41 L2-7)	・父と子の決別？子の独り立ち？(p.40 L8)	・「なんだ」たいしたことはないやと思うが，実はそこには深い意味

	①	②	③	④	⑤	⑥	⑦
							が込められていた。
Eさん	p. 40 II.2-5					p. 42 I.4 p. 44 II. 4-7	もったいぶって当分話さないこの話はギャグだ，くだらないオチがある
Fさん			もったいぶられると早く聞きたくなる。(p. 42 L6)	（③を受けて）ジェイムズもそうだったのでは？(p. 42 L6)	何がそんなに悲しいのだろう。(p. 41 L2)		ジェイムズは「え？」(疑問)や「は？」(予想外)のような反応をする。
Gさん	おそろしいだけど好奇心を持ってから，もっと話したい				サンタクロースとおそろしいことが何か関係ある？		お父さんはジェイムズをおとなになるために，子供の時のサンタクロースについてのいい思い出の夢を破る

【表 5.4】 読みの反応一覧表の例「カワセミ」第2場面 (45頁10行〜49頁11行)

	①ようす・気持ち	②つながり	③経験したこと	④こういうこと	⑤疑問・不思議	⑥このあとどうなる？	⑦この場面のあと
Aさん			私の父も，庭に餌台を置いて，すずめとかがくるのを喜んでる。		父さんは変だなぁ。(p. 46 l.5)		カワセミというタイトルだし，カワセミの飛来をきっかけに何か起こるんじゃないか。父さんの身に何か起こる？
Bさん			カモとカワセミは，父とジェイムズの対比？				ジェイムズはサンタを探しに行く。
Cさん				植物の他にも鳥が好きだということ(p. 48 L3)			今度またカワセミがやってくる。その時はとうさんも気づくのではないか。

Dさん		・父の言葉は，冗談だったのか？(P45 L10)・題にあった。これから物語が動きだす？(p.49 L1)	・私はクレマチスを育てている。優しくそれでいて華やかな印象だが，これは寂しい印象だ。(p.49 L4)	・なにか暗示的，不思議な存在 (p.48 L1)・存在感のある感じ (p.48 L5)	・とうさんはどんな人物？(p.46 L4-12)		・カワセミと父のドラマが，この後，展開するのか。
Eさん	p.45 ll.1-2	p.45, ll.1-2	p.46 ll.1-4 お父さんは頭がおかしい			p.48, ll.6-12	もったいぶった書きぶり，オチがある
Fさん	私も「え？」と思っておかしかった。(p.45 L11)	・バラに対してではないけれど，植物に話しかけるのはやったことがあるなぁ。(p.46 L5)		どんな様子だろう。(p.48 L6「かまびすしく」)			ジェイムズがとうさんにカワセミの飛来を教えてあげる。
Gさん		大学時代，朝外で朗読の時，いつも芝生に夏の露がいっぱいのようすを見た。なつかしい。p.46 L8					お父さんはジェイムズが起きたことを気付いた。ジェイムズをつれて，庭の中，前の話しを続く。

【表 5.5】読みの反応一覧表の例「カワセミ」第3場面（49頁12行～53頁11行）

	①ようす・気持ち	②つながり	③経験したこと	④こういうこと	⑤疑問・不思議	⑥このあとどうなる？	⑦この場面のあと
Aさん	「病気の匂い」というのが自分もよくわかるなぁと思った。(p.50 l.12) 母が		亡くなった祖母のことを思い出した。病院の雰囲気とか。(p.50 l.6～)	父さんは精神病？(p.50 l.1)			ジェイムズは父さんに元気になってほしいと願っている。父さんは鳥の飛来を楽しみにしてい

	祖母の介護で大変だった時、同じようなことを思った。(p.53 l.10)					る。カワセミがきっかけで父さんが元気になるようなことが起こるんじゃないか。
Bさん						自分が父のサンタになってあげようと思い立つ。
Cさん	（③を受けて）重苦しい雰囲気から解放されるという気持ちは分かる。(p.52 L2)	衰弱してゆく母親のことに苦しみ,激しくいらだったから,(p.52 L3 乱暴に…)とあったのだな。	・私の祖母が入院していたときも,母はそんな様子だったことがあった。(p.50 L11) ・私もこんなことを考えたなあ。(p.53 L10～11)	一人では会いたくない。母親の病状が前よりも悪化していたりしたら,心配だ。怖い,ということ(p.50 L1)		ジェイムズはとうさんを励ますために,何かおもしろい話をしたり話題を出して会話しようとしたのではないか。
Dさん	・父のやりきれない気持ちがよく伝わる。(p.52 L4)	・一段落にも部屋がでてきた。この部屋の印象は一とは違う。(p.50 L12)	・死をイメージした。一段落とも関連があるのでは。(p.43 L3)	・せつない気持ちだったと思う。(p.52 L2)	・なぜ一人で行かないのか。(p.50 L1)	・次は,またに段落のような父の様子か。カワセミとの対面か。
Eさん	p.52, l.3					
Fさん		「とうさんが悲しみに沈ん」だ箇所とのつながり。(p.52 L5)	うちも祖母が入院している間,父は一人ではお見舞いに行かなかった。行きづらかったのかなぁ。(p.50 L1)	とうさんが悲しみの底から戻ってくるように感じたのではないか。(p.52 L2)		きっとカワセミが登場する。カワセミをみたとうさんが喜んで元気になる。

	①ようす・気持ち	②つながり	③経験したこと	④こういうこと	⑤疑問・不思議	⑥このあとどうなる?	⑦この場面のあと
Gさん	人間は時間と言うことを把握することができない。命は時間にとっても弱いものだ。p.53 l1～p.53 l4	おばあさんの病気はこの前の第一の部分、お父さんがいったおそろしいことにつながると思う。					おばあさんが亡くなる。ジェイムズは死ということを感じる。

【表 5.6】 読みの反応一覧表の例「カワセミ」第4場面 (53頁12行～58頁7行)

	①ようす・気持ち	②つながり	③経験したこと	④こういうこと	⑤疑問・不思議	⑥このあとどうなる?	⑦この場面のあと
Aさん							父さんは元気になるはず。
Bさん							家族を対象としたホームズ遊びをし、祖母の死を受け入れる。
Cさん							(第四段落の記述はすべてジェイムズの夢という設定で) ジェイムズは夢から覚めて、現実に戻る。いつの間にか、車は家の前に着いていたのではないか。
Dさん					・父の気分がよく変わる (p.54 L1) ・なぜこのようなゲームをするのか。親子の共有 (p.58 L1)	・このゲームとカワセミ…どうつづくの。 (p.58 L1)	・(このゲームとカワセミ…どう続くの?) 予測不能
Eさん				p.54, l.6 父さんの機嫌がなおった		p.54, l1	推理ごっこがはじまる

F さん		とうさんに元気を戻そうとゲームを始めた。(p.54 L3)	推理ゲームではないけれど、このような妄想はよくするなぁ。（四段落全体）	とうさんに元気を出せようと、久しぶりにゲームをしたのではないか。(p.54 L3)			ホームズ（とうさん）とワトソン（ジェイムズ）の推理ごっこは終わり、家に着いた場面になっている。
G さん				そのゲームと下の文のつながり。			ジェイムズは、その人相の悪い男について推断あるの理由をしゃべる。

【表　5.7】読みの反応一覧表の例「カワセミ」第5場面（58頁8行～60頁2行）

	①ようす・気持ち	②つながり	③経験したこと	④こういうこと	⑤疑問・不思議	⑥このあとどうなる？	⑦この場面のあと
A さん					少し元気を取り戻した父さんに、元気でいてほしいから言わないでおこうと思ったんだろう。(p.60 1.12)	やっぱり最後は「カワセミ」が出てくる？(p.58 1.8)	
B さん			p.61 L2 ジェイムズのやさしさ。				
C さん				父さんは、おばあちゃんのことで辛い気持ちなのだから、これ以上悲しませたくないということ。(p.60 L12～最後まで)			
D さん		・父：庭＝安定？ ・一、四段落との関連「死」・	小学生の頃、登校途中でスズメの死骸をみつけて埋めた。				

		サファイアのように輝くという表現は,「命」は,(p.60 L1-6)・一段落の「秘密」との関連は?(p.61 L2)	命の重さが身近にせまってきた。(p.61 L1)			
Eさん				p.61,1.2 オチはどこ?		
Fさん		推理ごっこが2人にとって楽しいもので,とうさんも元気になった。(p.58 L9「満ちたりた気持ち」)	療養所のおばあさんのことを,とうさんに思い出させてしまうと考えたのではないだろうか。(p.60 L12〜 p.61 L2)			
Gさん		カワセミの死とおばあさんの病気につながりがあると思う。	お父さんはたぶんこの前にカワセミが死んだことがわかった。p.61 l2			お父さんは知らないふりをしていて,ジェイムズに死にどんな考えを聞いて話す。

る（ウィリッグ，2003，p.39）。その調査結果を示す。

(2)調査の結果

　第1回〜第3回調査のフォーカス・グループの会話記録及び一覧表から，初読の過程に特徴的だと思われる被験者の読みを取り出してみる。

　「カワセミ」の第1場面は，主人公ジェイムズが十四歳の誕生日の朝に，父親が秘密を打ち明けると述べるところから始まる。父はさんざん勿体ぶってなかなかその秘密を明かさない。しかし，実はその秘密とは，サンタクロ

ースはいないというだけのことで，父がジェイムズをからかっているのである。ここは，全体を読み通してみれば，父の人柄と息子との関係を表すためのエピソードであるということが分かるが，初読の最中には，そのように通読後の全体構造は把握できないわけで，このエピソードが次にどのように生かされているのかを，想像しながら読み進めることになる。

　被験者Bの⑦「この後，この話はこうなるだろうという予想。」を追ってみたい。Bは，第2場面の後で「ジェイムズはサンタを探しにいく」，第3場面の後には「自分が父のサンタになってあげようと思い立つ。」と予想し，サンタクロースについての次のエピソードを期待しながら読んでいることが分かる。しかし，第4場面でも第5場面でも，サンタクロースに関するエピソードが描かれないことを知るに至ってこの路線で考えを進めることを放棄する。第4場面では，「…祖母の死を受け入れる。」と予想するが，第5場面でそうならないことが分かると，読後の感想として「死を受け入れられない人の話であると感じた」と述べる。国語科教育において「初発の感想」「第一次感想」というのは，この段階のものであり，最終場面を読み終えた後の感想を述べるのであって，初読の過程そのものをとらえたものではないと言える。しかし，いずれにせよ，何かしら，自分が読んでいくための指針となるものを作り出しながら，それと引き合わせて読み進め，場合によっては，その指針を修正したり放棄したりしながら読んでいることが分かる。

　被験者Eは，第1場面からこの物語の性質・書きぶり・構造を読みとり，⑦「…この話はギャクだ，くだらないオチがある」と今後の展開を予想する。第2場面の後でも⑦「勿体ぶった書きぶり，オチがある」と述べているが，オチが現れないので，第5場面（最終場面），⑤「疑問を持ったり，不思議に思えたりしたところ。」の欄に「オチはどこ？」ということを書き込んでいる。すなわち，オチが来ることを期待しながら読み進め，結局オチは来なかったという疑問が残って読み終わったことになる。

　このように，初読の読みの過程では，何かしら手掛かりにすることを持ち

ながら，次の展開を予想する，あるいは予想したものが次に現れることを期待しながら読み進めていくということが分かる。これは，再読で展開を知ってしまった読みとは，明らかに性質の異なる読みであり，そのことは「初発の感想」には必ずしも表されないのである。

　それでは，何を手掛かりにするのか。被験者Aはタイトル「カワセミ」を自覚的に手掛かりにしていた。この物語で，カワセミのことを描いているのは，第2場面と第5場面のみである。第2場面の⑦で「カワセミというタイトルだし，カワセミの飛来をきっかけに何か起こるんじゃないか。父さんの身に何か起こる？」と予想している。父が病気の祖母を見て滅入っている様子が描かれている第3場面の⑦で，「ジェイムズは父さんに元気になってほしいと願っている。父さんは鳥の飛来を楽しみにしている。カワセミがきっかけで父さんが元気になるようなことが起こるんじゃないか。」としている。第5場面を読む時も⑥「やっぱり最後は『カワセミ』が出てくる？」と予想している。

　被験者Dは，タイトルを重視し，カワセミと父との関係で物語が展開するとしているところは被験者Aと似ている。しかし，Dは，第4場面に描かれた内容を見て「このゲームとカワセミ…予測不能」として，カワセミを手掛かりにすることをやめ，他の手掛かり（「死」について書かれていること）を採用した。第1場面から早くも「死」を連想し，次の場面も「死」に関係しているのではないかという予想を立てながら読み進めた。第3場面で「死をイメージした。一段落とも関連があるのでは？」，第5場面で「一，四段落との関連『死』」と書き込んでいる。このことは「『死』ということについては特に気にしていなかった」Aとは異なる点である。

　読者の頭の中には，様々な思考が生起する。しかし，その思考は強いものもあれば，弱いものもあり，次に起こった思考のためにかき消されたり，「路線変更」されたりするのである。被験者Hは，「第一段落だけ読んだ初めは，現実味のある話ではなく，少しファンタジーの混ざった話なのかと思い

ました。それにバラと話している父…と続いたので，ますます本当にファンタジーの話なのだと思いました。しかし第三段落から思い改め，題名からもカワセミが重要度を占めている事に気付き，この物語はカワセミの生命力のように父が生命力を取り戻していく話なのだと考えました。しかし最後には，カワセミが，死も象徴している事がわかりました。」と自分の読書過程を振り返っている。Hは，第2場面と第3場面の間で「路線変更」をはかり，題名も含めて読み続けて，生命力・死というところに焦点を絞ったのである。

　また，様々な思考のうち，分からないものはそのまま分からないものとして保留しておき，次のつながりを発見した時に改めて考え直すという行動も見られた。被験者Iは，「この作品の題名を見たときは，単純に『鳥』や『カワセミ』に関する物語なのだろうと考えていたが，読み始めると，いきなり父が子に秘密を明かす場面から始まっており，作品に引き込まれた。／作品を読み終えたところで初めて，最初の，父が子に秘密を明かす場面が伏線であることに気づかされ，面白いと思った。／明かさなければならない秘密と，明かすべきでない秘密について考えさせられた。」という。Iは，最後の場面で，「秘密」というものが第5場面に出てきた時に，第1場面にも「秘密」が出てきたことを思い出して，これは「秘密」についての物語なのだとすっと納得ができたことを「はまった」と述べている。さらに，Iは，「このように前に持っていて保留になっていた思考が，読んだ後で『はまる』ような本を読むことが好きだ」とも話した。以上のように，初読の過程においては，様々な思考が生起して，あるものはかき消されていき，あるものは保留されていくが，最後まで読んだところで，前からのつながりも含めて強く残るものが決定されるという構造が明らかになった。Iの言葉にもあったように，初発の感想で述べられるのは，通常，このように，最後まで読んで前とのつながりをつけることができた部分であることが多い。それは，多く生起した思考の一部分である。初読の過程を重要視するのであれば，最終的に残った思考だけでなく，このように読んでいる過程の思考にも着目したい

と考える。

(3)調査結果の考察

　以上のように，初読の読みでは，何か手掛かりになるものを想定し，その想定をもとに展開を予想したり，展開を期待したりしながら進んでいくということを行っていることが分かった。しかし，何を手掛かりにするのか，どの手掛かりを優先的に使うかは，読み手によって異なることが明らかになった。その手掛かりとなるものについて，さらに考察を深めたい。

　Zwaan ら（1995）は，Kintsch らの読みの状況モデルをさらに詳細に検討し，イベント・インデックス・モデル（Event Indexing Model）を唱えた。これは読み手が読む時に，時間性（time），空間性（space），因果性（causation），意図性（intentionality），登場人物の同一性（protagonist）を手掛りにして，前に読んできたことと今読んでいることを関係づけ，状況モデルを構築したり，修正したり，更新したりするというものである。例えば，被験者AやDは，「カワセミ」という登場人物の同一性を手掛かりに読み進めていた。しかし，Dは途中で行き詰まりを感じ，「死」という意図性の手掛かりを中心に据え直して状況モデルを修正して，第5場面までを読み進めることになったと言うことができる。被験者Bは，「オチ」という因果性を手掛かりにして，第5場面で困惑したと見ることができる。

　このように読み手個々の初読の過程を追究するに際して，イベント・インデックス・モデルは非常に有効であるが，このモデルを含む状況モデルとは，初読の読みを対象にしていると言える。Iser の「前景と背景」にしても，読みの理論・モデルのかなりの部分は，初読を対象としており，これをそのまま再読中心の従来の国語科教育の読みの理論として用いることには無理があったのではないかと考える。

　また，このように様々に移りゆく初読の過程を，初発の感想はすべて反映したものではないとも言える。このことは，国語科教育における菱田の研究

とも一致するところである。

　以上，調査結果をまとめると，今回の調査で明らかになったのは，次の4点である。a）被験者は，物語の初読においては，手掛かりになるものをもとにして予想をし，読みながら予想を修正したり，手掛かりを変えたりしながら読んでいること，b）その手掛かりは被験者によって異なり，Zwaanら（1995）のイベント・インデックス・モデルが参考になり，時間性，空間性，因果性，意図性，登場人物の同一性が考えられること，c）初読の過程に生起した思考は，初発の感想には必ずしも反映されないこと，d）再読中心の国語科教育において，初読の過程についての理論（Kintsch の状況モデル，Iser の「前景－背景」論など）が適用されていること，である。

4．初読の過程をふまえた読書指導の条件

　以上，初読の過程を解明するために回顧法による調査研究を行った。その結果から，初読の過程を生かした読書指導を開発しようという時に，1つの論点となるのは，最終場面を知らない段階の思考に焦点を当てるかどうかということである。国語科教育の先行研究のうち，三読法の通読や井上敏夫の「生活読み」は初読と言っても最後まで読んでしまった後を問題にしており，最終場面を知らない段階の思考には焦点を当てていなかった。これに対し，吉田の授業や一読総合法は，読みの方向性を限定したり，初読を保障しない教科書を使用したりはしていたが，最終場面を知らない時点での読みの思考を扱っていたといえる。

　以上のことから，初読の過程をふまえた読書指導の条件として，次の4点を設定することができる。

　　条件①「初読の過程」をふまえた指導については，少なくとも終わりの場面を知らない途中の段階での思考を，学習の対象とするかどうかが鍵となること。特に，初読の途中での思考を扱った読書指導が必要であること。

条件②「初読」で働く読みの志向性や，先を予想することを中心に据えた，思考の扱いが重要であること。

条件③途中の思考を扱う場合に，一字一句ごとの思考を取り上げるのではなくて，ある程度のまとまりや方向性を限定した思考を取り上げることが現実的であること。

条件④教科書教材は，初読という意味から扱いにくい。また，本だけでなく様々な媒体を用いることが可能であること。

これらの条件を満たすような読書指導の方法を開発していきたい。

５．初読の過程をふまえた読書指導の実践的研究

⑴初読の過程をふまえた読書指導法

上記の４条件を満たす指導法を考える時，いくつかの指導法が考えられる。例えば，考え聞かせ（think-aloud）という方法が考えられる。教師が初読の過程—すなわち頭の中で起こっていること—を子どもにわかるように口に出して言う方法である。例えば，「あ，題名にカワセミって書いてありますからね，カワセミが出てくるんだと思って読むわけですね。私はカワセミはよくは知りませんが，この絵のようにとにかく小さな鳥の名前だということを知っています。さて，ページを開くと，まず，十四歳の誕生日の朝，ジェイムズは台所でとうさんと顔を合わせた。とうさんは近づいてくると，ジェイムズの両肩に手をやり，ってことはとうさんとジェイムズは仲がよさそうだと思いますね。次を読むと，ちょっとよそよそしく，皮肉と同情のまじったまなざしで……」（ゴシック体が「カワセミ」のテクストにある文・句）といった具合である。しかし，この方法だと，やはり③の条件を満たしにくい。そこで本稿では，１冊の本を区切りながら読み進めていく，リテラチャー・サークルという方法を取り上げることにする。最初にこの読書指導法の概要を示し，次にある中学校での実践を取り上げる。最後に，この実践が，上記の４つの条件を満たしているかどうかを考察する。

(2)リテラチャー・サークル

　リテラチャー・サークルは，アメリカで1990年代に広がった読書指導法である。同時期にアメリカで開発されて日本にも紹介されているブック・クラブやリーディング・ワークショップと同様に，市販されている本を用いる方法として知られている。これらの方法の共通点は，市販本を扱っていること，読者が自然に行っている読書の過程を，教室の実践に持ち込もうとして開発された指導方法であることである。リテラチャー・サークルという名だけでも多様な論者がいるが，ここでは，シカゴで行われているハーベイ・ダニエルズらのリテラチャー・サークルを取り上げる。この方法の手順は，以下の通りである。

　①教師が生徒に，あるテーマに関する本を複数紹介する。

　②生徒は教師が紹介した本の中から自分が読みたい本を選ぶ。同じ本を選んだ者同士３～５名でグループを形成する。

　③生徒はグループごとに選んだ本を読む範囲を決める。リテラチャー・サークルでは，１冊の本を数回にわたって区切りながら，読み進めていく。

　④生徒はグループごとに自分の読む役割（表　5.8）を決める。役割は優れた読者が行っている読書を，生徒に意識的に行わせるための工夫である。各グループ内に同じ役割を行う生徒がいないようにする。

　⑤生徒はそれぞれ自分の役割で，グループで決めた範囲を読む。決めた範囲以上は読まないようにする。

　⑥役割に基づいて，グループで話し合う。

　⑦③～⑥を何回か繰り返して，１冊の本を読み切る。生徒は毎回違う役割の読みを行う。

　⑧グループで話し合ったことを，クラスに紹介する。

　このリテラチャー・サークルを用いる理由は，読者自身が本を選び，読む範囲を決め，毎回決めた範囲以上は読まないようにするからである。これは，読者にとって読みたい気持ちにさせる技術ともなっていることに着目したい。

第5章　リテラチャー・サークル　　223

【表　5.8】リテラチャー・サークルの役割

どのグループにも必ず置きたい役割	本やグループによっては置きたい役割
コネクター （自分とのつながりを見つける）	サマライザー （要約をする）
クエスチョナー （疑問を見つける）	リサーチャー （作者，テーマなどを研究する）
リテラリー・ルミナリー （優れた表現などに光を当てる）	ワード・ウィザード／ボキャブラリー・エンリッチャー（特別な語を取り上げる）
イラストレーター （浮かんだ情景などを絵にする）	シーン・セッター／パッセージ・マスター （場面，段落の特徴をとらえる）

　リテラチャー・サークル自体は，「初読」を生かすためだけに生まれた指導ではないが，本研究では，この方法を「初読」を生かすという観点（条件）から，この方法の意義を検討する。

(3)実践の概要

　2011年（平成23年）2月15日から2月18日まで，N市立U中学校1年生及び2年生各1学級にリテラチャー・サークルの授業実践を行った。実践の概要は以下の通りである。

　第1時　本の紹介を聞き，自分の読みたい本を選び，グループを形成する。グループごとに，その本を読むペースと担当の役割を決定する（上記①〜④）。時間がある場合には，読み始める（上記⑤）。

　第2時　グループで決めた範囲を決めた役割で読み役割シートに記入し（読んで記入するのは個人作業），記入したものをグループごとに話し合う（第1回）（上記⑤⑥⑦）。

　第3時　決めた範囲を決めた役割で読み役割シートに記入し，記入したものをグループごとに話し合う（第2回）（上記⑤⑥⑦）。

　第4時　決めた範囲を決めた役割で読み役割シートに記入し，記入したものをグループごとに話し合う（第3回）（上記⑤⑥⑦）。本やグルー

【表 5.9】実践に使用した本

1年	大きな森の小さな家 ガラスの家族 佐賀のがばいばあちゃん 点子ちゃんとアントン トムは真夜中の庭で 西の魔女が死んだ ユウキ ヨーンじいちゃん
2年	青空のむこう　（2グループ） あのころはフリードリヒがいた いちご同盟 カラフル シャーロットのおくりもの 時をさまようタック ユウキ

プで話し合ったことをクラスに報告する（上記⑧）。

　使用した本は，U中学校及び近隣のN市内の小中学校の学校図書館所蔵の本と筆者が持参した本である（表 5.9）。テーマは本の内容に基づき，1年生「家族」，2年生「生と死（かけがえのない人たち）」を設定した。

　1年生・2年生ともに3～5人の8グループができた。調査の都合上，毎回，授業終了時に振り返りを記入させた。また，単元の開始時と終了後にアンケートに記入させた。

(4)実践の分析

　授業記録（ビデオ録画とグループごとの話し合い録音），役割シート，振り返りシート，アンケートから，生徒がこの授業を通して，またその読書活動が初読の過程を生かした活動になっているかを，先に述べた条件①～④に照らし合わせて分析する。

①初読の途中の思考（条件①）

　これは，様々なグループで確認できた。『カラフル』を選択したグループを取り上げる。生徒Aは，第1回の振り返りで「『生と死』をテーマにかなしく重たい内容だと思った（中略）。話し合いではこのテーマを元に考えを深めていきたい。」としている。しかし，これ以降，生と死への言及はない。第2回の振り返りでは「まだ，始めの方なので，キャラ立てが多かったけど，その中で疑問が多く出て登場人物の行動・考えについて深められた。」としている。この日話し合われたのは，主人公がなぜ無気力なのかあるいは父を嫌っているかという問題であり，直接生と死に結びつくものではなかった。第3回では「今回読んだところは重要なところだと思った。家族の印象が変わって感動できる場面が多かった。」と述べ，「この場面をふまえて，この本の最後をしっかり読みときたい。」としている。第4回は，「この『カラフル』という本を通じて，最後に真は，周りのきれいな色を見つけることができたのが，題名とも絡んで，すごい自分にも通じるものがあった。どんな人にも色はあってその色で世界は色どられてる。（略）僕はいろんな人にこの本を読んでもらって，この世のカラフルさ周りの人々への感謝などそういった良さを気づいてもらいたいと思った。」と，最初とは異なった印象でテーマをとらえている。おそらく普通に初発の感想を書かせたとしたら，第4回に関連した読み方をこの生徒は書くであろう。しかし，第2回・第3回と間を区切って読むことで，途中の思考過程を，意識化させられる。

　同じグループの生徒B・生徒Cについても，同様の振り返りが見られ，この振り返りは，グループの話し合いをふまえたものとなっている。第4回での振り返りは，第1回～第3回の振り返りの内容とは異なるテーマへの言及であった。

　ここから言えることは，初読というのは，このように登場人物に対する想像や，それに対する自分の意見や，自分の環境との比較など様々な思考も生起させながら，進んでいくものであるということである。話し合いを通して，

グループでこの様々なレベルの思考を承認しあったり，検討しあったりする
この方法は，初読の途中での思考を扱う読書指導を実現していると言える。

　実は，『カラフル』は終末の方（生徒が第４回に読んだ部分）で設定のどんで
ん返しが行われており，ここを読んでしまってからの再読では，第２回や第
３回に読んだ部分自体が違った意味を持ってしまう構造になっている。した
がって，このような本は，初読の過程を生かすことが重要である。

②志向性と先を予想して読むこと（条件②）

　１年生の生徒Ｄは『西の魔女が死んだ』を選択した。この生徒はこのタイ
トルからこの本を「おもしろそうだと思って選んだ」が，タイトルが読みの
志向性を作り出している。第２回の振り返りで「話し合って思ったことで，
魔女はおばぁちゃんだけど悪魔が誰なのか少し疑問に思いました。（中略）
どうなっていくのかワクワク！」と，話の展開に期待を寄せている。続いて
第３回の振り返りで「今日は89ページを読んだ。感情をこめて読めなかった
けど，みんなで読んで少し理解することができた。西の魔女は最後死ぬのか
な…」と予想をしている。そして，第４回に読む範囲で，おばあちゃんが死
ぬ場面に遭遇する。アンケートでは，読んでいる途中で「おばあちゃん（魔
女）が死んでまいが魔女をうけつぐと思った」と話の展開を予想したが，終
末で「おばあちゃんは死んでしまったけど，まいは（魔女に）ならなかった
し，最後（終わり方）がよくわからなかった。」と述べ，予想の半分はあたっ
たが，半分は分からなかったと結論づけている。

③まとまりにおける思考（条件③）

　２年生の生徒Ｅは『ガラスの家族』について，第１回の少し読んだ段階で
ａ「タイトルで何でガラスなのか？」ｂ「ギリーはなぜ人につめたいのか。」
という２つの大きな疑問を持った。第２回では「主人公のギリーは前（前の
前）の家族に嫌われていて，少し心も冷めて信用できない状態だと思うけど，

今の家族との関係をくずさないでほしいと思った。」この段階での疑問 b の解答を見いだし，それについての自分の見解（願い）を持っている。さらに，第3回では，「ギリーの性格の変化が見られた。ギリーの人に対する考えが少しでも変わってくれてうれしかったです。登場人物が増えて，これからのギリーを読んでいくのがたのしみです。」とし，話の進行にしたがって変化する登場人物をとらえ，それについてたのしみであるとしている。さらに「ガラスの家族の本当の家族の意味を教えられた。」と述べ，疑問 a についての解答も示唆している。第4回では，「ギリーの気持ちと本当の家族のことが読みとれた。どんなに心のキズついた人でも家族のきずなでのりこえられるという大切なことが今日改めてこの本に教えられました。ガラスの家族の本当の家族の意味を教えられた。」として，最初に持った a と b の疑問が，統合される形で解決されたと述べている。

　このように，読んでいる途中の過程を意識できるのは，約70頁ずつのまとまりで話し合いを持っているからである。読んでいる途中の思考を取り上げるとなると些末なこと（それを読んでいる途中は些末だと気づかないことも往々にしてあるが）が含まれがちである。ある程度のまとまりにおける思考を取り上げることが現実的であり，この70頁という分量は適切であると言えよう。実は，条件①の読んでいる途中の思考を取り上げるということと，条件③のまとまりの中で取り扱うということは，バランスの問題である。このリテラチャー・サークルの手法は，条件①と条件③を満たす，現実的な方法である。

④本等の教科書以外の教材を扱うこと（条件④）
　リテラチャー・サークルは，本を選択して読書意欲を喚起することを重視する。今回の実践でも，テーマやタイトルや概要説明に基づいて本を選択し，終わりが見えない段階での読書を次の読書意欲としてつなげることができた。

6．まとめと今後の課題

　以上，本節では，初読の過程をふまえた読書指導としてリテラチャー・サークルを提案した。実際の生徒の反応から，

①「初読」中に生起する終末を知らない途中段階での思考を，学習の対象にすることができる

②「初読」で働く読みの志向性を生かしていることが確認できる。また，先を予想して読むことを，授業として扱えている

③数章ごとに読み進めて話し合うという形で，ある程度のまとまりにおける思考を取り上げている

④教科書ではなく本を用いていることができる

ことが明らかとなった。

　現在，リテラチャー・サークルに類似した方法としてリーディング・ワークショップやブック・クラブなどが紹介されているが，初読の過程をふまえた読書指導という意味では，読む範囲をきめながら話し合って読み進めていくこのリテラチャー・サークルという方法の意味を再認識したと言える。

　本研究の意義は，実際に，初読の過程を調査して，そこから初読の過程をふまえた読書指導の条件を取り出し，実際に実践研究を行ったことである。しかし反対に言えば，本研究では，「カワセミ」という小説を使った調査研究をもとに考察を進めたため，物語・小説といった文学系の読書の過程のみを想定してしまった。しかし，非文学系の初読の過程については，志向性も予想の建て方も異なるであろう。植山（1986）は，説明的文章の読みの過程を規定する条件を，文章展開（論理展開）の上から検討している。さらに，非文学系の読書の場合，必ずしも前から順番に読まないことが考えられ，非文学における初読をどのように調査していけばよいのか，研究方法から検討することが今後の課題である。

第3節 インクワイアリー・サークル

1. はじめに

　本章では，目標指向の読書の性質を反映させ，目的に合わせて読むものにアクセスしたり読むべきものを選択したりする読書指導法として，読書へのアニマシオンの反省を超えて，リテラチャー・サークルを提案しているところである。前節では，それを「初読の過程をふまえた読書指導」として，国語科教育に位置づけるということを行った。

　さらに，目的に合わせて読むものにアクセスしたり読むべきものを選択したりする読書指導法について「探究」を切り口に考えていく。

　平成29年及び30年の小中及び高等学校学習指導要領改訂では，「資質・能力」の育成を目指し，主体的・対話的で深い学びの実現に向けた授業改善を進めることが求められている。このような中で，国語科においても，探究を基にした学習が必要となってきている。

　ことばの教育の歴史から見た探究学習の系譜は，幸田国広によれば，明治末期から大正期の木下竹次の『学習原論』，山路兵一の「遊び」への着目，さらに大正期から昭和初期の滑川道夫・峰地光重・村山俊太郎の調べる綴り方・集団制作，戦後新教育における大村はまらの単元学習，平成10年の学習指導要領「総合的な学習の時間」などに遡ることができ，繰り返しその重要性が論じられてきているという（幸田，2020，pp. 8-14.）。

　このような古くて新しい課題に取り組む際に，海外の先行例を参考にすることは一つ有効な方法であると考えられる。事実，幸田の挙げている例も様々に明治期・大正期・昭和戦前・戦後などの各時代に直接的・間接的に海外からの影響を受けたものである。海外には海外独自の文脈もあるが，冒頭に挙げた学習指導要領の改訂の趣旨に「グローバル化の進展や絶え間ない技

術革新等により……予測が困難な時代となっている」（文部科学省，2018b，p. 1）とあるように，グローバル化や技術革新など海外の国と共有する現代的な状況もあると言えるからである。

　そこで，本稿では，探究を基にした学習の1つとして，アメリカのステファニー・ハーベイとハーベイ・ダニエルズによる「インクワイアリー・サークル」（直訳すると探究サークル）を取り上げる。ハーベイ・ダニエルズと言えば，足立（2004a）によって取り上げられたリテラチャー・サークルが日本でも知られているが，リテラチャー・サークルの第2版（Daniels, 2002）出版の7年後に「インクワイアリー・サークル」が『読解と協同』（Harvey & Daniels, 2009）というタイトルの本にまとめられている。まず，インクワイアリー・サークルとは何かを示した上で，インクワイアリー・サークルがリテラチャー・サークルからどのように発展したのかを明らかにして，日本で探究を基にした国語科学習の手がかりを得て，目標指向の読書の性質を反映させ，目的に合わせて読むものにアクセスしたり読むべきものを選択したりすることを実現する読書指導法としたい。

2．インクワイアリー・サークルの概要

　先に2009年にインクワイアリー・サークルがまとめられたと述べたが，これは『読解と協同：インクワイアリー・サークル活動中』（Harvey & Daniels, 2009）というタイトルの本（以下，初版とする）である。翌年の2010年に授業風景を撮影したDVD2枚（小学校用と中・高等学校用）が販売されている。さらにその5年後の2015年に改訂版『読解と協同：好奇心，取組，理解のためのインクワイアリー・サークル』（Harvey & Daniels, 2015）が出版されている（以下，改訂版とする）。この間，アメリカでは様々な州に共通して指導されるべき内容が各州共通基礎スタンダード（Common Core State Standard）として示され，これを経てもなお，インクワイアリー・サークルの活動の重要性は認められたととらえることができる。このような経緯から概要については，

主に改訂版の方から引用する。

(1)インクワイアリー・サークルの原理

インクワイアリー・サークルとは，サークル（小集団）で，インクワイアリー（探究）を行うということである。その原理については11点が挙げられている。

①生徒の好奇心・疑問・興味に基づいて話題を選択する。
②子どもが関係する本物の問題について，深く掘り下げる。
③小研究チーム，グループ，タスクフォースなどといった柔軟なグルーピングを行う。
④注意深く差異（differentiation）を伴う，同質ではない（heterogeneous），能力別でないグループを編成する。
⑤生徒の責任と仲間のリーダシップを必要とする。
⑥有能な読者／思考者／研究者の方略を使用する。
⑦教師自身が読んでいる時，書いている時，考えている時にどのようにしているかをモデリングしたり，研究する過程を見せたりする。
⑧多ジャンル，多レベル，多文化，マルチメディアなど，多様なソースを用いる。
⑨考えを統合したり知識を獲得したりして，単なる事実の発見を越えるようにする。
⑩共有したり，公刊したり，生産したり，実行したりして，学校やコミュニティーの知識を有効に利用する。
⑪子どもの学習を，各州共通スタンダード及び校区のスタンダードとを関係づけたりを適合させたりするようにする。

(Harvey & Daniels, 2015, p.16)

生徒は student を，子どもは kid を訳したものだが，インクワイアリー・サークルは小学校低学年から高校生までの幅広い年齢を対象としている。

以上のようにインクワイアリー・サークルでは，子ども自身の疑問から出発し，グループを作ってその疑問を協同して調べ，単なる発見以上の結果を得てそれを公に発表するというものであるが，州や校区が要求している学習内容にも適合するようにするのである。

(2)インクワイアリー・サークルの段階

上記のインクワイアリー・サークルの原理を具体的な授業として実現させるために，ハーベイとダニエルズは4つの段階（stage）を設定している。

・浸る（Immerse）…好奇心を持つ，背景知識を構築する，話題を見つける，不思議に思う
・調査する（Investigate）…疑問を発展させる，情報を探索する，答えを発見する
・合体させる（Coalesce）…研究をさらに進める，情報を統合する，知識を組み合わせる
・公にする（Go Public）…学びを共有する，理解したことを演じる，行動を起こす
(Harvey & Daniels, 2015, pp.199-120.)

これらは，後述する探究のタイプに関わらず共通して用いられている段階である。公にするのは，自分の教室の中で他のグループに対して発表する場合もあれば，地域の人に発表する場合もある。

(3)方略とキー・レッスン

これらの段階を経る間に，生徒達は様々な読解・協同・探究の方略を用いる。それぞれの方略を特に指導するために初版では27，改訂版ではさらに増えて40のキー・レッスンが示されている。40のキー・レッスンを表　5.10に引用する（Harvey & Daniels, 2015, p.151）。

もちろん，表　5.10のキー・レッスンで扱われている方略をいつもすべて用いるわけではない。しかし，必ずいくつかの方略は用いることになる。そのことを示すために，実践例について見て行く。

(4)実践例

この『読解と協同』には，豊富な実践例（プロジェクト例）が示されている。ウェブ（オンライン）提示のものも含め，初版には30，改訂版では37ものプロジェクト例が掲載されている。表2に改訂版のプロジェクト例を示す。ペ

第5章　リテラチャー・サークル　233

【表　5.10】方略を指導するキー・レッスン

読解	1 背景知識を活性化し構築すること
	2 自分の声を聞くこと
	3 画像について考え，不思議に思うこと
	4 情報を得るために文章や絵を使用すること
	5 シグナルとなる語・語句とそれらの目的
	6 注釈をつけること：考えた足跡を残しておく
	7 簡単な言葉に言い換えること：内容と考えた足跡の両方を残しておく
	8 疑問を持ち情報について不思議に思うこと
	9 立ち止まり考え情報に反応すること
	10 ノートをとること：疑問を持ちながら読む
	11 画像，特徴や語から推論を引き出すこと
	12 意見と知らされた意見を区別すること
	13 単純または複雑：それはどちらか？
	14 情報を統合すること：要点獲得のために読む
協同	15 向き直って話すこと
	16 ホーム・コートのアドバンテージ：親しみと支持を示す
	17 パリのアクティブ・リスニング
	18 グループの基本ルールを作ること
	19 作業計画を作って用いること
	20 効果的な小グループのディスカッションのスキルを練習すること
	21 自分はどこに立つか？
	22 会話を書くこと
	23 中間軌道修正：熟考と再計画
	24 失礼だが同意できない：快く異議を示す
	25 注意深く聞く聴衆になること
探究	26 自分自身の探究過程のモデルを示すこと
	27 研究を声に出して言うモデルを示すこと
	28 不思議に思う壁／疑問ボードを挿入すること
	29 研究ノートを作ること
	30 多数のソースを使って探究すること

31疑問と不思議に思うこと：小グループで情報と疑問の足跡を残す
32デジタルの注意散漫を扱うこと
33調査話題の選択：自由記述に焦点をあてる
34多くの話題についての探究グループの形成
35ソースをチェックすること
36グループとして結果のまとめ：質問ウェブ作成
37インタビューの実演と練習
38インタビューのガイドラインを構築すること
39ポスターと壁で学習を共有すること
40公にし，行動を起こすための方法の共有

（Harvey & Daniels, 2015, p. vi より作成）

ージは改訂版の掲載ページ，オンラインはウェブ上の情報である。どれくらいのレベルの子ども（幼児・児童・生徒）に向いたプロジェクトなのかを「グレード」として示す。詳しくは後述するが，それぞれの実践例のタイプについても「探究のタイプ」として表 5.11に示しておく。

　これらの実践例では，表 5.10の方略はどのように用いられているのであろうか。例えば，小学校低学年の「南極大陸」というインクワイアリー・サークルでは，1，3，8，11，34，40のキー・レッスンが行われている（Harvey & Daniels, 2015, pp. 215-220.）。中学生の「市民権リテラチャー・サークル」では3，10，12，14，17，19，20，24，31，39のキー・レッスンが行われている（Harvey & Daniels, 2015, pp. 261-267.）。

⑸**探究のタイプ**

　初版でも改訂版でも，探究のタイプを4つに分けている。タイプによってかける時間や，教師の準備の仕方，授業での扱い方は変わってくる。表2で挙げた例のいくつかを合わせて示す。

　　・ミニ探究

　ミニ探究は，短時間で小グループを作ってリアリティーのある疑問を調べ

【表 5.11】小グループでの探究プロジェクト

ページ	プロジェクト名	グレード	探究のタイプ
2	ジェンダーのステレオタイプ	小学校高学年	オープン
5	ごみとリサイクル	小学校低学年	オープン
6	世界の半分の子供を救うこと	中学校	オープン
7	偏見と〜主義	中学校／高等学校	オープン
119	兵士のための携帯電話	中学校	オープン
125	エドモンドの古代洞窟壁画の調査	小学校低学年	カリキュラム
129	天文学者と宇宙飛行士	小学校低学年	カリキュラム
194	粘着テープ	小学校低学年	ミニ
200	自分の好奇心のモデルと疑問の記録	小学校高学年	ミニ
203	シングルストリーム・リサイクル	小学校低学年	ミニ
207	なぜ，蚊に刺されるとかゆいのか？	小学校高学年	ミニ
208	オエッ！それは吐根だ	高等学校	ミニ
215	南極大陸	小学校低学年	カリキュラム
221	奴隷制と児童労働	小学校低学年	カリキュラム
232	熱帯雨林探究の複雑な問題	小学校高学年	カリキュラム
236	探検家と探検	小学校高学年	カリキュラム
242	砂糖と市民権	中学校／高等学校	カリキュラム
251	がまくんとかえるくんの友情	小学校低学年	リテラチャー
253	いじめ	小学校低学年	リテラチャー
261	市民権リテラチャー・サークル	中学校	リテラチャー
267	中学校と高校のライティング・サークル	高等学校	リテラチャー
278	署名と作文の起源	小学校低学年	オープン
287	オープン探究と研究	小学校低学年	オープン
295	子供の選択によるインクワイアリー・プロジェクト	中学校	オープン
309	冠石・最終学年プロジェクト	高等学校	オープン
316	核兵器	中学校	オープン
オンライン	原住民と入植者の接触	中学校高学年	カリキュラム
オンライン	新しい学校のための提言	小学校高学年	オープン
オンライン	銃規制	小学校高学年	オープン

オンライン	気象学者になること	小学校低学年	カリキュラム
オンライン	大統領討論	高等学校	カリキュラム
オンライン	子供の選択したトピック	小学校低学年	ミニ
オンライン	自選探究	小学校低学年	ミニ
オンライン	チーズから雑誌まで	小学校高学年	ミニ
オンライン	健康と身体システム	小学校高学年	カリキュラム
オンライン	指数関数	高等学校	カリキュラム
オンライン	郵便と王女と城	幼稚園／小学校低学年	オープン

（Harvey & Daniels, 2015, p. vii をもとに作成）

るというものである。自発的で，無計画で，偶発的である。表2の例では「シングルストリーム・リサイクル」「なぜ，蚊に刺されるとかゆくなるのか」「オエッ！それは吐根だ」などがこれに該当する。
などがある（Harvey & Daniels, 2015, p.vii）。

・カリキュラム探究

　カリキュラム探究は，カリキュラムに位置づけられた計画的なものである。例えば，小学校低学年における「南極大陸」という探究では，どんな動物がいるのか，天気はどうか，どのような地理的状況なのかといったことについて子どもが調べて，絵に描いたり文を書いたりする活動をしている。他には，「天文学者と宇宙飛行士」「奴隷制と児童労働」「熱帯雨林探究の複雑な問題」「大統領討論」などがある。

・リテラチャー・サークル探究

　リテラチャー・サークル探究は，リテラチャー・サークルの中で探究を行うというものである。リテラチャー・サークルをしていると，その中で疑問を持つこと・調べたいことが出てくるものである。疑問がその本の中で解決できない場合，別のツールを使って調べるというのは，自然な活動の流れであろう。表2の例については，我が国でも「お手紙」という教科書教材でおなじみの「がまくんとかえるくんの友情」の他，「いじめ」「市民権リテラチ

ャー・サークル」などがこのリテラチャー・サークル探究にあたる。

・オープン探究

オープン探究は，上記以外の探究で，カリキュラムに関わらず，子どもが本当の意味で好奇心を持ったり，不思議に思ったり感じたりしたことを探究するものである。ミニ探究との違いは短時間で調べて終わりというのではなく，疑問が広がったり深まったりし，さらに時間をかけて探究しているものである。表2の例では，「ジェンダーのステレオタイプ」「ごみとリサイクル」「署名と作文の起源」「核武器」「銃規制」「郵便と王女と城」などがある。

強調しておきたいのはこれらの探究のタイプはそれぞれどのグレードにも見られるということである。けして低い年齢の子どもにはミニ探究，高い学年の子どもにはオープン探究ということではない。高い学年の子どもでもミニ探究があるし，年齢によらず本格的に行うオープン探究は行える。

このようにタイプの違いが明示されることによって，教師の側は子どもの探究活動を支える具体的な仕方が異なってくる。カリキュラム探究であれば，子ども逹の探究活動がカリキュラム上の学習事項としてどのように子どもに意識されているかに注意を払う必要があるし，オープン探究であれば「公にする」段階で子どもがだれに対してどのような行動を起こすことになるかについてのサポートが必要である。

3．リテラチャー・サークルからの発展

このようなインクワイアリー・サークルは，どのようにして生まれてきたのか。筆者は，リテラチャー・サークルから発展したものと見ている。そのことを，経緯，性質，リテラチャー・サークル探究，アメリカでの受け止められ方の4点に基づいて，明らかにしたい。

(1)経緯

『読解と協同』第一著者のステファニー・ハーベイはリテラシー教育の研

究者であり，主に読解方略について研究してきた。一方第二著者のハーベイ・ダニエルズはリテラチャー・サークルだけでなく，他教科（content area）についても協同学習で多くの業績を持っている。書名のとおり，『読解と協同』は読解方略研究及び協同学習研究を行ってきた2人のそれまでの業績の延長上に生まれたものである。2人は以前から多くの仕事を一緒に行っており，ダニエルズのリテラチャー・サークルの「役割」がハーベイの読解方略に基づいていることはすでに指摘したとおりである（足立，2004，p.12）。初版の序文には2人の会話からこの本が始まったことを示す様子が書かれている。

(2)性質

インクワイアリー・サークルは，サークルという小集団を用いることの他にも，多くの性質をリテラチャー・サークルから受け継いでいる。性質の比較を，上記のインクワイアリー・サークルの概要のうち，原理とキー・レッスンについて考察する。

原理①〜⑪のうちの，③グルーピング，④異質グループ編成，⑤児童・生徒の責任，⑥有能な読者，⑦モデリング，⑨考えの統合，⑩共有は，リテラチャー・サークルにも共通する原理である。これらは，上記のハーベイの読解の研究にも，ダニエルズの協同の研究にも当てはまる。①話題や②問題はリテラチャー・サークルにはないものであるが，役割読みをする中で，生徒は自ら話題を提供し問題を掘り下げるので，共通する面もある。一方，リテラチャー・サークルの場合は自分が興味を感じた本を選択していた。ただし，その本は基本的には1冊で，⑧オンラインを含む多様なソースを用いることはなかった。⑪のスタンダードについては，リテラチャー・サークルの開発当時はバランスのとれた指導が重視されていたが，その後の各州共通基礎スタンダードの施行で，より教育内容がスタンダードに適合していることが重視されるようになってきた。このように考察すると，⑧⑪の2点のみが相違

点となり，インクワイアリー・サークルにはリテラチャー・サークルと多く
の共通点があると言える。

　キー・レッスンについては，リテラチャー・サークルのミニ・レッスンと
の類似を指摘したい。ダニエルズとナンシー・ステイニクは，リテラチャ
ー・サークルで使用する方略を特に指導する授業をミニ・レッスンと呼び，
リテラチャー・サークルの進行中に授業に入れることを推奨していた（Dan-
iels & Steineke, 2004）。キー・レッスンはミニ・レッスンと同じ発想のものと
考えることができる。

(3)リテラチャー・サークル探究

　4つの探究のタイプのうち，特に3つめのリテラチャー・サークル探究は，
実のところリテラチャー・サークル実践から派生している。DVDで挙げら
れていたのは，リテラチャー・サークルでクリストファー・ポール・カーティ
スの『バドの扉が開くとき』を選択した5年生の例である。この本は，
1930年代の大恐慌下のアメリカのミシガン州フリントが舞台で，黒人で孤児
の少年バドが，バンドマンの父親を捜すという物語である。その時の社会状
況，なぜバドは孤児にならなければならなかったのか，児童養護施設や里親
制度はどのようなものなのかなどについてグループの子ども達は疑問を持ち，
調べていくのである。DVDの説明書ではハーベイらは「伝統的なリテラチ
ャー・サークルでは教師が会話文を作らせたり，書かれていない場面を書い
てみたり，ジオラマを作ったりさせることがあるが，本当の生涯読者はその
ようなことはしない。我々はよい本を読み終える時，より多くの疑問を持ち，
より調べたくなるのである」としている（Harvey & Daniels, 2010b, p. 9）。つ
まり，リテラチャー・サークル探究は，リテラチャー・サークルをより生涯
読者の形に発展させたものと言うことができる。

⑷アメリカでの受け止められ方

　アメリカ国内でも，インクワイアリー・サークルはリテラチャー・サークルの発展として受け止められている。英語教師ケイティ・スルターは，リテラチャー・サークルをしていく中で，インクワイアリー・サークルを行っていく必然性が出てきたことを複数の指導経験に基づいて述べている（Sluiter, 2017）。12年生で「ベーオウルフ」「マクベス」「フランケンシュタイン」を扱った際には，メンタル・ヘルスについての疑問が多く挙がった。8年生で歴史フィクションを取り上げた際には，スーダンの難民の少年を扱った本を選んだグループが「スーダンはどこにあるか」という「浸る」「調査する」段階から，少年兵について書かれた本で学んだことを「合体させる」段階を経て，「私達にできることは何か」を考えて発表するという「公にする」段階に至ったことを報告している。

4．インクワイアリー・サークルの意義

　このようにインクワイアリー・サークルはリテラチャー・サークルから発展する形で生まれてきた。まずこのアプローチの特徴，次に初版から改訂版への変化について触れつつ，最後に我が国へインクワイアリー・サークルを導入する意義について考察する。

⑴アプローチの特徴

　表　5.12は，改訂版の見返しに掲載された，探究するアプローチとカバーするアプローチの比較表である。これは生徒の側から見た授業アプローチの特徴を表したもので，当然インクワイアリー・サークルは，「探究するアプローチ」である。一方，「カバーするアプローチ」とは，教育内容が予め教師の方で設定・計画され，それを網羅的に学んでいくアプローチである。インクワイアリー・サークルは，生徒の声（意見）と選択が重視され，生徒が責任を持ち，リアルな目的でパフォーマンスを行う方法であるということが

第5章　リテラチャー・サークル　　241

【表　5.12】探究するアプローチ VS カバーするアプローチ

探究するアプローチ	カバーするアプローチ
・疑問／問題駆動 ・生徒の声と選択 ・相互交流と話し合い ・生徒の責任 ・本物の調査 ・リアルな目的と聴衆 ・協同作業 ・戦略的思考 ・学際的な問題 ・多数の情報源 ・マルチモーダル学習 ・学問の道具／手続きを使用する ・知識クリエーターとしての生徒 ・モデル・コーチとしての教師 ・気にかけて行動する ・パフォーマンス評価	・カリキュラム話題駆動 ・教師の選択と指示 ・静聴 ・生徒のコンプライアンス ・教師の準備 ・単位・得点の蓄積 ・孤独な作業 ・記憶 ・1つの教科の時間 ・教科書依存 ・言語（verbal）のみ ・学問の結果を聞く ・情報受容者としての生徒 ・専門家・プレゼンターとしての 　教師 ・忘れて次の単元に移る ・教室テストと標準化テスト

（Harvey & Daniels, 2015, 見返し）

分かる。

⑵**改訂版への変化**

　改訂版が初版から何が新しくなったのかについては5点を挙げることができる。

　　①13のレッスンを追加
　　②9の探究プロジェクト例を追加
　　③州及び国のスタンダードへの関連づけ
　　④新しい読解・好奇心・社会的－感情的学習の研究を反映
　　⑤テクノロジーの章を完全に改編

（Harvey & Daniels, 2015, 裏表紙，丸数字は引用者）

　③は冒頭でも述べた各州共通基礎スタンダードのことである。新しい④研究成果や⑤テクノロジー（ICT）を利用し，①のキー・レッスン（表　5.10掲

載）や①のプロジェクト（表 5.11掲載）は増加しているが，このインクワイアリー・サークルの仕組みや流れ自体に変化はなく，③各州共通スタンダードなどカリキュラムへの関連づけを明確にしたものになった。

⑶インクワイアリー・サークルの意義

　以上をふまえて，インクワイアリー・サークルを我が国へ導入する意義を3点述べる。

　1点目は，このような経緯・背景が，我が国の状況と似ているということである。改めて学習指導要領の改訂などによって，探究的な学習の必要性が明らかになっている。さらに，COVID-19感染防止及びGIGAスクール前倒し実施など新しいテクノロジーを利用した学習が求められているところである。

　2点目は，インクワイアリー・サークルが，リテラチャー・サークルの活動の蓄積の上に，構造的に作られているということである。単なる優れた1つの実践例ではなく，タイプの分類やキー・レッスンの創出など構造的に作られ，しかもそれが新しい研究成果やテクノロジーを踏まえて強固なものに発展してきているということである。

　3点目は，インクワイアリー・サークルが，小グループを通した活動であるということである。グループ学習は我が国でも増えてきているが，小グループを意図的に探究に結び付けたものは，まだあまり出てきていない。では，なぜインクワイアリー・サークルは，小グループを通した活動に特化することができたのだろうか。それはやはり，リテラチャー・サークルの発展として必然的に生まれてきたものだからである。表 5.13は，初版の見返しに掲載されていた，小グループで学習する際の生徒側の技能を示したものである。

　インクワイアリー・サークルが，小グループで学習するということについて，多くの蓄積を持っていることが伺える。しかしグループ学習自体が我が国でも増えてきていることを考えると，今後我が国でも行えるのではないか

【表 5.13】小グループの協同学習技能

①グループの一員としての責任を持つ ②アクティブに聞く ③思ったことを言う ④雰囲気を共有し他の人を励ます	⑤自分の見え方や結果を支持する ⑥寛容や敬意を見せる ⑦振り返り訂正する

(Harvey & Daniels, 2009, 見返しより)

と考える。

　以上のように，インクワイアリー・サークルは，生徒の探究したい話題について，ICT（デジタル・デバイス）を含んだ様々な手段を用いて，最後に発表・公刊するまで小グループで活動する方法である。様々な形（タイプ）があるのでタイプに合わせて，キー・レッスンを入れながら生徒をサポートしていくことができ，これからの学習指導要領に対応できる授業を作ることができるのではないかと期待する。

5．インクワイアリー・サークルの実践研究

　ここまで，探究を基にした学習の必要性を述べた上で，ハーベイとダニエルズの「インクワイアリー・サークル」を取り上げた。インクワイアリー・サークルの概要を原理，段階，方略，実践例，タイプの5点について説明し，それがリテラチャー・サークルからどのように発展したのかを明らかにした上で，インクワイアリー・サークルの意義を日本の状況に照らし合わせながら考察した。

　さらに，インクワイアリー・サークルを日本の小・中・高等学校の教育現場で読書指導法として使用できるようにするために，まず，教員養成・教員研修場面にこの方法を導入し，どのような利点や欠点があるか，運用にあたってはどのような点に注意をする必要があるかを見極める実践研究を行う。以下，2021年（令和3年）6月から2022年（令和4年）5月の1年の間に，各種の教員養成・教員研修の場面で筆者が行ったインクワイアリー・サークル

の5つの実践について述べ，受講者の反応から何が分かったか，何が困難であったか，そのために次の実践ではどのような改善を施したかを含めて報告し，インクワイアリー・サークルの評価と関連させて考察する。

(1)実践の概要

実践1　N大学教育学部　国語専門科目　「国語科教育学演習Ⅲ」（選択科目）

日　　時：2021年6月28日，7月5日，12日，19日，28日　14:40〜16:10の中の約40分間

場　　所：N大学教育学部講義室

受講者：N大学教育学部国語教育専修3・4年生16名，5班編成（1班3〜4名）

課　　題：国語教育（国語科教育学，国語学，国文学，漢文学，書道）に関すること

方　　法：6月28日に詳しく内容説明，1回目にワークシートを用いて課題を考えさせた。ワークシートには，それぞれの学生が課題研究として行っていることに関連する話題を例示しておいた。以下毎回90分の授業中に30〜45分作業時間を確保した。

実践2　T市・Y村教員研修　小学校教諭対象　学校図書館研修

日　　時：2021年8月5日　14:30〜16:00

場　　所：Y村立Y小学校学校図書館

受講者：T市及びY村立小学校に勤務する学校図書館の担当教員16名，4班編成（各班4名）

課　　題：小学校3・4・5・6年生の国語科か社会科の単元に必要な資料を探すこと

方　　法：講演によってインクワイアリー・サークルの説明を聞いた後，小学校の国語科及び社会科の単元（学年は班で指定）を1つ選び，必

要な図書資料を学校図書館から用意するという演習であった。

実践3　S大学　学校図書館司書教諭講習　「学習指導と学校図書館」

　日　　時：2021年8月8日，9日，10日の10：35〜12：00　8月11日の13：00
　　　　　　〜16：00
　場　　所：S大学教育学部講義室
　受講者：S大学周辺市町村の小・中・高等学校教員11名・S大学学生4名
　　　　　　計15名，5班編成（各班3名）
　課　　題：学校図書館に関係することかあるいはこの夏の講習でこの班のメン
　　　　　　バーで学びたいこと
　方　　法：異なる背景の受講者で班編成をし，学校図書館研修に関して学び
　　　　　　たいことを自由に課題設定させた。4日目に「公にする」機会が
　　　　　　あることを知らせた上で，各班のペースで探究させた。

実践4　S大学教育学部　学校図書館司書教諭科目「学校経営と学校図書
館」

　日　　時：2021年12月18日，19日，（25日），26日　13：00〜16：30の中の60分
　　　　　　〜90分間
　場　　所：S大学教育学部講義室
　受講者：S大学教育学部2・3・4年生計40名，同じ学年・専修（コース）
　　　　　　で10班編成（各班3〜5名）
　課　　題：不思議に思うこと・調べたいこと
　方　　法：先にグループ編成をし，課題については特に指示をしなかった。
　　　　　　専修を中心とした同質集団であったので，それぞれの集団にちな
　　　　　　んだ課題を設定したようであった。2週間にわたる土日の集中講
　　　　　　義であったが，土曜日は大学附属図書館が開館しており，資料や
　　　　　　教科書などが閲覧できたこと，大学キャンパスの道を隔てた向こ

う側に市立図書館があり使用できた。4日目は「公にする」の会
（発表会）となった。

実践5　T市教員研修　第2回中学校国語担当者会議
　日　　時：2022年5月20日　15:00〜16:15
　場　　所：T市立K中学校会議室
　受講者：T市立中学校に勤務する国語担当教諭及び研修会企画指導主事計
　　　　　7名，3班編成（1班2〜3名）
　課　　題：令和4年度の国語科教育に取り入れたいこと
　方　　法：インクワイアリー・サークルの説明の後，班を編成し，2022年
　　　　　（令和4年）度の国語科教育に取り入れたことを自由に班で決めて
　　　　　調べさせた。研修にあたっては，情報端末持参の指示をしておい
　　　　　た他，過去2年の国語科教育関係の雑誌を用意しておき，受講者
　　　　　が自由に見られるようにしておいた。

⑵実践の実際
　以下5つの実践について，筆者がどのように実践を行い，受講者からどの
ような反応があったかについて述べていく。

実践1　N大学教育学部　国語専門科目　「国語科教育学演習Ⅲ」（選択科目）
　この授業は隔年開講の授業である。以前は，受講者は国語科教育学を中心
に研究する学生（ゼミ生）だけであったが，2021年（令和3年）度から国語
学・国文学・漢文学・書道などを特に専門として学習する国語教育専修の学
生も受講することになった。前までは国語科教育の資料室兼演習室で行って
いたが，新型コロナウイルス感染症予防のため，広い講義室での実施となっ
た。このため，調べる資料として，教科書や国語科教育の雑誌棟を資料室兼
演習室から講義室に運ばなくてはならなかった。

初めての実践のため，学生はまずグループで自分たちが疑問に思うことを何かにするか決める第１段階で戸惑うのではないかと考え，疑問例を記したワークシートを用意した。また，評価もどのように行ってよいか手探りであったため，学生がワークシートにその回であったことを書き込めるようにした。しかし，このワークシートは，結果として，いろいろな失敗を引き起こした。学生は，この中の課題を選ばなければならないと勘違いしたり，それぞれがグループではなく個人としての自分にあった課題を選ばなければならいと考えたりしたようである。また，結果的に５つの班のうち１つの班が最後までその誤解が解けず，それぞれの課題をそれぞれに探究し，グループでの交流がうまく行われなかった。さらに，ワークシートを記入させるのに，時間がかかり過ぎてしまった。以上の２点は大きな反省点となり，実践２以降では，このようなワークシートは書かせないこととした。

キー・レッスンとしては２つのことを行った。１つは，どのような資料を調べれば，疑問が解決するかという資料を示したことである。雑誌論文であるならば，CiNii や J-stage といったデータベースを活用すること，小中学校の教科書や，『教育科学国語教育』『実践国語教育』などの雑誌も課題によっては活用できること，紙の新聞は検索することができないので何か調べる際には用いにくいことを述べた。２つ目は，第４段階の「公にする」際に使える方法の提示である。発表の仕方には，主に書き言葉を使ったものとして，『光村の国語調べて，まとめて，コミュニケーション３　めざせ！編集長』から，新聞，ポスター，パンフレット，図鑑，絵本，まんが，かみしばい，かるた，レポートなどが作成できることを述べた。また，話し言葉を使ったものとして，『光村の国語調べて，まとめて，コミュニケーション４　発表・討論チャンピオン』から，スピーチ，ショー・アンド・テル，プレゼンテーション，ポスター・セッション，ワークショップ，劇，ペープサート，読み聞かせ，ストーリー・テリング，ブックトーク，アニマシオン，ディベート，パネル・ディスカッションなどが行えることを短時間で伝えた。この

248

ことが利用され，5つの班のうち1つの班は劇を用いての発表を行い，残りの4つの班はパワーポイントを用いた発表を行った。

　課題は，国語教育に関することということだけ決めておいたが，概ね国語科教育学に関する課題を受講者は選んだ。「中学校の国語教科書に掲載されている近代文学作家」「小学生が読む絵本に魔法はどのくらい出てくるのか」「小中学校の国語教科書の文学教材における主人公の年齢」などがあった。筆者はこのようなテーマの卒業論文を指導したことがある経験から，卒業研究ではより多くの先行研究を読むように指導したり，リサーチクエスチョンをもっと鮮明するように助言したりしたくなったが，数回のインクワイアリー・サークルでは，受講者が満足できる結果が得られればそれでよいと考え，そのような指導は行わなかった。

　全体として，「国語科教育学演習Ⅲ」の内容に位置付くもので，探究のタイプとしては「カリキュラム探究」になったと言える。

実践2　T市・Y村教員研修　小学教教諭対象　学校図書館研修

　小学校教諭を対象とした研修会ではあったが，小学生が同じような動きができるように，その予行演習あるいは教材研究のつもりで行ってほしいということで，研修会を始めた。

　最初にインクワイアリー・サークルの概要を説明した後，班ごとに単元を決めてもらい，単元を充実させるための資料を探すという位置づけで，学校図書館から図書資料を探すという演習を行った。これは，1回1時間程度で行うことなので，探究のタイプとしては「ミニ探究」となる。

　キー・レッスンとしては，2点のことを示した。探究の仕方が分かるように『先生と司書が選んだ調べるための本―小学校社会科で活用できる学校図書館コレクション―』から，小学校社会科の単元でどのような資料をどのように集めることができるかを例示した。また，小学生が何か調べる時にまずは百科事典から調べることになるので，百科事典の調べ方について『先生の

ための百科事典ノート』から小さなワークを行ってもらった。

　小学校３年生と４年生と６年生の担当班では国語の，５年生の担当班では社会科の単元が選択された。学校図書館という環境のおかげで，問題なく探究ができた。「公にする」の第４段階は，集めた資料について紹介する形になった。

実践３　Ｓ大学　学校図書館司書教諭講習　「学習指導と学校図書館」

　実践３は，学校図書館司書教諭講習である。学校図書館司書教諭としての資格を得るための講習なので，教員養成にあたる。テキストとして用いた『探究　学校図書館学学習指導と学校図書館』（全国学校図書館協議会刊）には「第Ⅴ章　情報活用能力等の育成と評価（1）　課題の設定」「第Ⅵ章　情報活用能力等の育成と評価（2）　情報の収集」「第Ⅶ章　情報活用能力等の育成と評価（3）　整理・分析」「第Ⅷ章　情報活用能力等の育成と評価（4）　まとめと表現」という４つの章があり，これを演習的に行ってみる手法として，インクワイアリー・サークルを用いた。したがって探究のタイプとしては，「カリキュラム探究」である。

　計30時間の講習で，１日に４コマ程度を４日間行うという形になっているが，インクワイアリー・サークルを１日間で行うよりも４日に分けて少しずつ行った方が，いろいろな方法を合体させて探究していくことを学ぶのにふさわしくなると考え，１日に１コマずつ４日間行うという方法をとった。しかし，４日目の「公にする」ところでは２コマを費やした。

　受講者は，学生も一部含むが基本的には現職教員である。原則どおり，学生と教員が混じること，教員も異なる校種・専門の教員が混じるように班を編成した。

　第２段階の「調査する」リソースとして，こちらは，小学校及び中学校の国語教科書（各１社）や百科事典１セットを持ち込んだが，有効な紙資料を持ち込むことは難しかった。一方で，ノートパソコン・iPadなど情報端末

の持参を指定しておいた（一部は貸し出しも行った）。受講者は，それら教科書などを調べたり，情報端末でネット検索を行ったりしていた。また，自宅から講習に通っている場合には，自宅や勤務校にある資料を持ち込んでいる場合もあった。しかし，それだけでなく，この実践3で面白かったことは，受講者同士アンケートを行うという班が2つ現れたことである。1つの班は紙でもう1つの班はグーグルフォームを用いてアンケートを行っていた。受講者自身が探究のリソースになり得るのだということに，受講者も筆者も気付いた実践であった。

　探究の疑問は，「子どもたちはなぜマインクラフトに熱中するのか？」「『絵本』はどう活用されている？」「小学校の教科書にはどのような動物が題材にされることが多いのか？」「国語で学んだプレゼンテーションの技術を他教科でどう生かせるか？」「小さいころに読み聞かせをしてもらった子どもは，してもらわない子どもとどのように違うのか。」であった。国語で学んだ技術を他教科で生かすという発想は，班編成を異なる背景を持つ受講者同士で行うことにしたため出てきたものである。「小さいころに読み聞かせをしてもらった子どもは，してもらわない子どもとどのように違うのか。」という疑問を立てた班は，最初は実践1で使用したワークシートの課題例を検討したが，それよりも，その班の1名が「自分の2人の子どもに同じように読み聞かせをしたつもりなのに，1人の子どもは読書好きに育ち，もう1人は読書は好きに育たなかったのはなぜか」という疑問を持っており，そこから班員と話し合ってこのような疑問として作ったということであった。さらには，読み聞かせと学力の問題にも発展し，探究をしながら疑問が変化していったことも報告された。実践1や実践2と違って，第1段階の「浸る」を丁寧に行うことができたので，このようなそれぞれに面白い疑問が探究されたと考えられる。

　実践3でも実践1と同様に，キー・レッスンとして，第4段階の「公にする」の仕方を『光村の国語調べて，まとめて，コミュニケーション3　めざ

せ！編集長』と『光村の国語調べて，まとめて，コミュニケーション4　発表・討論チャンピオン』から紹介した。そして実践3では，1つの班がディベートを用いた発表を行った。それも，特別支援教育を受けている生徒を理解するため，生徒が好きなマインクラフトというオンラインゲームを調べてみるという活動であったが，そのオンラインゲームを学校で使用してよいかどうかについて賛成派・反対派に分かれて主張し，その班以外の班の受講者がジャッジをするというものであった。ディベートは，オンラインゲームをそのものも長所短所を含めてよく調べることができたし，教員としての受講者の調べたい欲求にあった「公にする」の仕方で，単純にプレゼンテーションをするという発表会とは違った収穫の多いものとなった。さらに，筆者が講習に実物提示装置やマーカーを持ち込んでいたので，紙にマーカーではっきり書いたものを実物提示装置で示しながら話す班，もっと大きい紙に書いてポスター・セッション（ただし，ポスターを貼る場所は用意しなかったので，ポスターを複数の班員が持ち，別の班員がそれについて説明するという形）をとった班などがあった。一方で，やはりパワーポイントを用いたプレゼン形式の発表の班もあったり，単にパワーポイントを示すだけでなく，ネット上のリソース（記事や論文）を見せながらその概要を説明する発表もあったりして，多彩な「公にする」やり方が印象的な実践となった。ネット上のリソースをそのまま見せながら発表することは，今回のように十分な時間がとれないような場面でも応用可能であると考える。

実践4　S大学教育学部　学校図書館司書教諭科目「学校経営と学校図書館」

　実践4は，大学の授業で，12月の2週にわたる土日4日間の集中講義の形で行われた。40名と人数が多かったので，初めて同質の集団で班編成を行った。このことは，第1段階「浸る」で疑問を持つ時に大きく作用した。各班はこのクラス全体での自分の班の性質を理解した上で，探究する課題を立て

る傾向があった。具体的には，現代教育コースの学生の班は「本の裏表紙や奥付に対象学年が示されているものがあるが，何を基準に対象学年が決められているのか？」という疑問を，音楽教育コースの学生の班は「小・中学校音楽科教科書　鑑賞教材〜作曲者の国名，時代，授業での扱われ方〜」を調べることになったし，国語教育コースの学生は「小中学校の国語の教材のうち，物語・評論・詩に登場する食べ物はどのようなものがあるか」を調べることになった。図画工作・美術教育コースの学生は同じ絵本でも「絵本の表紙絵にはどのような特徴や効果があるか」という疑問を，数学教育コースの学生の班は「算数嫌いのきっかけとそれぞれのアプローチ法」を，家庭科教育コースの学生の班は「結婚について」のメリット・デメリット，結婚観の変化の背景などをそれぞれ調べた上で発表した。一方，人数が少なく異なる専門で集まった学生の班は「クリスマスの秘密」など，実施時期に影響を受けた疑問の持ち方であった。

　第2段階「調査する」で用いたリソースは，実に多様であった。S大学教育学部はキャンパスの中に附属図書館があり，それが土曜日は開館していた。また，キャンパス沿いの道をはさんだ隣に，公立図書館があった。これらに調査に授業中，あるいは授業外の時間に調べに行くことができ，教科書や絵本が活用されていた。ネット上の情報も，政府系の調査資料のグラフや，画像，音楽のデータなど多様に活用されていた。

　第3段階「合体させる」で印象に残ったことがある。実践1・実践3と第4段階「公にする」に向けて，第3段階「合体させる」の具体的な作業はMicrosoftのパワーポイント（PowerPoint）の作成であることが多いことに気付いてきたが，S大学の学生の中には，共同編集をするためにGoogleスライドを選択している班があった。筆者は，このところのICT活用において，共同編集の可能性の広がりを感じてきているところであるが，インクワイアリー・サークルと，共同作業を行うのに適したGoogle系のもの（Googleスライド，ドキュメント，スプレッドシートなど）との相性の良さを理解した瞬間

であった。

　第４段階「公にする」については，10の班すべてが Google スライドもしくはパワーポイントを用いて発表を行った。この「学校経営と学校図書館」では１日ごとに授業の振り返りを大学の学務情報システムに提出させていたこともあり，最終的にインクワイアリー・サークルの成果物提出として，Google スライドを PDF ファイルに変換したものやパワーポイントなどを班ごとに提出させた。以上のことから，これも「カリキュラム探究」と言える。

実践５　Ｔ市教員研修　第２回中学校国語担当者会議

　実践５のＴ市と実践２のＴ市は同じ市であるが，実践２は小学校教員，実践５は中学校教員で，参加者は重なっていない。筆者が勤務するＮ大学教育学部はＴ市と提携を行っており，Ｔ市が主催する教員研修（全８回ほど）のうち３回はＮ大学の教員が派遣される形で，教員研修での研究授業参観・授業協議会・講演（講義・演習）を担当する。実践５はＴ市の中学校の国語教員に対して行われている８回の研修会のうちの２回目で，Ｎ大学としても筆者としても2022年（令和４年）度の参加は初めてであった。研究授業については，会場校になった中学校の教員経験４年目の若手教員が，国語の文学的文章を読むことの授業を提案し，その授業の内容・方法について協議を行った。講演については筆者が担当するものであるが，前もって企画者のＴ市の指導主事から，①令和４年度当初に当たり各学校が意識していくと良い内容，②筆者が以前話していた ICT にかかわる内容，③Ｔ市が取り組む読解力に関連した内容などの候補が挙げられていた。筆者は，①②③のいずれにも合致するものとして，「令和４年度国語科教育に取り入れたいこと」を演題とし，取り入れるべきものを筆者が選んで講義するのではなく，インクワイアリー・サークルを通して受講者自身に何を取り入れるべきかあるいは取り入れないべきかを自由に調査してもらう演習にしようと考えた。

　最初，パワーポイントでインクワイアリー・サークルの概要を伝え，上記

実践 1 ～ 4 について短時間で触れた後，「ミニ探究」として班ごとに「令和4年度国語科教育の取り入れたいこと」を選んであるいは決めて調査してもらうことにした。リソースとしては，N 大学所蔵の『教育科学国語教育』などの過去 2 年分の雑誌類や国語科教育の書籍数冊を持ち込み，また，受講者には情報端末を持参してもらった。

　講演の段階で15分を使った。残り 1 時間のうち45分を「取り入れたいこと」を決め調べ統合する時間（第 1 ～第 3 段階）とし，最後15分を発表する時間（第 4 段階）とすることにした。受講者は女性教諭 3 名，男性教諭 4 名（うち 1 名は指導主事）であった。座っていた席の近さから，中堅の女性教諭 3 名が 1 班，ベテランの男性教諭 1 名と中堅の男性教諭 1 名の計 2 名が 2 班，男性指導主事と研究授業を行った若手教諭 1 名が 3 班となった。以下，少し詳しく状況を報告する。

　1 班は，第 1 段階「浸る」では，直前に行われた授業協議会で話題になった語彙指導のことが引き続き関心事になったようで，「令和 4 年度国語科教育に取り入れたいこと」として語彙指導を候補とした。そこで，第 2 段階「調査する」では，語彙指導の国語科教育の雑誌の特集を見てみる教諭と，情報端末でネット検索を行う教諭という風に作業を分担し，どのような語彙指導が提案されているかを見ていった。第 3 段階「合体させる」では，互いの検索・情報収集結果を班で報告しあい，これは取り入れられそうだとか，これは難しいとか，この話は雑誌に載っていた情報と同じことを意味しているなどと話し合っていた。短時間ということもあり，特に発表用に何かを作ることはなかった。第 4 段階「公にする」は 3 人が順序よく調査結果を報告していくという形をとった。

　2 班は，「話すこと・聞くこと」を調べるべき課題としたようだった。しかし，この班は，まず自分たちが「話すこと・聞くこと」の指導をどのように考えてきたか，どのように行ってきたかの共有を重視していた。それは，どちらかというと中学校国語の現場ではあまり行ってこなかったということ

であった。その上で，雑誌の特集記事を見てみることを行った。第4段階「公にする」では，このような調査に向かう姿勢も含めて，結論としては，これからは「話すこと・聞くこと」の指導もしていかなければならないと思ったということであったが，単なる「話すこと・聞くこと」の指導技術的な情報収集ではなく，自分たちの実践を振り返りつつ雑誌記事を見て話し合ったところが，「令和4年度国語科教育に取り入れたいこと」という研修内容に合致しているように見えた。インクワイアリー・サークルが協同で行われていることの長所が引き出されている事例だと考える。

　3班では，「読解力の向上」が「取り入れたいこと」として選ばれた。これも，若手教諭が先の研究授業及びその研究協議会を経て関心を持っていた話題で，指導主事の方もT市の読解力の向上を任務としている関係で関心を強くもっている話題であったようである。用意した雑誌や書籍なども少し読んでいたが，話し合いながらそれらを読んでいるという感じで，話し合いながらベテランの指導主事が若手の教諭にアドバイスをしているように見えるところもあった。最後の第4段階「公にする」は，指導主事は指導主事の立場でやっていきたいこと，若手教諭は若手教諭として授業を具体的にどのようにやっていきたいかについてを述べた。

⑶実践の考察―インクワイアリー・サークルの評価の観点から―

　以上，実践1から実践5までを時系列で，筆者自身が何をどのように考え実践し，受講者からどのような反応があったか，どのようなところに価値があると考えたかを述べてきた。そして実践5では，短時間の探究であったにも関わらず各班の様子を細かく報告したのは，このようなインクワイアリー・サークルが実践として有効に機能したかどうかは，結局のところインクワイアリー・サークルの「評価」がどのようなものであるかということにかかっているということに，筆者自身が気付いていったためである。

　足立（2021）はインクワイアリー・サークルがどのようなものかを論じた

論文であったが，インクワイアリー・サークルの発生の期限に焦点をあてたため，評価については取り上げていなかった。そこで，ここで改めてインクワイアリー・サークルの評価について述べたい。

ステファニー・ハーベイの初版『読解と協同：インクワイアリー・サークル活動中』（Harvey & Daniels, 2009）でも，改訂版『読解と協同：好奇心，取組，理解のためのインクワイアリー・サークル』（Harvey & Daniels, 2015）ではいずれも第12章が評価に関する章になっている。

表 5.14に掲載したのは，改訂版に掲載されているルーブリックを引用者である筆者が翻訳したものである。初版にも同じものが1頁というコンパクトな形で載っている。すなわち，第1段階「浸る」・第2段階「調査する」・第3段階「合体させる」・第4段階「公にする」という段階ごとに，どのような観点で評価をしたらよいかが示され，1〜4点のスコアで採点できるようになっている。このルーブリックは，各生徒に対して行われる評価であるが，このように評価して十分機能するインクワイアリー・サークルだったか，という目で上記の実践1〜実践5を振り返ってみたい。

①第1段階「浸る」についての考察

第1段階「浸る」については，実践1はまだやり方がよく分からず，うまくできなかった。バラバラなまま共通の疑問を探究するように修正できない班もあった。班ごとに思っていることを十分に話し合う時間が取れなかったことが失敗の原因であるが，疑問を出し合って共通の疑問にするような働きかけもなかった。調べながら疑問を立て直すような働きかけもできなかった。その点，実践2〜5は，教員養成や研修の場面が文脈になり，うまく班ごとに疑問を絞り込んだり疑問を発展させたりすることができていた。実践2・実践5には45分後には「公にする」場面があったため，実践3・4については4日目に第4段階「公にする」があることを予め伝えていたために，スケジュールや分担をうまく決めることができていたようだ。

第5章　リテラチャー・サークル　257

【表　5.14】インクワイアリー・サークルのルーブリック

名前：＿＿＿＿＿＿＿＿＿＿＿　日付：＿＿＿＿＿　トピック：＿＿＿＿＿＿＿＿＿＿＿

インクワイアリー・サークル　ルーブリック：第1段階　浸ること：好奇心を呼び起こし，背景を構築し，トピックを発見し，不思議に思うこと		
行うこと	証拠	スコア1-4＊
・トピックを調べたり，学んだり，不思議に思ったりする際に様々なメディアでの相互交渉を行う。 ・手早く書き留めたり，質問を書いたり，つながりを見つけたり，リアクションをしたりするなどのテキストへの反応 ・スケジュールを決めたり，基本ルールや目標を決めたりして，チームで生産的に作業をすること。		

＊4＝際立って優れた，3＝素晴らしい，2＝よい，1＝まだ発達途上

インクワイアリー・サークル　ルーブリック：第2段階　調査すること：質問を発展させ，情報を検索し，解答を発見すること		
行うこと	証拠	スコア1-4＊
・情報を獲得するために聞いて，話して，見て，読む ・研究的な質問を発展させること，また，解答を発見するために読んで聞いて，見ること ・スケジュールを確認したり課題を完成させるためにチームで生産的に作業すること		

＊4＝際立って優れた，3＝素晴らしい，2＝よい，1＝まだ発達途上

インクワイアリー・サークル　ルーブリック：第3段階　合体させること：研究を強化し，情報を統合し，知識を構築すること		
行うこと	証拠	スコア1-4＊
・本，記事，ウェブサイト，ビデオ，図書館訪問を通して，より深い読書と研究に携わること ・ソースをチェックし信頼性を確認すること ・知識を構築するために情報を統合すること ・課題の完遂をモニターし計画を共有するためにチームで生産的に作業をすること		

＊4＝際立って優れた，3＝素晴らしい，2＝よい，1＝まだ発達途上

インクワイアリー・サークル　ルーブリック：第4段階　公にすること：学習を共有し，理解を発表すること		
行うこと	証拠	スコア1-4＊
・様々な方法（ポスター，モデルを示すこと，説得的な手紙，社説，雑誌，絵本，ビデオ，ブログなど）で，学んだことや理解したことを実演すること		

・学習の過程を振り返り，有機的に関連づけること
・協同の過程を振り返り，有機的に関連づけること
・新しい学習に向けてアクションをとること

＊４＝際立って優れた，３＝素晴らしい，２＝よい，１＝まだ発達途上

©ステファニー・ハーベイとハーベイ"スモーキー"ダニエルズ 『読解と協働』（ポーツマス，ハイネマン社刊，2009年，2015年）　　　　　　（Harvey & Daniels. 2015. p. 320を引用者が翻訳）

②第２段階「調査する」についての考察

　第２段階「調査する」については，リソースの紹介などを行った程度であったが，実践１〜実践５のいずれも，比較的うまく行っていたようであった。しかし，これは実践がすべて教員養成・教員研修場面で，大学２年生からベテランの教員までという優れた調査能力を有している人たちだったからである。小中学生であれば，この段階を相当時間を割いて丁寧に指導する必要がある。

③第３段階「合体させる」についての考察

　これら５つの実践で筆者が持ち込んだのは，小中学校国語教科書，国語科教育の雑誌，国語科教育の書籍，百科事典であった。受講者は情報端末を持参した。いずれも大変よく機能していた。また，学校図書館，附属図書館，公立図書館などの環境があるとさらにうまく行くということも明らかになった。図書館訪問は，Harvey & Daniels（2015）のルーブリックでは第３段階に位置づけられている。もしも小中高等学校などで，学校図書館，公立図書館などを利用するのであれば，その利用指導もキー・レッスンとして取り入れていく必要がある。実践２では，小学生と同じ行動をとるつもりで，学校図書館から資料を集めるという方法を用いた。このような活動は，小学生でも行えそうだという見通しがたったが，さらなる研究が必要である。

　筆者は，読解・協同・探究の３つのキー・レッスンのうち，協同のキー・レッスンは，実践１〜実践５で行うことができなかった。それは教員養成学部の学生や教員が，高い協同の能力や技術を持ち合わせているためである。

おそらく，小中高等学校でのインクワイアリー・サークルを行っていくには，丁寧にこの協同のキー・レッスンを行っていく必要があるであろう。

④第4段階「公にする」についての考察

　『光村の国語調べて，まとめて，コミュニケーション3　めざせ！編集長』『光村の国語調べて，まとめて，コミュニケーション4　発表・討論チャンピオン』のキー・レッスンのおかげで，実践1では劇，実践2では本の紹介（ブックトーク），実践3ではディベート，ポスター・セッション，実践4はスライド発表，実践5では口頭発表などの多彩な「公にする」の形が出てきたことは，実践研究の成果と言えよう。特に実践3のディベートは，探究内容に適合した「公にする」形であり，インクワイアリー・サークルという活動の魅力を知らしめるものとなった。実践4の第3段階の「スライドの協同編集」から第4段階「スライドによるプレゼンテーション」の流れは，探究学習のみならず，今後の国語科教育及び様々な教育の場面でのモデルとなるであろう。実践5での「公にする」は口頭発表のみであった。口頭発表の内容が、実際に令和4年度の受講者の教育実践上の行動に影響を与えるとよいと考える。そのようになれば，これはまさに「新しい学習に向けてアクションをとる」ということになっていくと考える。

⑷まとめと今後の課題

　以上，本節では，「リテラチャー・サークル」の延長上にある読書指導法として，ハーベイとダニエルズの「インクワイアリー・サークル」を取り上げた。インクワイアリー・サークルの概要を原理，段階，方略，実践例，タイプの5点について説明し，それがリテラチャー・サークルからどのように発展したのかを明らかにした上で，インクワイアリー・サークルの意義を我が国の状況に照らし合わせながら考察した。

　また，インクワイアリー・サークルを教員養成・教員研修場面で実践し，

その内容を報告しつつ，インクワイアリー・サークルの評価の観点から考察した。実践1から実践5かけて，反省もしくは軌道修正をしながら実践を進め，日本の教育現場でも，概ね使用可能であることが示せたと考える。特に，評価のルーブリックに合わせて考察を行い，小中高等学校でのキー・レッスンの必要性などについても言及を行った。次は実際に日本の小中高等学校の教育現場で，この読書指導法をどのように実施することができるか，検討していきたい。

6．本章のまとめ…リテラチャー・サークルとインクワイアリー・サークルの読書指導法としての提案

以上をふまえて，本章では，リテラチャー・サークルとインクワイアリー・サークルを読書指導法として提案する。Tierney と Readence の5項目で整理して提示する。

読書指導法3．リテラチャー・サークル

(1)目的（purpose）

リテラチャー・サークルの目的は，グループで1冊の本を話し合いながら読み進めることで，読書の楽しさを味わうことである。

(2)原理（rationale）

教師の本の紹介を聞いて本を選ぶことで，その本を読みたいという意欲を喚起できる構造になっている。何回かに分けて読み，役割読みを通して読書方略を意識して読み，さらに，1冊の本を読み切る達成感を得られる方法となっている。

読者反応理論，足場設定理論，協同学習の理論や，思考としての読書研究，個人読書，グループ・ダイナミクス，デトラッキング，バランスのとれた指導などの成果を踏まえている。

第 5 章　リテラチャー・サークル　261

⑶意図されている学習者（intended audience）

　幼児から高校生まで可能だが，より典型的には，小学校 4 年生から中学校 3 年生ぐらいの子どもが適している。

⑷手順説明（descriptions of the procedures）

　1　教師の本の紹介を聞く。

　2　子どもが紹介された本の中から読みたい 1 冊を選ぶ。

　3　同じ本を選んだ子どもでグループを形成する。

　4　グループで読む範囲・役割を決める。

　5　決めた範囲を決めた役割で読む。

　6　読んだことをグループに披露して話し合う。

　7　4 ～ 6 を繰り返し 1 冊を読み切る。

　8　グループであったことを学級に紹介する。

⑸意義と議論（cautions and comments）

　リテラチャー・サークルの意義は，正しい読み方や優れた読み方を競うことなく，それぞれの視点から読んだことが承認され，一方でグループの中で優れた読み方をする人がいれば，自然とそのやり方を見習うようになることである。

　また，途中までで区切って読むことで，読み終わった後の感想ではなく読んでいる最中に働いている思考について指導することができる。

　子どもの側からしても 1 人では読み通せないような本を，グループで励まし合いながら読み通すことができる。

　役割読みについては，子どもに固定的で不自由な読書を強いていると否定的にとらえる人もいれば，「この点について読みなさい」と教師に指定されるわけではないので自由な読書だと肯定的にとらえる人もいる。

読書指導法 4．インクワイアリー・サークル

⑴目的（purpose）

　インクワイアリー・サークルの目的は，学習者自身が感じた疑問や選んだテーマに基づき調べる，統合し，発表する活動を通して，現実感のある目標指向型の読書を体験することである。

⑵原理（rationale）

　次の11点を原理として見出すことができる。

①子どもの好奇心・疑問・興味に基づいて話題を選択する。

②子どもが関係する本物の問題について，深く掘り下げる。

③小研究チーム，グループ，タスクフォースなどといった柔軟なグルーピングを行う。

④注意深く差異を伴う，同質ではない，能力別でないグループを編成する。

⑤生徒の責任と仲間のリーダシップを必要とする。

⑥有能な読者／思考者／研究者の方略を使用する。

⑦教師自身が読んでいる時，書いている時，考えている時にどのようにしているかをモデリングしたり，研究する過程を見せたりする。

⑧多ジャンル，多レベル，多文化，マルチメディアなど，多様なソースを用いる。

⑨考えを統合したり知識を獲得したりして，単なる事実の発見を越えるようにする。

⑩共有したり，公刊したり，生産したり，実行したりして，学校やコミュニティーの知識を有効に利用する。

⑪子どもの学習を，各州共通スタンダード及び校区のスタンダードとを関係づけたりを適合させたりするようにする。

⑶意図されている学習者（intended audience）

　幼児から高校生まで可能である。自分自身で疑問を持つこと，グループで協力して活動できることが必要である。

⑷手順説明（descriptions of the procedures）

　グループになって，自分たちが決めたテーマや疑問について探究する。次の４つの段階がある。

- ・浸る（Immerse）…好奇心を持つ，背景知識を構築する，話題を見つける，不思議に思う
- ・調査する（Investigate）…疑問を発展させる，情報を探索する，答えを発見する
- ・合体させる（Coalesce）…研究をさらに進める，情報を統合する，知識を組み合わせる
- ・公にする（Go Public）…学びを共有する，理解したことを演じる，行動を起こす

　教師は読解・協同・探究に関するキー・レッスンを入れて，子どもたちのこれらの４つの段階がスムーズにいくように支援することができる。

⑸意義と議論（cautions and comments）

　インクワイアリー・サークルの意義は，子ども自身が感じた疑問やテーマについて選択し，現実感のある読書を体験できるところにある。グループや教師のキー・レッスンなどで，一人では滞ってしまう探究をサポートすることができる。

　デジタル・デバイス（ICT）を用いての活動も増えてきており，これからの読書指導法として期待できる。

　ミニ探究，カリキュラム探究，リテラチャー・サークル探究，オープン探究の４つのタイプがあり，様々な場面で使用することができる読書指導法で

ある。一方で，どれくらいの時間をかけて，どのくらいの大きさで行っていけばよいのか見通しが立ちにくいところがある。

1）読書についての基本的な研究を集めた Kamil et al（2000）の中の第２部はリテラシーの研究法（Methods of Literacy Research）となっており，第６章「教室世界の意味理解：教師による研究方法」，第７章「計画的介入をデザインすること」，第８章「リテラシーの歴史研究の着手」，第９章「ナラティブ・アプローチ」，第10章「クリティカル・アプローチ」，第11章「リテラシー研究のエスノグラフィック・アプローチ」，第12章「口頭報告とプロトコル分析」（Verbal Reports and Protocol Analysis），第13章「リテラシー研究における単一主題実験の事例」，第14章「読むことにおけるディスコースと社会文化的研究」，第15章「研究統合法─読むことにおける知識の蓄積の理解─」の10章がおかれている。この中の第12章（Afflerbach, 2000）が本調査の目的に最も合っていると考えられる。同様に，リテラシーの研究法についての概説書『リテラシーの研究法』（Literacy Research Methodologies）でも，様々な研究法が14種類掲載されているが，そのうちの第11章「読むことの口頭プロトコル」（Verbal Protocols of Reading）（Pressley, M. & Hilden, K. 2004）にこの方法が示されており，読書の過程を研究する方法として最も適切であることがうかがえる。これらの方法を示した本として Pressley & Afflerbach（1995）があるが，これについては高瀬裕人（2011）が詳しく紹介している。それによると，Pressley & Afflerbach（1995）は，熟達者の読書の過程を，読書前・読書中・読書後に分けて，記述している。

2）我が国においても，海保博之・原田悦子（1993）などにおいて，「プロトコル分析」としてこの方法は広く知られている。内観法と発話思考法（思考発話という訳もある）及び回顧法の関係の説明においては，石原知英（2008，184-185）を参考にした。

3）読書の過程をとらえるために，反応を書き記させる方法としては，山元の他には，植山俊宏（1986，1988）の研究がある。植山（1986）は，「読み進めながら」として，「（し）知っていること・思い出したこと　（は）はじめて知ったこと・わかったこと　（も）もっと知りたいこと　（ぎ）疑問に思ったこと　（よ）これから先に書いているだろうと予測がつくこと　（か）前に書いてあったことと関係があると思うこと　（ほ）これだけでは正しいかどうか決められないと思うこと（保留）

（書）書きぶり・表現でいいと思うこと・変だと思うこと」（下線引用者）の8つの項目，「読み終わって」として「（な）なるほどと思ったこと　（ち）ちがうな・変だなと思ったこと」の2つの項目を挙げている。植山（1988）では，「Ⓛ＝書かれている内容について，そのわけやしくみが知りたくなったところ　ぎ＝『なにか変だな？』『これはおかしいかな？』『ほんとに，こんなことがあるのかな？』のように，ぎもんに思ったところ　お＝『ええっ，ほんと』『へえー，そんなことがあるのか』のように少しおどろいたり，『ああ，びっくりした』のように，強くおどろいたところ。　な＝『なるほど，そうだったのか』『そういわれるとそうだな』のように，しっかりとなっとくできたところ。　よ＝『このように書いてあるので，これから先は～ことが書いてあるのではないか』のように，予想（よそう）がつきそうだと思われるところ。　め＝『ここのところは場面やようすが目にうかぶようだ』と思ったところ」の7項目を挙げている。この植山の調査方法は，山元の5項目と重なるところが多い。また，ノンフィクションの本について行う，Donna Ogle の KWL（K-知っていること，W-知りたいこと，L-学んだこと）にも類似しているととれる。本調査では，調査に用いたものが文学系の本であったので，下線部の予想を参考にし，山元の①～⑤項目と，予測に関するものを⑥⑦を含めた7項目とした。

第6章　ジャンルとメディアを意識した読書指導法

第1節　ジャンル研究

1．問題の所在

　ここまで，交流型読み聞かせ，読書へのアニマシオン，リテラチャー・サークル，インクワイアリー・サークルを開発してきて，残されている課題としては，多様なジャンルやメディアを意識して読む読書指導法の開発である。まずは，ジャンルに焦点をあてる。

　読書へのアニマシオンは，基本的には物語・小説や詩・俳句などの文学作品に限られていた。リテラチャー・サークルは，一部非文学の本も含まれることになっていたが，文学が中心であった。インクワイアリー・サークルは，文学以外の様々なジャンルのものも扱う。何を読むかは子どもが持った疑問がどのような疑問かによって決まってくるので，ジャンルを意識した指導ではない。

　そこで，ジャンルに焦点を当てたことが明瞭である，ジャンル研究（Genre Study）を検討し，この手法がジャンルを意識した読書指導法として有効か検討する。

2．ジャンル研究とは

　本節で取り上げるのは，元小学校教師でガイディッド・リーディング[1]の開発者として著名であり，学級文庫の提案やベンチマーク・アセスメント・システム[2]という読むことの評価セットを作成している Irene C. Fountas と

Gay Su Pinnell による Genre Study: Teaching with Fiction and Nonfiction Books"（Heinemann 社，2012年刊）である。彼女らは，「ジャンル研究とは基礎的な探究である。その探究は<u>いくつかのステップ</u>を踏み，様々なテクストを深い理解に基づいてナビゲートする道具を子どもに提供する」（Fountas & Pinnell, 2012, p. 10, 下線引用者）としている。すなわち，探究の中でジャンルを理解していく方法であると言える。いくつかのステップとは，具体的には次に挙げるの6ステップである。解説も含めて，教師側の文の形にして引用する（p. 17）。

ステップ1．収集する（テクストのセットを作る）
・読み聞かせができるようなあるジャンルのメンター・テクストのセットを作る。
・質が高く，より本物さが伝わるような絵本や短いテクストを選択する（可能であれば）。
・(幅のある難易度を含んだ) 図書を集める。これらをジャンル箱に入れておく。子どもが自分で読むために選べるようにしておく。
・ジャンル・ブック・クラブのための図書（学年のレベルにあっていて興味が持てるもの）や，ガイディッド・リーディングのグループのための図書（グループにとって適切な指導レベルのもの）を，複数冊収集する。
ステップ2．没頭させる
・子どもにそのジャンルのいくつかの例を示しこれを読むことに没頭させる。教師がメンター・テクストの読み聞かせをする際には，共通の特徴について考えたり，話したり，特定したりするように子どもを励ます。
・そのジャンルの本で学級文庫にあるものについて，ブックトークを行う。また，子どもに個々にそのジャンルの図書を選んで読書するように促す。
・ブッククラブやガイディッド・リーディング・グループのために，そのジャンルの複数冊の図書を提供する。
ステップ3．研究させる
・子どもが何冊かの本を読んだ後で，これらのテクストに共通する特徴を分析するようにさせる。
・ワークシートに，ジャンルの特徴をリストアップさせる。子どもがこれらの特徴間の違いを認識できるようになったかどうかを確かめる。つまり，テクスト

には，そのジャンルの特徴を示す証拠が必ず，あるいはたいていはあるはずである。

ステップ４．定義する

・ジャンルを定義する。とりあえずの定義を作るために，特徴のリストを利用する。

ステップ５．指導する

・メンター・テクストを使用して，また最初のテクスト・セットに新しいメンター・テクストを加えていく。そのリストから，重要なジャンルの特徴を詳細なミニレッスンで指導する。

ステップ６．読ませて改訂させる

・個人読書についての個人カンファレンスを行って子どもの理解を広げていく。また，グループで共有する時間もとる。

・子どもはブッククラブ，ガイディッド・リーディングの話，リーディング・カンファレンス，そのほかの指導的な状況においても，ジャンルについて話すように奨励される。

・さらに学級の見取り図（チャート）に，より多くの特徴を付け加えたり，もしも必要であればジャンルのとりあえずの定義を改訂したりする。

　これらの６ステップから分かることは，多くの例を出しながら，そのジャンルの特徴を導き出していくということである。まず，教師が何のジャンルかを言ってしまうのではなく，実際に読むことによって共通する特徴を洗い出し，何というジャンルかを見付けていく過程を経る。いわゆる探究のアプローチであり，前章で見たインクワイアリー・サークルと似ていると言える。

３．各学年で扱うジャンルとKから８年生までの系統性

　ジャンル研究で扱われるジャンルはどのようなものか。それをどの学年でどのように扱っていくのか。表　6.1.1〜表　6.1.3は，Fountas ＆ Pinnell (2012) の242〜244頁に整理された，ジャンル研究で扱うジャンルである。K〜２年生（幼児から小学校２年生まで），３〜５年生（小学校３年生から小学校５年生），６〜８年生（小学校６年生から中学校２年生）と合計で９学年分の段

【表 6.1.1】ジャンル研究で扱うジャンル（K～2年生）

学年	K先生	1年生	2年生
それぞれの学年でのジャンル研究の段階 注：様々なタイプのフィクション（例えばミステリー，冒険物語，ホラー，ユーモアなど）やノンフィクション（例えばレポート，文学エッセイ，特集記事，インタビューなど）と同様に子どもたちはこれらのジャンルを用いて子どもは多くの様々な形式のテクストを読む（例えば劇，シリーズ，チャプター・ブック，グラフィック・テクスト，絵本など）	・フィクション対ノンフィクション ・民話 ・詩	・フィクション対ノンフィクション ・リアリスティック・フィクション ・民話 ・単純な説明的テクスト（情報を伝える本） ・手続き的テクスト ・詩	・フィクション対ノンフィクション ・リアリスティック・フィクション ・動物ファンタジー ・妖精物語 ・寓話 ・説明的テクスト（情報を伝える本） ・詩（特定のタイプの詩も含まれる）
研究以外で読み聞かせや個別読書を通して児童が触れているジャンル	・リアリスティック・フィクション ・動物ファンタジー ・妖精物語 ・物語的ノンフィクション ・単純な説明的テクスト（情報を伝える本） ・手続き的テクスト	・動物ファンタジー ・妖精物語 ・物語的ノンフィクション	・神話 ・説明的テクスト ・物語的ノンフィクション ・単純な伝記 ・回想

（Fountas & Pinnell, 2012, p. 242より）

【表 6.1.2】ジャンル研究で扱うジャンル（3〜5年生）

学年	3年生	4年生	5年生
それぞれの学年でのジャンル研究の段階 注：様々なタイプのフィクション（例えばミステリー，冒険物語，ホラー，ユーモアなど）やノンフィクション（例えばレポート，文学エッセイ，特集記事，インタビューなど）と同様に子どもたちはこれらのジャンルを用いて子どもは多くの様々な形式のテクストを読む（例えば劇，シリーズ，チャプター・ブック，グラフィック・テクスト，絵本など）	・リアリスティック・フィクション ・民話 ・妖精物語 ・寓話 ・説明的テクスト（情報テクスト，インタビュー） ・伝記 ・回想 ・詩（特定のタイプの詩も加える） ・テスト	・リアリスティック・フィクション ・歴史的フィクション ・民話 ・神話 ・ファンタジー ・説明的テクスト（情報テクスト，特集記事，インタビュー・研究レポート） ・伝記 ・自伝 ・回想 ・物語的ノンフィクション ・詩（特定のタイプの詩を加える） ・テスト	・リアリスティック・フィクション ・歴史的フィクション ・民話 ・伝説，叙事詩，物語詩 ・神話 ・説得的テクスト（情報テクスト，特集記事，インタビュー，研究レポート，文学エッセイ） ・説得的テクスト ・伝記 ・自伝 ・回想 ・物語的ノンフィクション ・詩（特定のタイプの詩を加える） ・テスト
	ジャンルを越えて読むフィクション ・ミステリー ・冒険物語 ・動物物語 ・家族・友達・学校の物語 ・グラフィック・テクスト	ジャンルを越えて読むフィクション ・ミステリー ・冒険物語 ・動物物語 ・家族・友達・学校の物語 ・グラフィック・テクスト	ジャンルを越えて読むフィクション ・ミステリー ・冒険物語 ・動物物語 ・家族・友達・学校の物語 ・グラフィック・テクスト
探求以外で読み聞かせや個別読書を通して子どもが触れているジャンル	・物語的ノンフィクション ・自伝 ・ファンタジー ・歴史的フィクション ・説得的テクスト	・伝説，叙事詩，物語詩 ・ファンタジー ・SF ・説得的テクスト	・SF ・ハイブリッド・テクスト

（Fountas & Pinnell, 2012, p. 243より）

【表 6.1.3】ジャンル研究で扱うジャンル（6〜8年生）

学年	6年生	7年生	8年生
それぞれの学年でのジャンル研究の段階 注：様々なタイプのフィクション（例えばミステリー，冒険物語，ホラー，ユーモアなど）やノンフィクション（例えばレポート，文学エッセイ，特集記事，インタビューなど）と同様に子どもたちはこれらのジャンルを用いて子どもは多くの様々な形式のテクストを読む（例えば劇，シリーズ，チャプター・ブック，グラフィック・テクスト，絵本など）	・リアリスティック・フィクション ・歴史的フィクション ・伝説，叙事詩，物語詩 ・神話 ・SF ・説明的テクスト（情報テクスト，特集記事，インタビュー，研究レポート，文学エッセイ，スピーチ） ・伝記 ・自伝 ・回想 ・物語的ノンフィクション ・説得的テクスト ・ハイブリッド・テクスト ・詩（特定のタイプの詩を加える） ・テスト ジャンルを越えて読むフィクション ・冒険物語 ・ミステリー ・風刺／パロディー ・グラフィック・テクスト	・リアリスティック・フィクション ・歴史的フィクション ・伝説，叙事詩，物語詩 ・神話 ・SF ・説明的テクスト（情報テクスト，特集記事，インタビュー，研究レポート，文学エッセイ，スピーチ） ・伝記 ・自伝 ・回想 ・物語的ノンフィクション ・説得的テクスト ・ハイブリッド・テクスト ・詩（特定のタイプの詩を加える） ・テスト ジャンルを越えて読むフィクション ・冒険物語 ・ミステリー ・風刺／パロディー ・グラフィック・テクスト	・リアリスティック・フィクション ・歴史的フィクション ・伝説，叙事詩，物語詩 ・神話 ・SF ・説明的テクスト（情報テクスト，特集記事，インタビュー，研究レポート，文学エッセイ，スピーチ） ・伝記 ・自伝 ・回想 ・物語的ノンフィクション ・説得的テクスト ・ハイブリッド・テクスト ・詩（特定のタイプの詩を加える） ・テスト ジャンルを越えて読むフィクション ・冒険物語 ・ミステリー ・風刺／パロディー ・グラフィック・テクスト
研究以外で読み聞かせや個別読書を通して子どもが触れているジャンル	・子どもはすべてのジャンルを越えて独立して読むべきである。	・子どもはすべてのジャンルを越えて独立して読むべきである。	・子どもはすべてのジャンルを越えて独立して読むべきである。

（Fountas & Pinnell, 2012, p. 244より）

第6章　ジャンルとメディアを意識した読書指導法　273

階が示されている。

　日本でのジャンルの扱いと比較してみると，日本の教科書教材では，高校の教科書で同じジャンルの複数のテクストが配置されたジャンル配列の教科書になるが，小学校・中学校の教科書ではジャンル別ではなく学習時期による配列となっている。

　しかし表 6.1を見るとK年生から大きなジャンルの区別をさせ，徐々にジャンルを扱うジャンルを増やしていくことがわかる。また，表 6.1で興味深いのは，ジャンル研究などの意図的な探究的アプローチをしない場合でも，読み聞かせや個別読書で自然に触れているのであろうジャンルが書き込まれていることである。自然な読書の中に現れたジャンルは，後の学年でジャンル研究として扱われることが見てとれる。

4．ジャンルの分類

　それでは，Fountas & Pinnell は，ジャンルをどのように分類しているのであろうか。図 6.1は，Fountas & Pinnell（2012）の20頁に掲載された

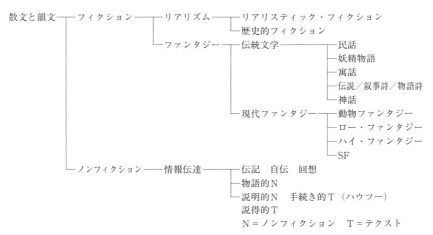

【図 6.1】Fountas & Pinnell によるジャンル図（マスター図）
（Fountas & Pinnell, 2012, p. 20）

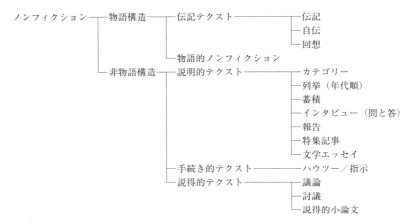

【図 6.2】 Fountas & Pinnell によるノンフィクションのジャンル図
(Fountas & Pinnell, 2012, p.129)

Figure 3を訳したものである。フィクションとノンフィクションを含めた全体が分かる。

　上の図 6.2は，このうちノンフィクションの分類をより細かく示したものである。(1)伝記的テクスト，(2)物語的ノンフィクション，(3)説明的テクスト，(4)手続き的テクスト，(5)説得的テクストの5種類が，ノンフィクションの大きな分類であることが分かる。

　さらに，金沢みどり (2011) の分類を挙げる（図 6.3）。これは，図書館情報学シリーズとなっているとおり，公共図書館の児童サービスとしての分類となっている。金沢の分類では，ノンフィクションが児童文学に入っており，児童文学の範囲が広いということがうかがえる。また，知識の本が，ノンフィクションや，レファレンス・ブックや，図鑑とは別にとらえられている。すなわち，金沢はジャンルの分類よりも形式・メディアによる分類の方が優先されているとも言える。Fountas & Pinnell のジャンルの分類は，これらに対し，一応メディアを越えて使用できるものと考えられる。金沢のようにメディアと合わせてジャンルを扱うのは，子どもにとって分かりやすい方法

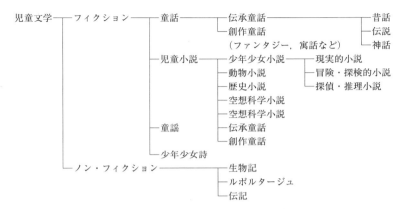

【図 6.3】金沢みどりによるジャンル図（金沢，2011, p.48）

かもしれない。しかし，複数の形式・メディアを，あるジャンルでまとめて扱っていくためには，Fountas & Pinnell のジャンル分類がよいと言える。

5．ジャンル研究の指導過程―説明的テクストの場合―

先程の6ステップがどのような指導過程を経るか，説明的テクスト指導を例として示す。(Fountas & Pinnell, 2012, pp.289-291.)。

<u>ステップ1．収集する</u>
・同じジャンル（例えば説明的テクストならば，伝記や物語的ノンフィクションは入れない）のはっきりした事例を4～5種類用意する。

<u>ステップ2．没頭させる</u>
・1～2週間，メンター・テクストの読み聞かせを行う。
・説明的テクストについてのブックトークを行い，子どもが個々に読書をするための本が選べるよう興味をひくようにする。
・説明的テクスト（複本が必要）を用いたブッククラブを組織する。時間外にブッククラブのグループでの話し合いの時間をとる。
・何種類かの説明的テクスト（複本が必要）でガイディッド・リーディング（小グループ指導）を行う。数週間にわたってレッスンを行い，ジャンルに関係す

ることをきちんと押さえる。

・いったんジャンル探究活動が始まったら，机をくっつけてグループの形にし，
そこに説明的ノンフィクションの本の山を置く。何冊かは子どもがすでに読ん
だもの，何冊かは新しいものにする。ジャンルの特徴をリストアップさせ，そ
れをクラスで発表させる。

ステップ3．気付かせる

次のようなことに気付かせる。

・トピックについて事実情報が提供されている。

・情報は，明瞭な文章構成の上に示されている。

・視覚的な特徴を含んでいる。（表，用語集，目次，見出し，絵，挿絵，写真，
キャプション，ラベル，図，発音ガイド，境界，著者紹介，注，地図など。）

ステップ4．定義する

・子どもとジャンルの定義を決める。定義例：説明的ノンフィクション・テクス
トは，主要な話題とそれを指示する情報が与えられ，ある事実を説明している。

ステップ5．指導する

・ジャンルの特徴をリストにし，そのリストを反映させたミニレッスンを行う。

・一つの幅広い特徴を示すのに，数回のミニレッスンが必要である。

ステップ6．読ませて改訂させる

・もっと多くの説明的テクストを読み，特徴のリストをチェックしたり特徴を加
筆したりさせる。

6．ジャンル研究における読書指導法の組み合わせ

　前述の説明的テクストの指導過程を考察すると，このジャンル研究という
読書指導法はかなり大きな時間のかかる方法で，小さな読書指導法を組み合
わせていることが分かる。Fountas ＆ Pinnell もそのことに自覚的で，ジャ
ンル研究では以下の指導法を用いるとしている。

　⑴交流型読み聞かせ（Interactive Read-Aloud）
　⑵ブックトークとミニレッスン（Book Talks and Minilessons）
　⑶個別読書と話し合い（Independent Reading and Conferring）
　⑷ガイディッド・リーディング（Guided Reading）

(5)ブッククラブ（Book Clubs）

(6)グループでの共有（Group Share）

(Fountas & Pinnell, 2012, p.289)

　(1)の交流型読み聞かせは，本書の第3章でも取り上げたものである。(2)の
ミニレッスンは第5章のリテラチャー・サークルでも用いられている手法で
あった。(5)のブッククラブ[3]もやはりリテラチャー・サークルに類似の方法
である。このように読書指導法は，いくつも組み合わせて使用することがで
きるということがこの例から分かる。

第2節　パートナー読書

1．問題の所在

　前節では，ジャンルを意識する読書指導法として，Fountas & Pinnell の
ジャンル研究を取り上げた。同じジャンルの複数のテクストを教師が用意し，
それらを子ども達が読みながら，どのジャンルなのかを探究していくという
方法であった。6つあるステップの4番目にようやくジャンルの定義をする
場面が出てくるが，それまでは手探りで読み続けていくというものであった。
同じジャンルのものを読みながら探っていくというやり方は，ジャンルとい
うものを深く理解するために重要な指導法であるが，反対に，違うジャンル
のものを複数読みながら，そのジャンルの違いを際立たせていくことによっ
て，ジャンルについての理解をし，ジャンルに適切な読み方を学んでいくと
いう読書指導法があってもよいのではないかと考える。そこで，本節では，
異なるジャンルを2人組でパートナーと共に読んでいく In2Books という方
法を調査する。パートナーと読むことが大きな特徴なので，これを「パート
ナー読書」と呼ぶことにする。

2. In2Books の概要・歴史

(1) In2Books の概要

In2Books とは，アメリカのワシントン DC において NPO が始めた読書プロジェクトであり，またこのプロジェクトを進めている NPO の名前でもある。このプロジェクトでは，小学校 2 年生から 5 年生の児童が，物語（フィクション），社会科の本，伝記，民話，理科の本，の 5 つのジャンルの本を読み，同じ本を読んだボランティアの大人（ペンパル）と手紙交換を行う。大人の方は個人単位でボランティアに登録すれば参加でき，児童の方は，学級単位で参加する。学級担任は，このプロジェクトに参加する際に教員研修会に出席し，プロジェクトの動かし方を学ぶ。それと同時に，ジャンルの特徴を指導する方法，ジャンルに応じての読書を指導する方法，手紙の書かせ方を指導する方法，その手紙を評価する方法などを研修する。

(2) In2Books の歴史

In2Books は，参加者を増加させながら，発展してきている。次に翻訳・引用するのは，2016年公開されているインターネット上の In2Books（現在の団体名は In2Books-ePals）のサイトに掲載されている In2Books の歴史である。

<u>1997年～2006年</u>
- 1997年　Nina Zolt が In2Books を創設する。
- 1998年～1999年　ワシントン DC の小学校10学級で，In2Books が実施される。
- 1999年～2000年　Westat という研究映画において In2Books が取り上げられ，In2Books が書くことの技能を改善し，より高次のレベルの思考スキルを育てていることが確認されたという評価を受ける。
- 2000年～2001年　In2Books プロジェクトが教員研修プログラムとしても始められる。そのプログラムに参加した教師は，この活動を教員研修ポイントとして数えることができるようになる。
- 2003年～2004年　In2Books が拡大され，6000人以上の児童が参加する。この

うち，60％はワシントン DC の小学校の児童である。

・2004年　拡大研究レポートが発表される。この研究では，SAT-9という標準テストにおいて，In2Books のプログラムに参加した小学校 2 年生から 4 年生の児童が，同じ校区のプログラムに参加していない児童よりも有意に高い得点をとったことが報告される。

・2005年〜2006年　In2Books がさらに拡大され，ワシントン DC のみならず，イリノイ州シカゴや，バージニア州ラウドン郡で実施される。

2007年〜2012年

・2007年　In2Books は，ePals と結合し，ePals 会社及び ePals 基金が設立される。In2Books-ePals のミッションは，協同的学習経験を励行し，困難な地域においても世界的にこの学習を可能にしていくことである。

・2007年〜2008年　In2Books では，読む本を除くすべてのプログラムをデジタル化する。

・2008年〜2009年　すべてをデジタルにした In2Books が，アメリカ30州の130以上の学級で実施に成功する。

・2010年〜2011年　In2Books は，教師の指導者プログラムとして実施され，ボランティアと教師のためのオンライン学習コミュニティを提供する。

　この In2Books の歴史の記述は，ワシントン DC などの都市部の学校（学級）で行われていた2006年までと，オンライン学習を中心にした2007年以降に大きく分けられている。

　本項では，2003年〜2004年度の活動を取り上げることとする。理由としては 4 点が挙げられる。1 点目は，本節の関心が，学校外で授業以外の時間に行われる指導ではなく，学校で行われる読書指導にあるためである。2 点目は，In2Books がワシントン DC で発展していく中で，2003〜2004年度は最も安定した実践が展開された時期であるためである。3 点目は，この頃に多くの研究者がアドバイザーとして関わり，In2Books プロジェクトの効果測定が行われたためである。4 点目は，筆者は2003年11月にワシントン DC の In2Books 事務所を訪問することができ，多くの資料を手に入れることができたためである。その資料のほかに，公刊されている論文や，行われた学会

発表の配付資料などを基に，以下の記述を進めていく。

３．In2Books の読書指導の内容

　先述のとおり，2003年〜2004年度の In2Books の特徴の一つは，手紙交換の機会を与える単なる課外活動ではなく，授業の一環として位置づけられており，どのような指導をすればよいかという教員研修プログラムまでが組まれていたことである。ここでは，教員用のガイドブックより，In2Books の読書指導の内容を見ることとする。

⑴入手できたガイドブック

　入手できたガイドブックの一覧を表　6.2として示す。ガイドブックは２種類に分けられる。そのことは，シリーズ名に現れている。

　１種類目は，literacy guide というシリーズ名の，リテラシー（読むこと・書くこと）の指導法のガイドブックである。整理番号１の「Comprehension Strategies（読解技能）」がその典型である。整理番号２の「Introducing In-2Books（In2Books の導入）」は，具体的な５冊の本を児童が読むサイクルに

【表　6.2】入手できた In2Books のガイドブック

整理番号	タイトル（内容）	シリーズ名	サイクル	巻	号	年	月	総頁数
1	Comprehension Strategies	literacy guide	―	3	3	2003	9	20
2	Introducing In-2 Books	literacy guide	導入サイクル	3	1	2003	8	24
3	Fiction	genre guide	サイクル１	3	2	2003	9	36
4	Informational Books: Social Studies	genre guide	サイクル２	3	3	2003	10	36
5	Folktales	book guide	サイクル４	2	4	2003	3	28
6	Science Text	book guide	サイクル５	2	5	2003	4	24
7	The In 2 Books Rubric	literacy guide	―	4	2	2004	9	48

入る前に，In2Books とはどのような活動をするのかを児童に紹介する導入サイクルである。整理番号7の「The In2Books Rubric（In2Books のルーブリック）」に，手紙を評価する方法を示したものである。これは，後で詳しく取り上げる。

　2種類目は，genre guide または book guide というシリーズ名のガイドブックである。筆者が2003年の11月に In2Books 事務所を視察した際に入手できたのは，2003年〜2004年度（アメリカの学校は通常9月頃に開始され6月頃に終了するため，学年度は2年に渡った表記をする）genre guide であり，サイクル1の「Fiction（フィクション）」（整理番号3）と，サイクル2の「Informational Books: Social Studies（情報の本：社会科）」（整理番号4）しかなかった。そこで，前年度にあたる2002年〜2003年度のサイクル4の「Folktales（民話）」（整理番号5），サイクル5「Science Text（理科のテクスト）」（整理番号6）のガイドブックを，参考としてもらうことにした。前年度は book guide というシリーズ名であったが，複数の本を紹介するというのではなく，ジャンルの特徴やその特徴に基づいた指導の仕方を説明するということをより明確にするために，2003年〜2004年度は genre guide というシリーズ名になったのであろうと推測する。

⑵**整理番号3「Fiction（フィクション）」（第3巻第2号，2003年9月）の内容**
　サイクル1にあたるフィクションのガイドブックの内容は，次のようになっている。

1頁	表紙
2〜3頁	背景情報
4〜5頁	フィクションサイクルの指導計画
6〜7頁	目標と方略の一覧
8〜19頁	読書前に使用する方略
20〜22頁	読書中に使用する方略

```
23～29頁    読書後に使用する方略
30～32頁    家に持って帰る手紙
34～35頁    フィクションの図書例
36頁        引用文献
```

　1頁の表紙では，最初のサイクルとして，In2Booksでフィクションを読むことの意義が書かれている。

　2～3頁は，フィクションというジャンルの定義や特徴が述べられている。

　4～5頁は，指導計画を立てる方法について概説されている。

　6～7頁は，学年ごとに，「テーマ」「主発問」「補助発問」「キーワード」「ジャンルとテクストの特徴」「読書方略」「作文方略／技能」の7項目について，何を目標とすればよいのかが示されている。

　8～29頁では，読書前・読書中・読書後に，フィクションを読む人はどのような方略を用いているかが概説されている。読書前に使用する方略としては①方略を使用する読者になること，②段階を設定すること，読書中に使用する方略としては③本を知ること，読書後に使用する方略としては④本について話し合うことなどが概説されており，これらについてどのように児童に行わせればよいかを分かりやすく示している。

　30～33頁は，家に本を持って帰る際につける手紙（児童が書く）の書式が示されている。

　34～35頁は，このプロジェクトのサイクル1で用いるフィクションの本の紹介である。

　36頁は，上記の指導方法についての参考文献一覧である。

⑶**整理番号6「Science Text（理科のテクスト）」**（第2巻第5号，2003年4月）
　の内容

　サイクル5にあたる理科のテクストのガイドブックにおける内容は，次のようになっている。

第6章　ジャンルとメディアを意識した読書指導法　283

```
1頁　　　表紙
2～3頁　背景情報
4～9頁　2年生のための指導単元
10～16頁　3年生のための指導単元
17頁　　　家に持って帰る手紙（すべての学年）
18～23頁　4年生のための指導単元
24頁　　　引用文献
```

　表紙でサイクル5で理科のテクストを読む意義について述べられていると
ころや，2～3頁で情報を伝えるテクスト（中でも理科のテクスト）のジャン
ルの特徴が述べられているところは，フィクションと同様である。

　異なるのは，各学年で指導単元を示しているところである。しかし，その
内容を見てみると，それぞれの単元で，読書前・読書中・読書後に何を行え
ばよいか，それぞれの活動には何分ぐらいかかるかということが示されてお
り，やはりフィクションの場合と同じようになっている。例えば2年生では
「蝶」についての本を扱うのだが，読書前の活動として「虫」とは何かを確
認すること（20分間）及び新しい語彙を紹介すること（10分間）があり，読書
中の活動としては読みながら「変態」の4段階（卵，幼虫，さなぎ，成虫）を
押さえること（60分間）や家に持ち帰って読むこと（1～2時間）がある。ま
た，読書後の活動として，まとめを行うこと（40分間）や，学級で蝶を飼っ
て観察記録をつけること，学んだことについて質問に答えること（15分間）
などがあげられている。これらに加えて，さらに，書くことにつなげること
として，詩を書いたり（2単位時間），段落を書いたり（2時間）する。最後
には，書いた手紙を評価することがあり，ほかの蝶に関する本の案内が付さ
れている。

4．In2Books の読書指導の評価

　以上のように，子どもは1年間に5つのジャンルの本を読み，それぞれに

284

ついて手紙を書く。それぞれの手紙を，どのように評価したらよいかを示したものが6段階のルーブリックである。In2Booksのガイドブック整理番号7の6～7頁を翻訳して引用する（表 6.3）。

(1)ルーブリック評価の利点

　まず，ルーブリック評価の利点として，次の6点が挙げられている。（In2Books, 2004, p.1）

　　・ハイステイクステストにはない，本物の評価を行うことができる。
　　・児童がどの方略や技能を獲得したか，また，児童の成長の助けになるようにどのような指導段階を踏めばよいかということを基本にして評価することができる。
　　・それぞれの児童の学年を越えた成長を長期的に評価することができる。
　　・児童と家族へ見通しを伝えることができる。
　　・共通の学習指導の語彙を作り出すことができる。
　　・強化しなければならない領域や様々なアプローチを特定することができる。

　これら6点は，ルーブリックの一般的な利点であるが，本実践が，いわゆるハイステイステストではなく，実際の活動をパフォーマンスとして評価していっているということである。

(2)ルーブリックの基本構造

　ルーブリックの基本構造は，本について考えを交流することについての評価と，手紙における「作文」としての評価の2つの側面がある。前者については「本についてのコミュニケーション」とし，後者については手紙文の「言葉や文章構成の使用」とする。それぞれどのような領域が設定されているのかを述べる。

【表 6.3.1】In2Books ルーブリック

	1	2	3
本についてのコミュニケーション			
理解	子どもが本を読んだかどうかはっきりとしない。	子どもが本を読んだことのうち詳細については示されているが，主題を理解しているかどうかははっきりとしない。	本についての主題を特定したり説明したりするためにかなり詳細なところをレポートしている。
本についての思考	本とのつながりが見られない。	本との個人的な関係が1種類示されている（例えば，共通なことまたは異なること，意見または評価の表明，学習したことの記述など）。	1種類よりは多くのしかし単純なつながりが示されている（例えば，テクストと自分，テクストとテクスト，テクストと世界）。
ペンパルとのつながり	「〇〇さんへ」のような冒頭の部分にだけペンパルのことが書かれている。	ペンパルを認めることを示す表現がある（個人的な質問を行ったり個人的な質問に答えたりすること，個人的な情報を伝えること，感謝の意を示すことなど）。	本についてペンパルと直接的にコミュニケートしている（一般的に本に関すること，読んでの質問・コメント・応答に関することなど）。
言葉や文章構成の使用			
構成	書くことへの意識の流れは見られる。手紙は全般として構成がない。	書いてあることが意味をなし，1つもしくは2つの考えのクラスター（2文かもしくはそれ以上の数の文が一緒に書かれている）が見られる。	いくつかの（2つもしくはそれ以上の）段落らしき考えのまとまりが示されている。全体としては手紙の構成（はじめ，なか，おわり）が出現する。
文	単文かつ／または重文の使用が認められる。全体として繰り返しを感じさせるものとなっている。	主に単文かつ重文の使用が認められる。文の長さや文頭にいくつかのバリエーションが認められる。	単文と重文は大部分は正しいものである。複文が試みられているが，成功していない。
語の選択／語彙	本と親密性のある語は使用されない。	本に由来するいくつかの（3つかそれ以上の）語や句や名前が示されている。	本の考えを表している語彙が使用されている。
表記	単純な綴り・句読点・文法のミスが頻繁にあり，読者にとって読みにくい。	単純な綴り・句読点の問題があるが，正しい文法であることが分かるものである。	単純な綴り・句読点・文法の大部分は正しい。

【表 6.3.2】In2Books ルーブリック（続き）

	4	5	6
本についてのコミュニケーション			
理解	本のテーマと（または）ジャンルについて何か主題につながるものを示している。	より深く理解している証拠がある。主題とテーマが入念に詳細につながる形で示されている。ジャンルが反映されているかもしれない。	手紙は，主題・テーマ・意味のある詳細についての議論をよく発達させた思慮深いものとなっている。ジャンルについての深い熟考と全般的な読みを示している。
本についての思考	本の主題やテーマについて関連して，つながり（テクストと自分，テクストとテクスト，テクストと世界）が示されている。	詳細を含んだ入念な本の主題やテーマについて，つながり（テクストと自分，テクストとテクスト，テクストと世界）が示されている。	手紙は，本の主題やテーマへの幅広く深いつながり（テクストと自分，テクストとテクスト，テクストと世界）を理解していることを示している。
ペンパルとのつながり	主題やテーマに関連する2つ以上の質問・コメント・応答を含んで，ペンパルと本についてコミュニケートしている。	本の主題やテーマに関連し詳細で考え深いコミュニケーションが手紙の一部に示されている。	手紙全体を通して，本やテーマをめぐる個人的な対話が示されている。個々の本を超えて読者との関係についての謝意が示されているかもしれない。
言葉や文章構成の使用			
構成	段落が常に組織化されている。主に同じ話題についての文が集まっている。全体として手紙の構造は明白である。	段落は段落の話題に焦点を当てた情報によって構成されているが，まだ限られている。段落間のつながりをつけようとしている証拠が見られる。手紙は始めから終わりまでが構成されている。	段落は詳しくよく発達している。段落間の流れも言語の流れとして自然である。テクスト全体が効果的に構成されている。
文	単文と重文は大部分は正しいものである。いくつかの成功した複文が見られる。	正しい単文・重文・複文の例が多い。手紙の中に異なる文構造の使用が加わってくる。	単文・重文・複文をほとんど間違わずに使用する。読者の興味や効果にそって文構造を変化させたり繰り返したりするかもしれない。
語の選択／語彙	本の主題・テーマ・ジャンルなどに関連した語彙・語句が使用されている。	本に関係する抽象的な考えやテーマやジャンルを議論するために語彙を拡張している。	手紙に現れた語彙は，本やそれに関するテーマ及びジャンルの語彙を制御して使用されていることが分かる。語は作者への理解を読者が構築するために選択されて

			いる。
表記	大部分は正しい。いくつか（3つかそれ以上の）の部分でより複雑な綴りや複雑な句読法を試みている。	文法，複雑な綴り，複雑な句読点についても誤りはほとんどない。	誤りはなく，手紙の書き手がより複雑な綴りパターンや，句読法や，文法を運用できることが示されている。

①本についてのコミュニケーション

本についてのコミュニケーションには，3つの領域がある。1つ目は，本そのものを読んで内容が理解できたかどうかという「理解」領域である。特に重視されているのは本の主題が理解できるかということであり，得点が高くなると，ジャンルと合わせて本の主題・テーマについて考えられているかどうかが重視される。2つ目の領域は「本についての思考」である。本（テクスト）と自分，本と本，本と世界のつながりについて思考しているかどうかを問うものである。3つ目の領域は，交流の相手であるボランティアの大人（ペンパル）との交流について評価する「ペンパルとのつながり」である。交流の質が本の内容（主題）に関連して，高まっていかなければならない。

②言葉や文章構成の使用

手紙の文章としての質を評価するものである。アメリカの作文教育における評価の伝統を踏まえて，4つの領域が設定されている。1つ目は「構成」である。段落相互の関係や，手紙文全体の構成について問うものである。2つ目の領域は「文」そのものである。英文では，文の複雑さの指標として単文・重文・複文がある。これらがどのように使用されているかを見る。3つ目は「語の選択／語彙」である。単語（あるいは複合語）レベルで手紙を検討する。4つ目の領域は「表記」である。特に綴りのミスがないかどうか，複雑な綴りができているかどうかを見る。

以上のことから分かることは，In2Books では，単に本が読めるということだけでなく，それを踏まえて様々に思考をめぐらせたり，書いたりする能

【表 6.4】学年別の目安となるルーブリックの得点

学　年	目安となるルーブリックの得点					
2年生	1	2	3			
3年生		2	3	4		
4年生			3	4	5	
5年生				4	5	6

力，すなわち思考力や表現力も含めて評価しているということである。

(3)ルーブリックの段階

　In2Books のルーブリックは 6 段階である。日本で評価基準というと，国立教育政策研究所が出している「評価規準の作成，評価方法等の工夫改善のための参考資料」のように，3 段階の設定が一般的である。しかし，アメリカでは 6 段階のルーブリックは一般的である。例えば，国内統一テスト NAEP（National Assessment of Educational Progress, ネイプと発音する）の作文 Writing のテストでも，Excellent, Skillful, Sufficient, Uneven, Insufficient, Unsatisfactory という 6 段階を設定している。

　また，このルーブリックの特徴は，In2Books に参加する 2 年生から 5 年生が，共通して使用できるという点にある。このために 6 段階が有効である。表 6.4は各学年で目安となるルーブリックの得点である。目安としては各学年 3 段階が配置されていることが分かる。しかし，このルーブリックを 6 段階としたことで，複数年 In2Books に参加した児童は，その発達を評価していくことができるのである。

5．In2Books プロジェクトの効果

　In2Books のプロジェクトは，2003年頃の実践を元にして，いくつかの論文にまとめられている。現在の In2Books-ePals のウェブサイトには，"The

Reading Teacher" という国際リテラシー学会（当時は国際読書学会）機関誌の論文（Teale & Gambrell, 2007）と，"Phi Delta Kappan" という雑誌に掲載された論文（Teale & Gambrell, 2007）が紹介されている。

そこで，ここでは Teale & Gambrell（2007）に基づいて，In2Books プロジェクトの効果を検討する。

この論文で取り上げられているのは，Goldman（2004）の効果測定である。これは，SAT-9というテストの得点が In2Books に参加していた児童とそうでない児童でどのように違っているかを研究したものである（筆者未見のため，以下の引用・要約は Teale & Gambrell 2007に基づく）。表 6.5は，SAT-9の読解力テストの平均得点を In2Books の参加状況別に，示したものである。

複数年 In2Books に参加している学級，2003年〜2004年度に初めて In2Books に参加した学級，これら年数に限らずとにかく参加している学級，不参加の学級別である。3年生・4年生で平均得点に有意差が認められたが，特に複数年参加している学級の方が高得点の傾向が顕著であった。

プロジェクトのこの成功について，論文では次の点が効果を生んだ要因であると考察している（Teale & Gambrell, 2007, pp. 733-737.）。数ページに渡って論じられているものを，実践面と原理面の二つの側面から，箇条書きにまとめて示す。

|実践面|

・児童にとって現実的で重要な問題を扱い，質が高く，年齢に適合した，様々なジャンルの魅力的な本を読んだこと。

【表 6.5】In2Books 参加状況別の SAT-9 読解力テスト平均得点

学年	複数年参加	SD	初参加	SD	参加全体	SD	不参加	SD
2年	584.5*	36.5	580.5	36.7	582.3	36.6	578.7	35.6
3年	626.9***	47.7	612.9*	48.2	612.9***	48.4	607.7	40.9
4年	637.3***	46.1	637.5*	44.3	637.4**	45.1	626.8	39.2

***$p<.001$, **$p<.01$, *$p<.05$

（Teale & Gambrell, 2007, p. 731）

・このプログラムの本を繰り返し読んだり，その本について話し合ったりした こと。

・ペンパルへの本についての手紙を作成するために，書くことへのプロセス・アプローチに取り組んだこと。

・教員が並行して教員研修を行ったこと。

原理面

・本物で挑戦的な課題であったこと。

・学習共同体が機能したこと。

・読書への取組があったこと。

・プログラムに持続性があったこと。

6．パートナー読書 In2Books の日本における実践研究

　ここまで，アメリカの In2Books という，小学校 2 年生から 5 年生児童が，ボランティアの大人をパートナーとして共に様々なジャンルの本を読んでいく読書指導プロジェクトを検討した。同じ本を読んだ二人が手紙交換という交流を行い，児童が読書力・思考力・表現力を身に付けていく方法であり，ルーブリックによってその進捗状況を評価できる構造になっているということが確認できた。また，本プロジェクトは，ジャンルに基づいたアプローチをとり，それぞれの本の特徴をとらえながら理解する力をつけること，ペンパルとの交流を通して本と世界とのつながりについて意識しながら読んだり書いたりしていけることなどが特徴としてとらえられた。

　これらの特徴は，日本の文脈においても，有益なものであると推察される。そこで，筆者はこのような 2 人組で読書をして交流する方法をパートナー読書と名付け，様々な実践研究を行った。例えば，足立（2015a）では，小学校 5 年生同士がパートナーとなり，物語，ノンフィクション，ショートショートの 3 つのジャンルについて，どれか 1 種類を選んで読んで交流するというパートナー読書を行った。ここでは，小学校 2 年生に対して大学生がパート

ナーとなり，サイクル1「物語」，サイクル2「社会科の本」，サイクル3「伝記」，サイクル4「民話」，サイクル5「理科の本」の順で，2016年7月から2018年3月にかけて，1回ずつ手紙の交換を行った実践研究を取り上げる。以下，実践の概要及び各サイクルの実態を取り上げ，その手紙をIn-2Booksのルーブリックに基づいて評価することを試みる。

⑴実践の概要

　筆者が年6回校内研修（国語科の授業研）の指導に行っている小学校（1学年1学級の小規模校）で実践研究への協力を得た。小学校2～5年生の中で，特に1学級パートナー読書に参加してくれる学級を，学校側に学年や担任の状況を考慮して決定してもらった結果，2年生の児童計12名が参加者となった。パートナーは，大学生7名（大学3年生～大学院2年生）となった。大学生7名と筆者は，すべての児童の手紙をパフォーマンス評価していくために，ルーブリックを検討したり，評価を話し合ったりした。本の読ませ方及び手紙の書かせ方は，筆者と児童の学級担任が話し合い，最終的には担任が決定した。本は筆者の方で用意し，年6回の校内研修時に本や手紙を運ぶことを当初は考えていたが，実際には，児童側の本を読むタイミングや手紙の作成日は遅れていった。表　6.6に使用した本，当初予定，実際の日程を示す。以下，各サイクルを始める前の準備，各サイクルの実践と手紙の評価，この実践に対する考察を述べる。

⑵サイクル1に入る前

　5つのジャンルの本を読む前に，まず，大学生がパートナーの小学生に向けて手紙を書いた。手紙には，相手児童の名前を入れた呼びかけ，自己紹介，この手紙交流を楽しみにしていることを入れ，写真を付した。表　6.7に手紙例の文章の部分（写真以外のところ）を示す。

【表 6.6】使用した本，当初予定，実際の日程

ジャンル	使用した本	当初予定	手紙作成日
サイクル1 物語	『はじめてのおつかい』筒井頼子，林明子，福音館書店	2016年 7月	2016年 7月5日
サイクル2 社会科の本	『あなたのいえ，わたしのいえ』加古里子，福音館書店	2016年 9月	2016年 10月6日
サイクル3 伝記	『ライト兄弟』鶴見正夫，徳田秀雄，ひさかたチャイルド 『星の子ども－カール・セーガン博士と宇宙のふしぎ－』 　ステファニー・ロス・シソン，山崎直子，小峰書店	2016年 11月	2016年 11月25日
サイクル4 民話	『ききみみずきん』木下順二，初山滋，岩波書店 『かにむかし』木下順二，清水崑，岩波書店 『ももたろう』松居直，赤羽末吉，福音館書店 『ゆきおんな』松谷みよ子，朝倉摂，ポプラ社	2016年 12月	2017年 2月23日
サイクル5 理科の本	『すごい！びっくり！昆虫のふしぎパワー』海野和男， 　世界文化社 『虫たちのふしぎ』新開孝，福音館書店	2017年 1月	2017年 3月7日

【表 6.7】サイクル1に入る前の大学生の自己紹介文

○○○○さんへ
　はじめまして。わたしの名まえは□□□□です。
　これから，○○さんとおてがみのこうかんをするときいて，とてもわくわくしています。はじめに読む本は「はじめてのおつかい」という本なんだって！　どんなお話だか気になるね。○○さんからのおてがみをとても楽しみにまっています。
　ここで，わたしのことをすこし，しょうかいするね。
　わたしのすきな食べものは，からあげです。あと，ブロッコリーもすきだよ。すきな色はみどりです。すきなどうぶつはパンダです。おり紙でパンダをつくってみたよ。どうかな？
　○○さんのこともいろいろしりたいのでおてがみに本のことと，○○さんのしょうかいを書いてね。おへんじをまっています！
　　　　　　　□□□□より

(3)サイクル1物語

①本と指導

　サイクル1物語の本として，『はじめてのおつかい』（筒井頼子作，林明子絵，福音館書店刊）を選択した。この物語は，幼稚園生ぐらいのみいちゃんが，母親に言われて牛乳を買いに行くおつかいをするという物語である。詳細で

丁寧に描かれた絵のサポートもあり，登場人物の心情を把握しやすく，物語の展開が明瞭であるところが本研究に適していると判断した。

学級担任は，表　6.8のように２時間扱いで授業を行った。

【表　6.8】サイクル１物語の指導（学級担任の報告より）

サイクル１の授業

２年生の子どもたちは，お兄さん・お姉さんからのお手紙を，目を輝かせて何度も何度も読んでいました。そして，『はじめてのおつかい』を読んで，一生懸命お返事を書きました。

授業は以下のような流れで進めました。

１時間目

①パートナー読書の説明
②いただいた手紙の配布，開封
③手紙をじっくりと読む（友だちと見せ合いをしていました。）
④『はじめてのおつかい』読み聞かせ
⑤手紙の書き方（型）指導
⑥『はじめてのおつかい』を見ながら返事の下書きを書く
⑦顔写真を撮る

２時間目

①下書きを完成させ，担任のチェックを受けて直しをする
②清書，色塗り，封筒作り→完成

今回は１回目だったので，お返事を書くときに，担任の方で以下の①～⑤のような型を示して書かせました。そして，添削をして直しをさせてから清書しました。

手紙の書き方

①□□さんへ
②「お手紙ありがとうございました。」
③手紙を読んだ感想や，質問への答え，別の質問
④『はじめてのおつかい』

今回は担任が型を指定しましたが，２回目以降は，上記の型を掲示しておき，支援が必要な場合にだけ型を使って指導し，そうでなければ子どもたちに自由に書かせて（誤字脱字のみを点検して）みようと思うのですが，いかがでしょうか。

また，便せんとして使った用紙（A４サイズで絵が描けるものと文字だけのもの，２種類用意しました）は適切でしたでしょうか。ご指導よろしくお願いいたします。

平成28年７月５日　○○小学校　２年生担任　××××

②児童の手紙とその評価

表 6.7の手紙を受け取り，サイクル1物語の本の読み聞かせを経て書いた児童の手紙を表 6.9に示す。また，表 6.9に対して大学生が書いた返事の例を表 6.10に示す。

手紙の評価は，表 6.3で示した In2Books のルーブリックを用いて，筆者とこの実践に参加している大学生7名で行った。表 6.4で目安となる得点を示したとおり，小学校2年生の手紙ならば，ルーブリックの1〜3点のあたりで評価ができるはずである。自分が手紙の返事を書くパートナーであるかどうかに関わらず，全員で合議しながら評価を行った。

まず行わなければならなかったことは，In2Books のルーブリックを手紙

【表 6.9】サイクル1物語　児童の手紙

> 　　　　□□□□さんへ
> お手紙ありがとうございます。
> わたしの好きなたべものは，オクラです。
> 好きな色は，水色，うすむらさきです。
> お手紙をよんだらうれしかったです。
> 　「はじめてのおつかい」を読んで，みーちゃんがころんだところがかわいそうだなーとおもいました。□□さんも読んでみてください。
> 　　　7月5日　○○より

【表 6.10】サイクル1物語　大学生の返事

> ○○○○さんへ
> 　お手紙ありがとう。
> 　きれいに色がぬられていてとてもうれしかったです。○○さんが書いてくれたみいちゃんの絵が上手でびっくりしました。
> 　わたしも「はじめてのおつかい」を読んでみました。○○さんがおもったように，わたしもさかでころんでしまったみいちゃんがかわいそうだなとおもいました。
> 　みいちゃんはおみせの前で「ぎゅうにゅう　ください」といったのに，なかなかきがついてもらえなくてかわいそうでした。でも，さいごはぎゅうにゅうをかうことができて，わたしはよかったなと思いました。
> 　「はじめてのおつかい」はとてもおもしろかったですね。つぎはまたちがう本を読むんだって！　○○さんのお手紙をたのしみにまっています。
> 　　　7月11日　□□□□より

に合わせて解釈するということであった。手紙には「おもしろかったところ」が書かれていることが多い。これを，ルーブリック《本についてのコミュニケーション》の〈理解〉2点の「子どもが本を読んだことのうち詳細については示されているが，主題を理解しているかどうかははっきりとしない」ことの現れであると判断することにした。また，問題になったのが，《言葉や文章構成の使用》で〈文〉の欄である。手紙で複数の文が書かれていれば，〈文〉2点，指示語があれば複数の文もしくは考えの単位をつなごうとしているととらえ〈文〉3点とすることにした。G児はさらに接続語まで用いて複数の文をつないでいるので，これは〈文〉4点とすることにした。〈語の選択／語彙〉は2点が「本に由来するいくつかの（3つかそれ以上の）語や句や名前が示されている」ということなので，3つ以上の語が含まれていれば2点としたが，〈語の選択／語彙〉3点の「本の考えを表している語彙が使用されている。」がどのような語彙であるか，はっきりとした評価は判断できなかった。ただ，J児が「みいちゃんがうたをうたいながらあるいていると，じてんしゃがすごいはやさでとおりすぎ，みいちゃんはかべにすりつきました。」と述べている「すりつきました」は優れた語であるととらえ，J児のみ3点とし，他の児童は2点とし，継続審議していくことにした。そのようにして行った評価を表　6.11に示す。

⑷サイクル2 社会科の本

①本と指導

　日本では，小学校2年生に社会科という教科がないため，どのような本を選ぶが難しかった。身の周りの生活に関係することで，社会生活につながっていくものと考え，加古里子『あなたのいえ　わたしのいえ』を選択した。この本は「家」がどのような考え方で成立してきたかを簡潔に示したものである。

　指導を学級担任にしてもらうに際しては，サイクル1の評価の検討で問題

【表 6.11】サイクル1物語の手紙の評価

児童	理解	本についての思考	ペンパルとのつながり	構成	文	語の選択語彙	表記	平均
A児	2	2	3	3	3	2	3	2.57
B児	2	3	3	3	2	2	3	2.57
C児	2	2	2	2	2	2	3	2.14
D児	2	2	3	2	2	2	3	2.29
E児	2	2	3	2	2	2	2	2.14
F児	2	2	3	2	2	2	2	2.29
G児	2	3	3	2	2	2	4	2.57
H児	2	2	3	3	3	2	2	2.43
I児	2	2	2	3	2	2	2	2.14
J児	2	2	2	3	2	3	2	2.29
K児	2	2	2	3	2	2	3	2.29
L児	2	2	2	3	2	2	2	2.14
平均	2	2.17	2.58	2.67	2.17	2.08	2.58	2.32

になった「主題」ということを伝えた。すなわち，「おもしろかったところ」というと児童は些末な点を取り上げて手紙に書くが，この本の主題（筆者は「家という概念」「家の成り立ち」のあたるこの本の最も重要なところ）を押さえてもらうように依頼した。その結果，担任は4時間を割いて，表 6.12のような指導を行った。

②児童の手紙とその評価

　児童の手紙例を表 6.13に示す。また，それに対する大学生の返事例を表6.14として示す。

　サイクル2社会科の本の手紙は，主題を学級担任が「大切なことは」として書くように指導していたので，このことに関して記述されている多くの児

第6章　ジャンルとメディアを意識した読書指導法　297

【表　6.12】サイクル2社会科の本の指導（学級担任の報告より）

サイクル2の授業

1時間目

①パートナー読書の説明　（前回から期間が空いたため，再度）
②『あなたのいえ　わたしのいえ』
③手紙の書き方の指導，主題の指導
④サイクル1の手紙の返却　（手紙の中に質問があったら，その返答を手紙に入れる
　　ため。）
⑤大学生の手紙と『あなたのいえ　わたしのいえ』を見ながら返事の下書きを作成

2時間目

⑤の続き，下書きの完成

3・4時間目

⑥ペアでの添削・推敲
⑦清書，色塗り，封筒作り→完成

主題
「この本で一番大切なことは何だと思ったか，書きましょう。本の中に書いてあるこ
とでもいいし，書いていないことでもいいです。」
ペアでの添削・推敲
　下書きを読み合って，誤字脱字やおかしい言葉遣いが無いかどうか確認
　ポイント　①手紙の書き方の①～⑦が書いてあるか。
　　　　　　②間違っている字や言葉がないか。（「は」「を」「へ」，濁点，句読点等）
　　　　　　③分かりにくいところはないか。

サイクル2の手紙の型

手紙の書き方　（下線部は初めて指導）
　①○○さんへ
　②はじめのあいさつ
　　「お手紙ありがとうございました。」「おひさしぶりです。」など
　③手紙を読んだ感想や，質問への答え，別の質問
　④『あなたのいえ　わたしのいえ』の本で大切だと思うのは，_____です。
　⑤『あなたのいえ　わたしのいえ』を読んだ感想
　⑥まとめのことば
　　「○○も読んでみてください。」「お返事楽しみにしています。」など
　⑦○月○日，○○より

【表 6.13】サイクル2 社会科の本　児童の手紙

　　　　　□□□□さんへ
　お手紙ありがとうございました。
おひさしぶりですね！元気ですか！
お手紙をんで（ママ）うれしかったです。□□さんのお家は，２かいだてですかそれと
も１かいだてですか。『あなたのいえわたしのいえ』でたいせつだと思ったのは，ドア
と，ゆかと，まどと，やねと，かべのぜんぶだと思いました。□□さんは，どう思いま
したか。おもしろかったところは，18頁と19頁のお月さまと，男の人と犬です。ぜひよ
んでみてくださいおへんじたのしみにしています！
　　　　　　　　10月6日　○○より

【表 6.14】サイクル2 社会科の本　大学生の返事

○○○○さんへ
　お手紙ありがとう。わたしは毎日元気に学校へ行っています。○○さんも元気にすごし
していますか？　○○さんからお手紙を読んでとても楽しい気持ちになりました。
　わたしのお家は２かいだてです。外には犬小屋もあります。かべの色はオレンジです。
　わたしも『あなたのいえわたしのいえ』を読んでみました。大切だと思うのは，いえ
がいろんなくふうがあってつくられているということです。やねやかべやまどはとても
大切なんですね。○○さんがおもしろかったと言っていた18頁と19頁のお月さまと男の
人と犬をわたしも見てみました。男の人と犬はわらっているのにお月さまはこまったか
おをしていて，おもしろいなと思いました。あと，22頁のお家の絵を見てとても楽しい
気持ちになりました。
　つぎはどんな絵本を読むのか楽しみですね。また，○○さんからのすてきなお手紙が
くることをわくわくしながらまっています。
　外がさむくなってきたのでかぜには気をつけてくださいね。
　おへんじたのしみにしています。
　　　　　　　　10月17日
　　　　　　　　　　□□□□より
　　　　　　　　　　　　吹き出し　○○さんはどんなお家にすんでるの？

童が《本についてのコミュニケーション》〈理解〉は「家が大切である」「家
には工夫がある」ことを述べている場合には，３点となった。〈本について
の思考〉の３点は，「１種類よりは多くのしかし単純なつながりが示されて
いる（たとえば，テクストと自分，テクストとテクスト，テクストと世界）。」とな
っているが，「ぼく／わたしが住んでいる家は……。」と自分の家を引き合い
に出しながら考えている場合や，「わたしだったら……」と自分のことに照

らしあわせて述べているものを3点とすることにした。〈ペンパルとのつなが
り〉は,「△△さんも読んでください。」のように,パートナーの名前が入
っている場合に3点とすることにした。《言葉や文章構成の使用》について
は,〈構成〉の3点「いくつかの(2つもしくはそれ以上の)段落らしき考えの
まとまりが示されている。全体としては手紙の構成(はじめ,なか,おわり)
が出現し,形式段落が1つ以上ある」については,学級担任の指導によって
「型」が与えられたため,多くの児童が3点となった。〈文〉については,
In2Books は英語で書かれた文をもとにルーブリックを書いているが,日本
語の場合助詞(てにをは)のミスの取り扱いが問題となるということがわか
り,ミスがあった場合には2点とすることにした。サイクル2での評価活動
の一番大きな成果は,〈語の選択/語彙〉の3点「本の考えを表している語
彙が使用されている。」で言うところ語彙として何を判断すればよいかが明
らかになったところである。〈理解〉で見たように,この本の主題が「家が
大切である」「家には工夫がある」ということなので,「家」「ドア」「かべ」
「台所」などについての語彙が書かれている場合には〈語の選択/語彙〉は
3点とし,それにあてはまらない語で「本に由来する」語(たとえばネコな
ど)を挙げている場合には2点とした。〈表記〉については,サイクル1で
おおまかな方針がでていたが,サイクル2で改めて,〈表記〉1点は大部分
は正しいが3箇所以上の感じもしくは表記の誤りがある場合,〈表記〉2点
は漢字もしくは表記の誤りが1箇所か2箇所ある場合,〈表記〉3点は漢字
もしくは表記の誤りはない場合と整理した。そのようにして評価した結果を
表 6.15に示す。

(5)サイクル3 伝記

①本と指導

　日本の実践当時の学習指導要領(平成20年告示)では,「C読むこと」の言
語活動例として,第5学年年及び第6学年に「ア伝記を読む,自分の生き方

【表 6.15】サイクル2社会科の本の手紙の評価

児童	理解	本についての思考	ペンパルとのつながり	構成	文	語の選択語彙	表記	平均
A児	2	2	3	3	2	3	2	2.43
B児	3	2	3	3	2	3	3	2.71
C児	3	2	2	2	2	3	3	2.43
D児	3	2	2	3	3	3	3	2.71
E児	2	2	3	3	3	3	3	2.71
F児	3	3	3	3	2	3	4	3
G児	3	2	3	3	4	3	1	2.71
H児	3	2	3	2	4	3	2	2.71
I児	3	2	2	2	2	3	2	2.29
J児	3	2	3	3	2	4	2	2.71
K児	3	2	3	3	4	4	2	3
L児	2	2	2	2	3	3	2	2.29
平均	2.75	2.08	2.67	2.67	2.75	3.17	2.42	2.64

について考えること。」があった。このため，小学校高学年で読むような伝記はとても充実している。しかし，小学校2年生で読めるような伝記はなかなか見当たらなかった。考えてみればIn2Booksが行われているアメリカは，多文化社会であるという背景があったり，英雄を賞賛する文化があったり，アメリカという国の成り立ちにかかわる英雄の小学校低学年から読めるような絵本の伝記が数多く出版されている。しかし，日本の絵本としてなかなか適したものが見つからなかった。複数の市立図書館をめぐり，司書にも相談して，『ライト兄弟』と『星のこども―カール・セーガン博士と宇宙のふしぎ―』を選択した。『ライト兄弟』は，飛行機を作った人の伝記であるので，長文ではあるがわかりやすいと考えた。一方『星のこども』に書かれている内容は宇宙に関することで，児童にとってわかりにくいと考えた。以上のこ

とを学級担任に伝え，どちらかの本を選んでもらうことにしたが，実際には
学級担任は両方を読み聞かせし，好きな方1冊について手紙を書くように児
童に選ばせた。児童は絵がかわいらしいということもあって，『星のこども』
の方が多く選択された。

　指導については，伝記一般の指導としてアメリカでよく行われていること
として，その偉人の業績，偉人の子ども時代にあったことや偉人の子ども時
代の性質，大人になってからの生活，乗り越えた障害などをとらえさせるこ
とが多いということを伝えた。学級担任が児童に示したサイクル3の手紙の
型を表　6.16に示す。担任は，先に筆者が伝えたことのうち，業績を「⑥☆
☆☆は，□□□□をした人です。」，子ども時代にあったことを「⑦☆☆☆は，
子どものときに△△△△をしてすごしていました。」として書かせるように
指導した。

②児童の手紙とその評価

　児童の手紙例を表　6.17に示す。また，それに対する大学生の返事例を表
6.18として示す。

【表　6.16】サイクル3伝記の指導（学級担任の報告より）

サイクル3の手紙の型
手紙の書き方 ①○○さんへ ②はじめのあいさつ ③手紙を読んだかんそう，しつもんの答え，べつのしつもん ④わたしは，ぼくは，『○○』の本について書きます。 ⑤この本は，☆☆☆のことを書いた本です。 ⑥☆☆☆は，□□□□をした人です。 ⑦☆☆☆は，子どものときに△△△△をしてすごしていました。 ⑧本について（3文いじょう） ⑨まとめのことば ⑩○月○日　○○より

【表 6.17】サイクル3伝記　児童の手紙

□□□□さんへ
　お手紙ありがとうございます。「○○さんは，どんなお家にすんでいるんですか？」と聞いてくれましたよね！○○は，アパートに，すんでいます！でも…おばあちゃんちにいることが多いです！おばあちゃんのお家に犬がいます！お家には，△△といううさぎがいます。○○は元気にすごしていますが□□さんは元気にすごしていますか！
　わたしは，『星のこども』について書きます。カール・セーガンはかせのことを，書いた本です！はかせは，子どものころ，星をしらべていてすごいと思いました！4頁のちきゅうがちいさくてびっくりしました！ぜひ読んでみてください！
　お手紙たのしみにしています！
○○より　11月25日

【表 6.18】サイクル3伝記　大学生の返事

○○○○さんへ
　お手紙ありがとうございます。かわいい動物たちの絵が書（ママ）かれていて，とてもうれしい気持ちになりました。ありがとう！
　○○さんはアパートにすんでいるのですね。○○さんのおばあちゃんのお家に犬がいるとのことですが，じつはわたしのお家にも犬がいます。犬はとてもかわいいですよね。うさぎはかったことがないので○○さんがとてもうらやましいです。
　○○さんが元気そうでよかったです。この間雪がふってとてもさむくなってきたのであたたかくしてねてくださいね。わたしは毎日元気なのであんしんしてください。
　○○さんは『星のこども』を読んだんだね。わたしも読んでみました。カール・セーガン博士について書いてある本でしたね。○○さんが言っていたように，カールは子どものころから星についてしらべていたのですね。大人になってからもカールはうちゅうをしらべて，地球とすべての生き物は星のかけらでつくられていることをはっけんしたすごい人だなと思います。4ページの地球の絵をわたしも見ました。あんなに小さいとはおどろきですね。うちゅうはとてもひろいんだなと思いました。『星のこども』のように，ある人のことを本にしたものを伝記とよぶそうです。今までに伝記は読んだことがあったかな？
　次に読む本はむかしばなしだって！　ももたろうとかうらしまたろうとかかな？　わたしもまだ読んだことないから，どんな本かたのしみですね。
　○○さんのお手紙をたのしみにまっています。
　　　　　　　　　　　　12月12日
　　　　　　　　　　　　　□□□□より
　　　　　　　　　　　　　サンタクロースの絵と吹き出し
　　　　　　　　　　　　　クリスマスプレゼントはなにをもらうの？？

第6章　ジャンルとメディアを意識した読書指導法　303

　サイクル3伝記の手紙を評価する際も、《本についてのコミュニケーション》〈理解〉3点に書かれている「本についての主題」が何になるかということが議論された。これは、担任の指導を踏まえ、人名・業績・子どもの頃のことが書かれているかどうかで判断することにした。すなわち、1点が「人名・業績・子どもの頃のことのいずれも書いていない」、2点が「人名・業績・子どもの頃のことのうち1つを書いている」、3点が「人名・業績・子どものころのうち2つを書いている」とした。〈本についての思考〉の2点は「おもしろかったです。」というような内容、3点は「自分も～してみたいです。」とした。〈ペンパルとのつながり〉については、サイクル2に引き続き「○○さんも読んでみてください。」のようにパートナーに対する呼びかけなどがある場合を3点とした。《言葉や文章構成の使用》の〈構成〉〈文〉〈表記〉の基準はサイクル2と同じとした。〈語の選択／語彙〉3点の「本の考えを表している語彙」とは、『ライト兄弟』の場合は「兄弟」「飛行機」「凧」とし、『星のこども』の場合は「探査機」「地球」「宇宙」「勉強」「立派な大人」とした。評価した結果を表　6.19に示す。

(6)サイクル4民話

①本と指導

　民話（昔話）は、現行の学習指導要領の「伝統的な言語文化に関する事項」として、第1学年及び第2学年で「(ア) 昔話や神話・伝承などの本や文章の読み聞かせを聞いたり、発表し合ったりすること。」があるので、昔話の本は多く所蔵している。そこで、『ききみみずきん』『かにむかし』『ももたろう』『ゆきおんな』の4冊を提案し、そこから選択してもらうことにした。学級担任は、校長とともに4冊を読み聞かせした上で、1冊を児童に選択させて手紙に書かせた。担任の報告を表　6.20に示す。

【表 6.19】サイクル3 伝記の手紙の評価

児童	理解	本についての思考	ペンパルとのつながり	構成	文	語の選択語彙	表記	平均
A児	4	2	3	3	2	3	2	2.71
B児	4	2	3	3	2	3	3	2.86
C児	4	2	2	2	2	3	3	2.57
D児	4	2	2	3	3	3	3	2.86
E児	2	2	3	3	3	3	3	2.71
F児	4	3	3	3	2	3	4	3.14
G児	4	2	3	3	4	3	1	2.86
H児	4	2	3	2	4	3	2	2.86
I児	3	2	2	2	2	3	2	2.29
J児	4	2	3	3	2	4	2	2.86
K児	4	2	3	3	4	4	2	3.14
L児	1	2	2	2	3	3	2	2.14
平均	3.5	2.08	2.67	2.67	2.75	3.17	2.42	2.75

②児童の手紙とその評価

　児童の手紙例を表　6.21に示す。また，それに対する大学生の返事例を表 6.22として示す。

　サイクル4の民話（昔話）を読む時の指導は，サイクル1物語に準ずるが，教訓が強調されるというのが物語りと異なるというのが，In2Booksのとらえ方である。ルーブリックの評価については，次のように基準を設けた。《本についてのコミュニケーション》の〈理解〉については，1点が「設定（時・場・人物）が読み取れていない」，2点が「設定のうち，人物について書いている。しかし，クライマックスをとらえていない」，3点が「設定（時・場・人物）のうち，人物について書いている。クライマックスを，理由を含めてとらえている」，4点を「クライマックスについて詳しく，うまく

第6章　ジャンルとメディアを意識した読書指導法　305

【表　6.20.1】サイクル4民話の指導（学級担任の報告より）

サイクル4の授業

（前略）
授業は，以下のような流れで進めました。

1時間目
①昔話の本4冊を読み聞かせ
②昔話の本4冊をじっくりと個人で読み，一番気に入った本を一冊選ぶ
・昔風の言葉遣いや言い回しが多く，子どもたちがどの程度理解できたか分かりませんが，子どもたちが「どういうこと？」と質問してきた場合のみ，解説をし，あとは流して読み聞かせをしました。昔風の言葉遣いについては，子どもたちは「昔話だからそういうものだ」というように自然に受け入れて読んでいる様子でした。

2時間目
③型（別紙）を提示し，下書きを書く
・形式段落をつけさせるために，下書きでは「①〜⑩が行の頭にくるように改行する」と指導しました。前回までは，「①〜⑩の全部を書いてね」と繰り返し声掛けをしても，もれなくすべてを書くことができていない児童が多いことが気になっていました。今回は，下書きを書くときに①〜⑩の番号も書くやり方にしたところ，ほとんどの児童がもれなく書くことができました。
・型⑦「いちばんもりあがるところ」が一番苦労するだろうと予想していましたが，子どもたちは自分なりにすらすらと書くことができていました。⑤の「いつ，どこ」と⑧の「自分が考えたこと」が一番迷っている子が多かったです。
・自分が言いたい場面を説明する時に「○ページの…」と書かせようと思ったのですが，どの本にもページ数が書かれていないことに後から気づき，「○○が〜〜をしているところ」というように場面の様子を言葉で説明するように指導しました。

3時間目〜4時間目
④下書き完成，担任チェック
・ペアで下書きを読み合う活動はせず，担任が誤字脱字やおかしい言葉遣いが無いかどうかを確認しました。
⑤清書，色塗り，封筒作り→完成
今回も子どもたちは短時間の中で楽しんで活動に取り組んでいました。「次の5回目で最後だよ。」と伝えると，みんな残念そうな顔をしていました。
発送が遅くなってしまい，大変申し訳ありません。ご指導よろしくお願いいたします。

平成29年2月24日　○○小学校　2年生担任　××××

サイクル4に手紙の型に続く

【表 6.20.2】サイクル4民話の指導（学級担任の報告より）（続き）

サイクル4の手紙の型

手紙の書き方
①○○さんへ
②はじめのあいさつ
③手紙を読んだかんそう，しつもんの答え，べつのしつもん
④わたしは，ぼくは，『本のだい名』について書きます。
⑤いつ・どこ
　このお話は，（いつ），（どこ）であったお話ですか。
⑥とうじょうじんぶつ
　このお話には，（だれ）と（だれ）が出てきます。
⑦いちばんもりあがるところ・りゆう
　いちばんもりあがるところは，〜〜のところです。
　りゆうは，〜〜だからです。
⑧自分が考えたことは（3文いじょう）
⑨まとめのことば
⑩○月○日　○○より
　☆話がかわる時は，だんらくをかえる。

【表 6.21】サイクル4民話　児童の手紙

うさぎの絵と吹き出し　　お元気ですか！！
　　　　　　　□□さんへ
お元気ですか？
前のお手紙で，サンタさんから，プレゼントに何をもらったか聞いてくれましたね。わたしは，しるばにあのお家としるばにあのねこのおかあさんをもらいました。
わたしは，『かにむかし』について書きます。
このお話は，むかしのはまの近くのお話しです。
とうじょうじんぶつはかにとさるとばんばんぐりとはちとうしのふんとはぜぼうです。
一ばんもり上がるところは，一ばんさいごの頁です。どうしてかと言うとさるの顔がおもしろかったからです。わたしがどうしてかにむかしにしたかというと，おもしろそうだったからです。
かにのおかあさんがかわいそうでした。さるがはちにさされたところがおもしろかったです。
かぜをひかないように気をつけてください。
　　　　　○○より　2月24日金曜日

【表 6.22】 サイクル4民話　大学生の返事

○○○○さんへ
　お手紙ありがとう。わたしはかぜもひかずに毎日元気にすごしています。お手紙をやりとりするのはクリスマスぶりなのでとてもうれしいです。
　クリスマスにはシルバニアのお家とねこのお母さんをもらったんですね。わたしもちいさい時にシルバニアを買ってもらいました。今でも大切にもっていますよ。
　○○さんは「かにむかし」を読んだのですね。わたしも読んでみました。いちばんもりあがるところは○○さんと同じように，みんなできょうりょくしてさるをやっつけるところだなと思いました。わるいさるをこらしめることができてよかったなと思いました。はちにさされたときのさるのかおはおもしろかったですね。
　次は科学の本を読むみたいですよ。少しその本をみたのですが，虫についてたくさん書かれていました。○○さんも読んでみて，ぜひどう思ったのか，どこが面白かったか，おしえてくださいね。次はさいごのお手紙なので，とてもたのしみにしてまっています。
　2年生ものこり少しですね。3年生にむけてまたがんばってね。
　　　　　　　　2月28日　□□□□より

まとめている」とした。〈本についての思考〉については，1点が「自分が考えたことを書いていない」，2点が「自分が考えたことを書いている」，3点が「自分が考えたことを教訓とからめて書いている」，4点が「自分は，このきょうくんについてこう思います」ということがあるとよしとした。〈ペンパルとのつながり〉については，1点が「宛先と差出人名のみ書いている」，3点が「○○さんも読んでみてください」と書いているとした。《言葉や文章構成の使用》については，〈構成〉は2点が「クラスターはるが，改行ができていない」，3点が「形式段落が1つ以上あり，改行ができている（1字下げはなくても可）」，4点が「形式段落が2つ以上ある。同じ話題のまとまり，意味上のまとまり（意味段落）を作っている」とした。〈文〉については2点が「ねじれのミスが複数ある」，3点が「考えをつなぐ指示語が1箇所以上ある」とした。〈語の選択／語彙〉については2点の語彙を「人物の名前」「きびだんご」「ききみみずきん」「うす」「かき」などとし，3点の語彙を「おにたいじ」「こらしめる」「石」「せきとめる」「水」「クスノキ」「やくそく」「おわかれ」「わるいこと」，4点を「まじめ」「努力」「人のため」とした。〈表記〉については，1点が「間違いが3箇所以上」，2点が

308

【表 6.23】サイクル4民話の手紙の評価

児童	理解	本についての思考	ペンパルとのつながり	構成	文	語の選択語彙	表記	平均
A児	3	3	3	4	4	4	2	3.29
B児	2	2	3	3	4	2	3	2.71
C児	2	2	3	3	3	2	2	2.43
D児	4	3	3	4	3	2	2	3
E児	3	1	3	3	3	3	2	2.57
F児	3	2	2	3	2	3	3	2.57
G児	4	3	2	3	2	3	1	2.57
H児	2	2	3	2	2	2	2	2.14
I児	3	2	3	3	2	3	3	2.71
J児	3	2	3	2	3	2	2	2.43
K児	3	3	3	3	3	3	2	2.86
L児	2	2	3	3	3	2	3	2.57
平均	2.83	2.25	2.83	3	2.83	2.58	2.25	2.65

「句読点・漢字の間違いが1～2箇所ある」，3点が「句読点・漢字の間違いがない」，4点が「学年に出てこない難しい漢字を使用している（例：頁など）」とした。児童の手紙も高度になってきたということもあり，評価する側（筆者・大学生・院生）も評価になれてきたということで，4点にまで具体的な基準を設定する項目が増えた。

　このようにして評価した結果を表 6.23に表す。

⑺サイクル5理科の本

①本と指導

　理科の本の中で，まず小学校低学年に向いているのは，物理・科学・生物・地学のうち生物であると考え，昆虫の本『すごい！びっくり！昆虫のふ

第6章　ジャンルとメディアを意識した読書指導法　309

しぎパワー』と『虫たちのふしぎ』の2冊を選択した。2冊とも，論理的な文章が書かれている本というよりも，昆虫の写真が数多く掲載されている図鑑的な扱いの本である。このようなタイプの本は，まずは知識を得る喜びを感じてほしいと考える。

　学級担任の指導についての報告を表　6.24に載せる。このような知識を伝えるタイプの本については，まずは知識を得る喜び，発見の面白さを綴って

【表　6.24】サイクル5理科の本の指導（学級担任の報告より）

サイクル5の授業

1時間目
・サイクル4のお返事を読む。
・サイクル4の「昔話」の本をもう一度読みたい人は，本を読み返す。
・サイクル5の2冊の本を紹介し，読み聞かせをする。

2時間目
・2冊の本をじっくりと読み，一番気に入った本を選ぶ。
・型を提示し，下書きを書く。

3時間目〜4時間目
・下書き完成，担任チェック。
・清書，色塗り，封筒作り→完成。

サイクル5の手紙の型

①○○さんへ
②はじめのあいさつ
③手紙を読んだかんそう，しつもんの答え，べつのしつもん
④ぼくが，わたしが，一番気に入った虫をしょうかいします。
⑤『本のだい名』○ページの，☆☆☆という虫です。りゆうは…です。
⑥今までの本と今回の本のちがうところは，〜〜〜だと思いました。
⑦この他に書きたいこと
自分が新しく知ったことや考えたこと，気づいたことなど
⑧パートナー読書のふりかえり
成長したこと，うれしかったこと，楽しかったことなど
⑨まとめのことば
⑩○月○日　　○○より
☆話がかわる時は，だんらくをかえる。
☆虫の説明をするときは，本のだい名とページを書くと分かりやすい。

ほしいと考える。学級担任の手紙の型では，④と⑤で気に入った虫を1つ取り上げ，その気に入った理由を書かせるということにしたようである。また，⑦新たに知ったことについても書くように指導した。

【表 6.25】サイクル5 理科の本　児童の手紙

> 　絵　だんご虫が丸まったところ！
> 　　　　　□□さんへ
> お手紙ありがとうございます。
> お手紙のさるの絵がじょうずでした。
> 一番気にいった虫を一つしょうかいします。それはダンゴ虫です。
> 『虫たちのふしぎ』の35頁のダンゴ虫です。りゆうは，丸まると小さくてかわいいからです。
> 今までの本でちがうと思ったところは，虫がかいてあるところです。
> ダンゴ虫のほかにはいも虫がかわいいと思いました。
> さいしょからやって，一番おもしろかった本は，『あなたの家わたしの家』です。
> 今までありがとうございました。
> 　3月7日　○○より

【表 6.26】サイクル5 理科の本　大学生の返事

> ○○○○さんへ
> 　お手紙ありがとうございます。○○さんに絵をほめられてとってもうれしいです。ありがとう。
> 　○○さんはダンゴ虫が気に行ったのですね。わたしも35頁を見てみました。○○さんが言うように，小さく丸まっていてかわいらしいですね。わたしは小さいとき，よく外であそんでいて，何度もだんご虫を見ていました。見つけると，手の上にのせてゆびでつついて丸くさせていました。○○さんも，もしダンゴ虫を見つけたら，じっさいにさわって，丸くなるところを見てみてください。きっとおもしろいはずです。
> 　わたしが『虫たちのふしぎ』を読んで，一番気に行った虫は，ムラサキシジミというガの一種の虫です。理由は，はねの表はきれいな色をしているのに，うらがわはちゃ色という，じみな色になっていたことにびっくりしたからです。この虫は見たことがないので，いつか見れたらいいです。
> 　○○さんとお手紙のやりとりができてとてもたのしかったです。いつも，かわいい絵をかいてくれたり，きれいに色をぬってくれて，ありがとう。いつも○○さんからのお手紙がたのしみでしかたありませんでした。4月からは3年生ですね。これからも，みんなとなかよく元気でいてください。今までありがとうございました。
> 　　　　　3月10日
> 　　　　　　　□□□□より

②児童の手紙とその評価

　児童の手紙例を表　6.25に示す。また，それに対する大学生の返事例を表 6.26として示す。

　サイクル5の理科の本の評価は，サイクル2の基準とほぼ同じ形で行われた。ただ異なるのは，サイクル4と同様に，4点のものが増えたところである。《本についてのコミュニケーション》〈理解〉「○○について詳しく，うまくまとめている」が加えられた。〈本についての思考〉は，4点が「自分は，この○○についてこう思います」と書いてある場合とした。評価結果を表　6.27に示す。

【表　6.27】サイクル5理科の本の手紙の評価

児童	理解	本についての思考	ペンパルとのつながり	構成	文	語の選択語彙	表記	平均
A児	3	2	2	3	3	3	3	2.71
B児	3	3	3	3	3	2	3	2.86
C児	2	2	2	2	3	2	2	2.14
D児	3	2	3	3	3	2	2	2.57
E児	2	2	2	2	3	2	2	2.14
F児	2	2	2	2	3	2	3	2.29
G児	3	3	3	3	4	2	2	2.86
H児	4	2	3	2	3	3	3	2.86
I児	3	2	2	3	4	2	3	2.71
J児	4	3	3	3	4	4	2	3.29
K児	3	2	3	3	2	2	2	2.43
L児	2	2	3	3	2	3	2	2.43
平均	2.83	2.25	2.58	2.67	3.08	2.42	2.42	2.61

【表　6.28】最後の手紙の指導（学級担任の報告より）

最後の手紙

　お世話になっております。サイクル5のお返事と写真を送ってくださり，大変ありがとうございました。お返事を読んでから最後のお手紙を書くまでの，子どもたちの様子を報告させていただきます。
　授業は，以下のような流れで進めました。

1時間目

①サイクル5のお返事を読む
②サイクル5の本をもう一度読みたい人は，本を読み返す
・お返事の中に，中の名前や何ページに載っているかが書かれていたためか，今回は全員がどちらかの本を読み返していました。
・△△△△さんと×××さんの2人は，2冊の本の「さくいん」を見比べて，両方の本に載っている虫がいないか調べていました。
・授業の終わりの時間になるまで，止めない限り全員がずっと本を読み返していました。
③子どもたちから，「もう一度お手紙を書きたい！」という要望が出る
・「書いても，もうお返事は来ないと思うよ。」と伝え，「それでもいいから書きたい！」という声が多く聞かれたので，最後にもう一度だけ，お手紙を書くことになりました。

2時間目

④お手紙（本番）を書く
・今回は下書きはせず，いきなり本番を書かせました。封筒と便せんはサイクル5と同じ物を用意しました。型は提示せず，自由に書かせました。
⑤担任チェック
・担任が誤字脱字やおかしい言葉遣いが無いかどうかを確認しました。
⑥色塗り，封筒作り→完成
　今回は型は用意せずに自由に手紙を書かせましたが，子どもたちは大体のお手紙の書き方を習得したようで，すらすらと書くことができていました。今までのパートナー読書の学習で学んだことを自然に活用している姿を見ることができ，最後までお手紙を書かせてみてよかったと思いました。
　また，他教科の学習にも活かす場面がありました。生活科の授業で，生まれてから今までの成長の記録をまとめて本にする学習をしました。学習の最後に，家の人から手紙を書いてもらい，それを読んでお返事を書く活動をしました。家の人からの愛情にあふれた手紙を読んだ子どもたちは，それに応えるように，すらすらとお返事を書きました。どの児童も，愛情表現をしたり今までの感謝の気持ちを書いたりして，とても素敵なお手紙を書き上げました。これもパートナー読書の成果だと感じました。
　これからも，パートナー読書で学んだことは，様々な場面で子どもたちの見方や感じ方を豊かにし，それを上手く表現することにつながっていくことと思います。貴重な経験をさせていただき，本当にありがとうございました。（中略）

平成29年3月16日　○○小学校　2年生担任××××

第6章　ジャンルとメディアを意識した読書指導法　　313

【表　6.29】最後の児童の手紙

□□さんへ これでおわるとなると，さみしいですね！　（涙を流す顔マーク）ハートを28こ書いてくださってありがとうございます。一番おもしろかった本は「虫たちのふしぎ」です。りゆうは，虫を近くから見るとかわいいからです。今までありがとうございました。（すまし顔の絵） 3月15日　○○より

⑻サイクルが終わった後

　In2Books はサイクル5で終了である。大学生が卒業してしまうので，急いでサイクル5の手紙に対する返事をとどけたところ，児童はそれに自主的にパートナーに手紙を書きたいと求めた。そこで担任の方で，次の表　6.28のような指導をしたという報告があった。児童が書いた手紙例を表　6.29に示す。

　手紙は，大学生・院生の半分が卒業・修了する卒業式・修了式の謝恩会と，卒業しない3年生の学生は新年度になってから手渡されたが，これらについて大学生・院生が返事を書くことはなかった。

⑼考察
①本と指導について

　5つのジャンルの本を使用するということで，本は筆者が選択して準備した。複数種類を用意し，学級担任に決定してもらうつもりだったが，担任は児童自身に選択させるという方法をとった。結果として多くの本に児童は触れることができた。全体として，ジャンルに基づいた本を5種類展開していくのは，意味があったようである。なぜなら，子どもたちは，様々なジャンルに意識的に取り組めたし，中にはあるジャンルについて複数種類の本を扱うことで，ジャンルの概念をより明確に把握することができたと考えられるからである。ジャンルを意識するということでいうと，今回5ジャンルを扱ったことはよかったと考えられる。なぜなら，最初（サイクル1）で面白か

ったところを指摘していた児童たちが，それぞれのジャンルに即してどう手紙を書いたらよいか（それはすなわち，どう読んだらよいか）を学ぶことができたと言えるからである。

ただ，小学校2年生ということに限定して考えると，本については次の2点の問題点があった。1点目は伝記についてである。アメリカには，低年齢の児童にも読めるような国のヒーローの伝記絵本が多い。これに対し，日本には低年齢の児童向けの伝記がほとんどない。実際，小学校2年生にも読めるような絵本はほとんど見当たらなかった。何とか比較的平易な本『ライト兄弟』『星のこども』を用意し，学級担任に選択してもらおうと考えた。しかし，担任は実際には2冊とも読み聞かせをし，どちらか好きな方一方を児童に選択させて手紙を書かせた。『ライト兄弟』は，兄弟の比較的幼い時期のことが書いてあり，読みやすいと思ったが，実際に選んだ児童が多かったのは『星のこども』であった。宇宙という概念をとらえるのは児童でなくても難しいと思いがちであるが，児童は難しい本であっても挑戦するのだと再認識した。2点目の問題点は，「社会科の本」「理科の本」についてである。これらの言い方は，本来はジャンルではない。より小学生がイメージしやすいようにということで，アメリカではこのようなジャンル名を用いていると考えられる。しかし，日本では小学校2年生には社会科・理科の科目名がない。このことも文化差であり，一つ問題点となることであろう。

指導の仕方については，筆者の方で明確な指導方針を出すことができなかった。ただ，In2Booksには，教師用指導書的な雑誌が出ているので，サイクル2及びサイクル3では，その雑誌に書かれていることの要点を，教員研修会で当該の学校を訪れた際に，学級担任に伝えたつもりである。それでも，サイクル4とサイクル5は全くの任せきりになってしまった。どのようなジャンルをどのように読むように指導することが適切なのか，引き続き検討が必要である。かかった時間も，現実として受け止めるべきか改善すべき点としてとらえるべきか判断しかねるところである。学級担任は，サイクル1は

２時間で行った。しかし，手紙が評価されるということがわかり，こちらからの評価の観点や次回（サイクル２やサイクル３）での指導の要点が分かると，指導に時間がかかるようになっていった。

②児童の手紙の評価について

　児童の手紙の枚数は，徐々に増えていった。平均枚数は，サイクル３で16枚書いた外れ値の児童を除くと，サイクル１が1.45枚，サイクル２が2.00枚，サイクル３が2.36枚，サイクル４が2.27枚，サイクル５が2.27枚であった。サイクル４とサイクル５は時間がないところで間隔を空けずに書いているので，サイクル３よりも減っているが，安定して２～３枚ずつ書くことができるようになっていった。学級担任はまた，サイクル５が終わった後の報告（表　6.28）において「今回は型を用意せずに自由に手紙を書かせましたが，子どもたちは大体のお手紙の書き方を習得したようで，すらすらと書くことができていました」としている。

　それぞれの手紙を In2Books のルーブリックで評価することは，一応可能であることが分かった。ただし，単文・重文・複文や，助詞，漢字の表記などは，日本語用に基準を立てる必要があった。日本語用に基準を立てれば，ルーブリックで評価することは可能であった。ルーブリックは，どのジャンル（サイクル）でも，どの学年でも同じ１種類を使用する。つまり，学年があがっていくごとに，より高いレベルに到達できているかをはかることができるはずである。しかし，本実践は第２学年の児童のみの参加であったので，継続的な指導が望まれる。

　しかし，手紙は１通ごとにルーブリックで評価するので，このルーブリックでは，せっかくの一連の流れを評価できないということも分かった。前のサイクルの返事に書かれたパートナーの呼びかけを受けて返答を今回のサイクルで書き込んでいるという場合，そのことをうまく評価に盛り込めなかった。In2Books のルーブリックは１冊１冊の本を読む際の認知的側面に向い

ているのであって，本の内容に関係しないような非認知的側面（パートナーのおにいさん・おねえさんとお手紙のやりとりができてうれしい気持ち，また本を読みたいという動機付けなど）を評価するのには向いていない。しかし，非認知的側面もパートナー読書には重要な側面なので，これを評価して糧にしていけるような評価方法を開発する必要がある。

7．まとめと今後の課題

　以上，本節では，パートナー読書としてアメリカで行われた In2Books というプロジェクトを調査し，それを日本で実践してみて，読書指導法として定位できるか，またどのような効果や課題があるのかを検討した。

　実践研究から，本を読んで手紙を書くという活動は児童にとって魅力的であることが見て取れた。小学校 2 年生の児童としては，少し長い文章を厭わずに書けるようになったという効果があったといえよう。ただし本の選択については，「社会科の本」「理科の本」という 2 年生にない科目のジャンル名では，どのような本なのかイメージがつかみにくいという問題点があった。また，伝記について，やはり 2 年生に読めるような伝記が日本であまり出版されていないという問題点が発見された。本を読むことと手紙を書くことの指導にかける時間は，徐々に長くなっていった。これは，主題をどのように指導して手紙に反映させるか，授業者である学級担任の認識が進んだからだと考えられる。やはり In2Books は，授業改善や教員研修の意味を含んでいると言える。

　手紙の評価については，ルーブリックの基準を設定したり，ルーブリックで評価したりする活動を通して，日本の教育現場で児童に読書の感想を求める時，我々教員はジャンルを意識せずに単に「おもしろいところ」を述べさせる傾向があることが分かった。加えて，あるジャンルの主題をとらえるということについて，我々は十分に児童に指導してこなかったのではないかということが言える。反対に言うと，この In2Books のやり方で，ジャンルを

しっかり意識した読書指導ができるということである。結論として，この In2Books というパートナー読書は，ジャンルを意識した読書指導法である ということができる。

第3節　読者想定法

1．はじめに

　ノンフィクションとは，「フィクション（虚構）でない」読み物の意味で，英語圏の読むことの指導において，一般的に使用されている語である。主に知識や情報を伝えることを主眼にしており，様々なジャンルが含まれる。OECD（経済協力開発機構）が15歳の生徒に実施している国際学力調査 PISA の読解力のテストでフィクションにあたる「叙述」はわずか15％であり，それ以外のノンフィクションにあたる「議論」「記述」「解説」「指示」が85％を占めている。PISA は，15歳生徒が社会に参加していく際に必要とされる読解力を測定しようとしているのであり，やはり実生活の中において，ノンフィクションのテキストに触れる機会が多いと想定していることと言える。文章に限らず，新聞・雑誌・本・冊子・リーフレット・ウェブサイトなど，様々な形態メディアのものを含む。表 6.30は，アメリカの4年生・8年生・12年生（日本ならば小学4年生・中学2年生・高校3年生にあたる）に対して行われる NAEP（National Assessment of Educational Progress）という学力調

【表　6.30】NAEP で用いられるテクストの学年における割合

テクスト	4 年	8 年	12年
文学的テクスト	55％	40％	35％
情報的テクスト	45％	40％	45％
課題的テクスト	なし	20％	20％

査の読むこと（reading）で用いられるテクストの割合を示したものである。年齢が上がれば上がるほど，フィクションである文学的テクストの割合は減り，反対にノンフィクションである情報的テクスト・課題的テクストの割合が増えていることが分かる。

　しかし，我が国の読むことの指導，とりわけ読書指導では，フィクションである文学・小説を扱うことが多く，ノンフィクションを扱うことは少ないように思われる。もちろん説明的な文章を，段落構成・論理展開・筆者の表現上の工夫などについて読解する授業は頻繁に行われているが，実生活において行う様々なノンフィクションを読むことの指導についてはあまり行われていない。

　そこで，本節の目的は，このような問題状況をふまえ，ノンフィクションを読むことの指導について，様々なジャンルを意識して扱うことのできる指導を開発することである。ノンフィクションを読むことに対して高い割合を示している海外の指導例を参照することにした。本稿で手がかりとするのは，具体的には，アメリカの国語教育研究者である Jean Anne Clyde らの吹き出しを用いた方法である。その特徴は，読者を想定し，その想定した読者がどのような読者反応を示すかを想像しながら読むことを通して，ノンフィクションを批判的に読むことを指導するというところにある。

　筆者は，日本読書学会の海外担当幹事の仕事として，2014年4月14日から16日にかけて，オックスフォード大学で開催された第2回世界リテラシー・サミットに出席した。その際に，参加者の一人であった Clyde と読者の読書意欲を喚起するノンフィクションの読書指導について，2日間をかけて話し合った。その話し合い内容を，許可を得てここに掲載する。Clyde はそのサミットで発表があったわけではなく，食事や休憩時間などを利用して，筆者が尋ねる質問に彼女が答えたりさらに説明を加えたりしてくれたものである。そのうちの一部は，その約1週間後にあたる2014年4月22日に，ノッティンガム大学における LSRI（Learning Sciences Research Institute）セミナー

のために準備したハンドアウト（Clyde, 2014）を用いて行われた。LSRI 講義の資料は非公開であるし，Clyde が日本人である筆者に対して説明を行い，筆者も質問を行う形でさらに説明が加わるという形で行われたので，本稿で取り上げる内容は LSRI セミナーと同じ内容ではない。したがって，本稿は，公の記録に残らなかったこの話し合いを 1 つの資料と考え，それを紹介する意味も含んでいる。ただし，話し合いを全てそのまま再現したものではない。本稿でに対象とならないフィクションとしての絵本の読み聞かせの例などについて，実際に書店で絵本を購入して話し合ったし，また，筆者の理解が進むにつれて，Clyde が解説や議論を端折ったところもあるからである。なお，彼女らの著書 "Breakthrough to meaning" には，本稿と多少重なる吹き出しを用いたノンフィクションを読むことの指導が取り上げられているが，①その本には吹き出しの利用ということに焦点があたっており，その本が取り上げている他の場面（文学を読むことや，書くことの授業）で吹き出しを用いることは我が国でも既に行われており，本稿で取り上げる意義が薄くなること，②著書の例よりも上述の話し合いの例の方が，本稿の問題意識に適合していること，の 2 点から，やはり上述のオックスフォードにおける話し合いを中心に考察することとした。話し合いの内容のうち，ノンフィクションを読むことの指導について重要な点を以下に記述した後，読者想定という指導法の意義について，我が国の国語科教育における文脈において論じることとする。

2．吹き出し

　漫画における登場人物の台詞を示す視覚的表示である吹き出しは，我が国では，専ら，文学的文章において登場人物の心情を読み取るためのツールとして用いられている。Clyde らも，まずは，絵本や文学を読む際に吹き出しを用いている。ただ，Clyde らがよく用いるのは，図 6.4の左のような一般的な吹き出しではなく，右のような丸が連なる形の心の中を表す吹き出し（thought-bubble）である。左は声として台詞として外界に発せられるのに対

　　一般的な吹き出し（text）　　　　Clydeらの吹き出し（subtext）

【図　6.4】吹き出しの種類

して，右は発せられず心の中にとどめていることを表している。Clydeらは，左をtextと呼び，右をsubtextと呼んでいる。筆者はこのsubtextという呼び方は妥当で重要であると考えている。なぜなら，textが明示されたいわゆる外言を扱うのに対し，subtextは内言・思考といった外に出ていない言葉を扱うからである。我々がテクストを読むという行為は，内言・思考を操ることに他ならない。さらにsubという，下位を表す接頭語は，言語の階層性・多層性を表すのに適している。単に，人の心の中（気持ち）を扱うだけでなく，様々なレベルにおける言語を扱うことができるからである。本稿で述べる吹き出しを用いた読者想定というのは，想定した複数の読者において生じる下位テクスト（subtext）を扱おうとしたものであり，吹き出しは，そのことを児童・生徒に分かりやすく伝える一種のグラフィック・オーガナイザー（視覚的に分かりやすく示したもの）と解することができる。

3．読者想定

　実生活において文学（フィクション）を読む目的は，本人が楽しむために読むことが多いが，ノンフィクションは媒体や内容によって読者層が異なる。Clydeに説明を求めて，オックスフォード市の書店の2階で話し合った際に，Clydeはその書店のカフェ・コーナーにおいてあったオックスフォード及びバッキンガムの地元観光・情報誌を使って説明してくれた。この地元観光・情報誌の表紙には色鮮やかな野鳥の写真が載せられており，「鳥にえさをや

ること―鳥類（羽の生えた私たちの友達）を助けよう」という特集が組まれているらしいということが分かる。Clyde が読者想定をために端的に説明したのは，この情報誌を用いてであった。Clyde は，この情報誌の表紙を見せて，「この情報誌には，野鳥の写真が載っているけど，これをどんな人が見ると思う？」と問うた。

　筆者が思いつきを述べ，さらに Clyde が想像を膨らませながら，想定した読者は次の4名である。Clyde はすらすらと似顔絵を描き，筆者と Clyde でプロフィール（年齢，立場，性格，普段の行動など）を膨らませ，さらに筆者がそれらの想定した読者がどのようなことを考えたかを想像し，それを Clyde が吹き出しの中に書き入れた。以下，想定した読者の名前，プロフィール，丸括弧で吹き出しの内容を示す。

　　○ジュリー　68歳　家の庭づくりが趣味。鳥が大好き。38種類の鳥にえさをやっている。
　　（まあ！　この鳥の写真ステキ。色がきれいだわ。ほんと，完璧よ！）

　　○ザグ　ティーンの非行少年。ドラッグをやっている。
　　（だれが鳥の特集なんか読むかよ？　つまらねえ！）

　　○パイル・ベイカー　65歳　農作業従事者。ワインをつくる葡萄農園を経営。
　　（この鳥は，わしの敵だ。嫌いだ。葡萄を守るために，網を張らなきゃならない。毎年鳥に葡萄をついばまれるから，本当にいらいらさせられる。）

　　○アダム・ジョーンズ　63歳　プロの写真家。野鳥の写真を撮影している。写真は，世界中の雑誌に掲載されている。
　　（この鳥は，とても撮影が困難な鳥だ。敏感で，カメラを向けようものなら，すぐに気づいて逃げてしまう。この写真を撮影した人は，長い時間をかけて，忍耐強くシャッターチャンスを待ったに違いない。）

　このように，同じ雑誌の写真であっても，読者がどのような考えの持ち主であるかによって，これを見るときに印象や構え方は全く異なる。そして，

これらの構え方のもと，実際に特集記事を読んでいき，それらの読者反応を
吹き出しに書いていくことになる。

　これらの読者想定において想像したこの鳥の性質（葡萄の実をついばむ，敏
感な鳥で写真が撮影しにくい）が正しいかどうかは，筆者には分からない。し
かし，このように読者想定をして読むことに意味がある。例えば，パイル・
ベイカーは記事を読んで（この鳥は，わしの敵じゃなかったのか。敵の鳥に似てる
と思ったんだが……。もっと小さくて森の奥に住んでいるんだな。）と思い直したり，
アダム・ジョーンズも（そうか。これは，結構人里にいるんだね。まあ，雀みたい
なものだね。）と思い直したりするかもしれない。実際にも，読者はそういう
誤解も含めて，先の内容を予想して，その上で読み進めていくものである。

　なお，この例は読者想定の例として，Clyde が挙げたもので，実際に中の
記事は読んでいない。そこで，次節では，別のインターネットによる新聞の
記事について，もう少し読む過程を見ていくことにする。

４．読者想定と読者反応

(1)取り上げるテクストと想定する読者のリスト

　次に取り上げるのは，「スター・トリビューン」というアメリカ中西部の
ミネアポリスに拠点をおく地方紙にあった13歳の少年が自殺した記事[4]を教材
として，アメリカの学校外における読書推進について研究している Mark
W. F. Condon 氏が小学生にも読めるように修正を施したもので，Clyde のハ
ンドアウトに掲載されていたものである（Clyde, 2014, pp. 9-10.）。Clyde 氏及
び Condon 氏の許可を得た上で，日本語に訳して説明のために丸数字の形式
段落番号を付したものを，図　6.5として掲載する。後の説明で丸数字を使
用したいからである。

　もとはインターネットの新聞上の記事のため，１文ごとに１行ずつ空けて
ある。すなわち，形式段落番号と言っても，１文ごとに１つの丸数字が付し
てある。

第 6 章　ジャンルとメディアを意識した読書指導法　　323

家族：　いじめが招いた13歳の自殺（ワイオミング州）
【スター・トリビューン首都局】 ジェレミー・ペルツァー　2012年1月5日（木）午前8時00分掲載
①シェイアンーアレックス・フライ君は他の13歳の子どもたちといるときは，おとなしいはにかみ屋だった。家族によれば，彼は学校で友だちがなかなかできず，クラスメートにしょっちゅうからかわれたり，いじめられたりしていたという。
②しかし，大人たちといるときは，アレックス君は別人だった。彼はおしゃべりで，すぐに仲良くなり，長い時間，列車に関する知識を披露して，ユニオン・パシフィック鉄道のベテラン職員らを感心させていた。
③そういった200人ほどの大人たちが，水曜日にアメリカ在郷軍人基地6番集会所に詰めかけた。日曜日の朝早く，アレックス君がユニオン・パシフィック鉄道車両基地の南側にある草むらで銃自殺を図ったという操作報告を聞いたからである。
④3日間にわたる数百人のボランティアによる捜索は，火曜日にアレックス君の遺体が発見されるという悲劇的な幕引きとなった。
⑤アレックス君の家族は，彼が自殺を考えていた兆しはまったく感じられなかったと話したが，彼の義姉は自殺の直接的な原因は，学校で繰り返しいじめを受けていたことに違いないと語った。
'昔気質のジェントルマン'
⑥家族や友人，隣人たちは，アレックス・フライ君のことを，賢く思いやりがあり，おそらく彼らが知るなかで一番成熟した13歳だと記憶している。
⑦「彼の体は子どもだけれど，中身は昔気質のジェントルマンでした」と，フライ君の隣人であるリンジー・パワーさんは話す。「誰かが庭仕事や，何かしていると，あの子はいつも手伝いましょうかと最初に尋ねに来てくれました」
⑧「義弟は自分と同い年の子どもたちよりも，大人とうまくやっていけるタイプでした。13歳にしては，誰にもかなわない精神性と智恵を持っていましたから」と義姉のローレン・バードさんは語る。
⑨アレックス君は特に熱中しているもの，つまり列車のこととなると，誰にも引けを取らなかった。彼は鉄道模型を持っていたが，ワイオミング州シェイアンにあるユニオン・パシフィック鉄道の車両基地に実物大の列車もよく見に行っていた。やがて，すぐに鉄道職員に仕事について尋ねるようになり，エンジンや鉄道の操作について豊富な知識で相手を驚かせた。
⑩アレックス君の祖父のジョン・フライさんによると，数年前に一度訪れたとき，アレックス君は線路のところで働いている鉄道職員に気が付き，そのブレーキ係と話し込んでしまったという。
⑪「次にどうなったかというとね，彼らは孫に実際に機関車を運転させてくれたんですよ」とジョン・フライさんは言う。「彼らはあんな子に会ったことがなかったんですね。あの子は15分か20分話しただけで，人に11歳の子供を信用させてしまうといった印象でした」

【図　6.5.1】スター・トリビューンの記事教材
(Pelezaer, 2012, Clyde (2014, pp. 9-10.) より翻訳)

学校でのトラブル

⑫しかし，毎朝の登校時間になると，アレックス・フライ君は決して熱心な様子はありませんでした。

⑬身長たった150センチのおとなしい子どもだったアレックス君は，キャリー・ミドルスクールでよくいじめを受けていたと，ビル・フライさんは言う。

⑭ビル・フライさんによれば，「ときどき宿題をするのを嫌がり」，アレックス君の成績は振るわなかった，アレックス君が学校に行きたがらないので，家にいる日もあったという。

⑮「あの子はつらくて学校に入れないんですよ。他の子供たちがびったり何やかやとしたので，あの子はそんなところに戻りたくなかったんです」とビル・フライさんは話した。

⑯ローレンさんが言うには，数ヶ月前にアレックス君は学校を抜け出し，数時間後，車両基地で機関車を眺めているところを見つかったという。

⑰ビル・フライさんが，アレックス君に学校で大変なのではないかと尋ねると，話したがらないことが多かったという。

⑱「学校に迎えに行ったら，何か嫌なことがあったらしくて。でも，あくる日，迎えに行くと，『ああ，もうみんなと仲直りしたから，大丈夫だよ』というのです」

⑲「それが本当だったのかどうかはわかりません」とビル・フライさんは言った。

⑳こういったことがあっても，家族はアレックス君が学校でどこまでいじめられていたのか，まったく知らなかったと話した。

予期しなかった悲劇

㉑先週の土曜日，ビルさんとアレックス君はウィスコンシン州への旅行から帰宅した。学校が始まるのは2日後に迫っていた。

㉒午後6時ごろ，ビル・フライさんは米国在郷軍人会の大晦日イベントに出かけた。アレックス君は，けがをしている犬の世話をするので家に居たいといって残った。

㉓真夜中を少し過ぎたころにビルさんが帰宅すると，アレックス君の姿はなかった。

㉔その後3日間，アレックス君が行きそうな車両基地やその他の場所で大掛かりな捜索が実施された。

㉕火曜日の朝までに，約250人の人々が捜索を手伝った。その朝，オニオン・パシフィック鉄道職員が車両基地のそばの草むらでアレックス君の遺体を発見した。アレックス君は頭部の一か所の銃傷が原因で死亡した。

㉖ビル・フライさんを始めとする彼の家族が話すには，アレックス君からは自ら命を絶つことを考えている前触れもなく，またそのような素振りはまったく感じられなかったという。

いじめが原因か？

㉗ワイオミング州の自殺防止チームのリーダーは「こんなに若い子が自らの命を絶つことはまれです。過去10年間にワイオミング州で記録された873件の自殺のうち13歳以下によるものはわずか7件です」と話した。

㉘なぜ，アレックス君は自殺したかったのだろうかと尋ねられ，ローレン・バードさんはためらわずにこう言った。

【図 6.5.2】スター・トリビューンの記事教材（続き）

（Pelezaer, 2012, Clyde（2014, pp.9-10.）より翻訳）

㉙「私の心の中では100パーセント，間違いなく，これはいじめが引き起こしたのだと思っています。アレックスと父親はとてもうまくいっていました。母親とも大の仲良しでした。アレックスの人生は，たくさんのことが起こっていました。」

㉚バードさんはアレックス君の死は，いかなるいじめも見逃してはならないという学区の教育委員会に対する警告に違いないと言った。

㉛「弟は逝ってしまいました。もう，取り戻すことはできません。でも，誰か他の人の子どもにこういったことが起きないよう，努力し防止することはできます」

㉜水曜日，教育委員会の担当者はアレックス君の死の知らせにショックを受け，悲しんでいると話したが，アレックス君に関するいじめ問題の記録はないと述べた。

㉝マーク・ストック教育長は「あのような悲劇的なかたちで生徒が自らの命を絶つときには…多くの場合，たくさんの問題が…その子の生活のなかで起きています。そして，学校もその一つに入るでしょうが，アレックス君がおそらく誰も知らない，何か他の問題で苦しんでいたのだとしても驚きはしません」と語った。

㉞ストック教育長によれば，本学年度の終わりまでには，当学区内の大半の教員はいじめ防止研修を受けることになっているという。

㉟この秋には，その研修を生徒たち，特に，他の生徒がいじめられるのを見ている‘悪意のない傍観者’にも拡大して行う予定である。

㊱「ここで重要なポイントは，こういった見ている生徒たちに研修を実施し，そのようなときにはどうすべきかを教えることです」とストック教育長は言う。

㊲ジョン・フライさんは「あの子はシェイアンの町で忘れられることはありません，絶対に。これだけ多くの大人たちが彼の友だちなのですからね」と語った。

【図 6.5.3】スター・トリビューンの記事教材（続き）

(Pelezaer, 2012, Clyde（2014, pp.9-10.）より翻訳)

　Clyde はこのテクストが実話であり，実際の新聞記事をもとにしていることを述べた後，やはり「この記事は誰が読みそうか」と質問をした。下に示すリストは，筆者と Clyde で想定した読者のリストである。この例は，アメリカの小学校５年生の学級で扱うつもりで挙げた。このうち，筆者はAのキャシーを，Clyde はBのジョーを自分が「想定する読者」として選び，プロフィールなどを決めていった。ただし，本稿では，さらに読者想定という方法を明らかにするために，さらにCのトム，Dのローレンも選択する読者として付加する。また，Clyde と筆者の話し合いでは，形式段落の⑤までで，実際にそれぞれの想定した読者に基づく読者反応を書く作業をしなかった。そこまでで，筆者としてはこの手法が十分に理解できたと考えたからである。しかし本稿では最後（形式段落の㊲）まで読者反応を考えて創作することと

する。

一般的な読者

　　○学校に通う子どもを持つ親　→キャシー　　Ａ

　　○同い年の子ども

　　○いじめを受けている子ども（現在／過去）

　　○いじめをしている子ども（現在／過去）→トム　　Ｃ

　　○いじめを傍観している子ども（現在／過去）

関係者

　　○その学校の教師

　　○その学校の校長

　　○その学校区の指導主事

　　○義姉（ローレン・バード）　→ローレン　　Ｄ

　　○近所の人

　　○ユニオン・パシフィック鉄道職員　→ジョー　　Ｂ

　　○おじいさん（ジョン・フレイ）

　　○お父さん（ビル・フレイ）

(2)**選択した想定する読者のプロフィール**

　　次の通りとする。

　　　　Ａ：キャシー　45歳　14歳の少年メンディを持つ母親である。髪型は濃い茶色で，細かいパーマがかかっている。背が高い。別の州に住み，小学校教師をしている。

　　　　Ｂ：ジョー　54歳　　ユニオン・パシフィック鉄道職員。がっしりとした体格である。アレックスと親しかった。子どもはいない。だが，アレックスみたいな息子が欲しいと思っていた。

　　　　Ｃ：トム　11歳　　別の州に住む小学生である。アレックスと面識はない。大柄で，同じ学級の男子Ｙ君に対していじめをしている。

　　　　Ｄ：ローレン　18歳　アレックスの義姉である。髪型は金髪で，背は低い。父と

第6章　ジャンルとメディアを意識した読書指導法　　327

アレックスの母親が再婚した。アレックスのことを大切に思い，いつも気に
かけていた。

(3)選択した読者の読者反応

　それぞれの部分について，選択した読者がどのような読者反応を示しそう
かを，A～Dまとめて示す。

　表題及び①段落
　A（キャシー）：14歳って言ったら，メンディとほとんど同い年じゃない。そん
　　な子が自殺なんて悲劇だわ。
　B（ジョー）：おお。これはだれについてのニュースだか，おれは知ってるぜ。
　　アレックスについてさ。これは悲劇だった。
　C（トム）：ふうん，いじめのニュースか。自殺するかね。
　D（ローレン）：あ，これはアレックスのことね。昨日取材に来てたから。私が
　　話したこと，きちんと記事にしてくれたかしら。

　②～③段落　冒頭　アレックスがユニオン・パシフィック鉄道に出入りしていた
　ことを述べている
　A：え？　ユニオン・パシフィック鉄道？　どうしてそこで自殺したのよ。好き
　　な場所だったんでしょ？
　B：そうなんだよ。オレもアレックスと仲がよかった。
　C：ふうん，こいつは，大人に対しては別の顔を見せていたんだな。Yのように，
　　大人に対してはいつもお利口ちゃんか？　気に入らねえ。いい格好しいなの
　　か？
　D：そうだったのね。私はユニオン・パシフィック鉄道でのことはよく知らない
　　から。でも，おじいちゃんが，アレックスは人気者なんだよって言ってたわ。

　④～⑤段落　ボランティアによる捜索。原因はいじめに違いない。
　A：ああ，行方不明でみんなで捜したのね。見つかって，親御さんはさぞかし驚
　　いたし，悔しいし，悲しかったでしょうね。でも，お義姉さんはいじめを受
　　けていたことを知っていた。親御さんには話せなかったのかもね。
　B：そうだよ。驚いたぜ。最初，行方不明って聞いてて，皆で捜索したからさあ。

328

　　まさか死んじゃってるとは思ってなかったよ……。

Ｃ：いじめだけが原因じゃないよ。そいつが弱いからだよ。

Ｄ：自殺の原因はいじめよ。他に悩むことなんて無かったんだから。

⑥〜⑪段落　昔気質のジェントルマン

Ａ：こういう「成熟した」タイプの子なんだ。やさしくて，賢くて，同い年の子
　　とは話が合わない。うちのクラスのＥ君に少し似ているわ。

Ｂ：そうだよ。アレックスは優しい子だった。それにアレックスは，はつらつと
　　話す子でさ，そんないじめを受けるタイプには見えなかったなあ。

Ｃ：大人受けがいいやつって，嫌いさ。Ｙも俺らの間では，なよなよしてんのに，
　　大人の前に出るとオレは賢いんですって感じになる。それが嫌なんだ。でも，
　　親やセンコー受けだけじゃなくて，鉄道職員と仲がいいっていうのはＹと違う
　　か。

Ｄ：そうそう。やさしい子なのよ。私とはうまく行っていたわ。まあ，鉄道マニ
　　アだからね。彼の部屋にある鉄道模型が悲しいわ。

⑫〜⑳段落　学校でのトラブル

Ａ：まあねえ。学校ではいろいろなトラブルがあるわ。やっぱり背の低い子はそ
　　れだけでいじめられやすいから。でも，勉強もあまりできなくて，友達がい
　　なくて，学校には居場所がなかったんでしょうね。ミドルスクールだと，先
　　生もそんなに生徒の様子を見てあげられないだろうし，何より話が合う友達
　　がいないっていうのが，難しいのよね。メンディなんて，そんなに勉強しな
　　いのにそこそこ勉強はできるし，なんたって親友がいるから，やっぱり学校
　　楽しいって言ってるわ。

Ｂ：オレも宿題するのは嫌だったな。でも，アレックスは頭良さそうだったけど
　　な。とにかく，学校でトラブルがあったはずだ。オレたちのところでは，あ
　　いつはとても楽しそうにしてたもの。

Ｃ：そうだよな。いじめられてるって恥だし，大人の前ではいい格好しようとし
　　てるから，言ったりできないよな。

Ｄ：アレックスがいじめられてたことは知ってたけど，ここまで深刻だとは思っ
　　てなかった。この間のことだって，解決したって思ったのに。

㉑〜㉖段落　予期しなかった悲劇

第6章　ジャンルとメディアを意識した読書指導法　329

Ａ：なんて痛ましいんでしょう。13歳の少年が自殺をはかるなんて。捜索をした人たちは，ご家族は，みんなショックだったでしょうね。

Ｂ：ああ，思い出す。アレックス，なんで自殺なんかしたんだよ。お前，いつも楽しそうだったじゃないか。お前が来たときは，職員はみんな，あの気むずかしやの課長でさ，嬉しがってたのによ。お前は人気者だったんだぜ。ああ，一緒に捜索して発見したジムの叫び声と，アレックスの父親の泣き声が，忘れられないよ。

Ｃ：なんで自殺したんだよ。おやじが軍人会イベントに行った時には，もう死ぬつもりだったのか？　銃殺って，なんでそんなことしたんだよ。いじめって言っても，じゃれてるだけだったかもしれないだろう。そんな深刻に受け止めんなよ。なんで死ぬんだよ。

Ｄ：そうよ。そんな自殺するような深刻な様子じゃなかったわ。ウィスコンシンから帰ってきた時は，普通だった。ただ，学校が始まるのが面倒くさそうにはしてたわね。こんなに悩んでるなら，もっといろいろと相談に乗ってあげればよかったわ。悔やまれる。

㉗〜㊲段落　いじめが原因か？

Ａ：13歳の少年の内面をつかむのは，本当に難しいわ。いじめは大きな要因かもしれないけど，他にも人生に対する漠然とした不安とか，表面的にはうまく行っているように見せているけど前のお父さんとのこととか，いろいろあったのかもしれないわ。でも，いじめ防止研修は，今回のことがいじめだけが原因でなかったとしても，意味がある。この記事に改訂あるのは，教師の研修だけじゃなくて，生徒にも行うっていうじゃない。きっと，生徒同士の人間関係を築けば，今回のケースだって防げたかもしれないもの。それにしても，自殺は取り返しがつかないわ。本当に，こういうことは，防止しなければならないわ。

Ｂ：学校でいじめ防止に取り組むってのはいいことだろうけども，効果があるのかね。それより，オレにできることはなかっただろうか。学校って言っも，数年間で通りすぎるじゃねえか。アレックスは鉄道職員になりたいって言ってたからさ，そういう人生の目標があるなら，数年間なんで踏ん張れなかったんだろう。オレも，もっと励ましてやればよかった……。

Ｃ：いじめで死ぬなよ。死なれた方だって，いい気はしねえ。だけど，いじめられているやつだって，それなりに悪いんだぜ。不愉快な思いをさせてんだか

ら。その不愉快な思いを止めてくれるんなら，研修になるだろうけどよ。「悪意のない傍観者」か。オレたちのまわりでもいるなあ。

D：そうよ。いじめが原因よ。彼は本当にいい子だったわ。とても残念。本当に取り返しがつかないのよ。これから，こんな悲劇が繰り返されないように，ぜひ，教育委員会には防止策を練ってほしいわ。

　以上のように，想定した読者それぞれの立場から，この記事にどのように反応しそうかを示してみた。実際には，これらの反応は，吹き出しの中に書くことになる。吹き出しを通して，それぞれの読者のこの問題に対する見方というものが浮き彫りになる。それを，授業ではシェアし，交流して，複眼的に，このノンフィクションの記事をとらえることになる。次にその指導過程を見てみよう。

5．吹き出し法による読者想定の指導過程

　ここで，Clyde の考える，読者想定の指導過程について示す。

　ステップ1　まず，自分自身の立場で読んで感想を持つ。

　ステップ2　どのような読者がこの本や記事を読むか，想定できる読者のリストを作る。

　ステップ3　リストのうち一人を「想定する読者」として選んで，プロフィール等を作る。（5〜7分）

・ワークシートの中央部分に，容姿をスケッチする。

・プロフィールなどの詳細（氏名・年齢・性別・民族・文化，内容に関係のある生活上の経験や個人的なつながり，性格・気にかけていること・感情など）を書く。

・教師は OHC などを使って実演し，十分に見本を示すことが重要である。

　ステップ4　「想定する読者」をシェアする。

・パートナーとシェアする。（5分）

・クラスでシェアする。（5分）

ステップ5 「想定する読者」としての読者反応を吹き出しに書き込む。

・この活動についても，教師の様々なパースペクティブによる実演が重要
である。

ステップ6 「想定する読者」としての読書経験を振り返る。

・想定する読者の立場から読んで，何か最初の読み方と異なることはあるか。どんなことを読み，考え，感じたか。

ステップ7 経験を発表し，ディスカッションをする。(主にグループ)

ステップ8 さらに，クラスで話し合う。(タウンミーティング)

ステップ9 別の読むことあるいは書くことにつなげる。

LSRI 講義のハンドアウトでは6段階が示されていたが，ここでは筆者の質問への回答を含んで，9段階で示す。具体的に増やしたステップは，ステップ4と，ステップ8とステップ9である。すなわち，どのようにシェアをするか，他の人の読者反応と交流をするかという点について筆者は質問をし，Clyde のそのことに対する回答が重要であると考えたので，そのことを付け加えた。なぜなら，この指導法の重要な点は，複眼思考にある。自分の立場で読むのではなく，想定した読者の立場で読むのである。想定した読者の数が多ければ，より多面的にこのテクストを検討することができるし，後で述べるような批判的な読みにつながることが期待されるからである。前述の13歳の自殺（いじめ）の例で言えば，ステップ7やステップ8でそれぞれの立場から自殺の原因を考えたり，いじめについて考えたりすることが交流される。

Clyde の話では，ステップ8では，かなり熱心な話し合いが展開されるという。ステップ9については，最初はこのいじめの記事で行い，次に別の話題で行い，三度目は子ども自身に話題を決めさせるとよいという。

筆者の理解では，記事などの短いものであればステップ1があるが，長いものであればステップ1は省略して表題等からどんなことが書かれているか想像するのかよいのではないかと考えている。これは，前述のオックスフォ

ード観光・情報誌でも触れたことであるが，そのテクストを誰が読みそうか
を考えることは，必要な場面での読書や目的を持った読書の指導の一環とし
て重要なことである。その際には，自分の立場から一読した後に読者を想定
するということが不自然であるかもしれない。そうであるならば，想定した
読者ならどう読むかというステップ２から入っていったほうがよいと考えて
いる。

６．実践研究とメディア・リテラシー学習の「コア概念」による分析

(1)実践研究

　以上の方法を読者想定法と名付け，教員養成・教員研修の場や，小学生に
対して国語の授業として３種の実践研究を行った。

実践研究Ⅰ

実施日　2015年（平成27年）10月11日

対　象　大学２〜４年生　34名　８班編成

目　的　読者想定法が日本の教育場面で使用可能かを試すこと

材　料　インターネットの新聞記事２種

結　論　読者想定法が使用可能であることを明らかにした。

実践研究Ⅱ

実施日　2015年（平成27年）９月３日〜15日

対　象　小学６年生　23名　６班編成

目　的　読者想定法が日本の小学生でも使用可能かを試すこと

材　料　教科書教材「フリードルと小さな画家たち」（野村路子）

結　論　小学生でも読者想定法が使用可能であることを明らかにした。

実践研究Ⅲ

実施日　2016年（平成28年）6月25日

対　象　司書教諭・学校司書　23名　6班編成

目　的　より多くのジャンルやメディアで読者想定法を使用し，メディア・
　　　　リテラシーの観点から分析することを通して，メディア論の観点か
　　　　らもこの方法が有用であることを示すこと

材　料　本や絵本『ニュースの現場で考える』『本のれきし5000年』『ノラネ
　　　　コの研究』『みんなで話そう，本のこと』

結　論　メディア・リテラシーのコア概念である「コード」「構成」「表彰」
　　　　「コンテクスト」のうち，読者想定法は特に「オーディエンス」「コ
　　　　ンテクスト」を学習しやすいことを明らかにした。

　これまでに述べてきたスター・トリビューン及び実践研究Ⅰ～Ⅲで使用し
たテクストのジャンルとメディアを表　6.31に示す。ジャンルは，Fountas
& Pinnell のジャンル図（図　6.1及び図　6.2）をもとに判断している。

　「1」がClydeと読んだスター・トリビューンの記事で，「2」「3」が実
践研究Ⅰ，「4」が実践研究Ⅱ，「5」「6」「7」「8」が実践研究Ⅲである。
最初のうちは，対立する読者が想定できるような内容の記事の方がうまくい
くのではないかと考え，インターネットの新聞記事を利用していたが，これ
は多様なメディアでも扱えるかどうかを研究した方がよいと考え，様々なジ
ャンル，メディアを試してみることにした。

　Duke（2014）はジャンルを「ある特定のコミュニカティブな目的やこれら
の目的を成し遂げるための特徴を伴った再生的認識的コミュニケーション」
と定義している。また，ジャンルについての先行研究や理論をもとに，次の
5点を確認している。

　　・ジャンルは目的に奉仕する。
　　・ジャンルはより大きな社会的会話の一部である。
　　・ジャンルはすべてのテクストを含む。

【表 6.31】実践研究で使用したテクストのジャンルとメディア

番号	書名・題名	出典（著者・出版社・出版年月日等）	ジャンル	メディア	被験者（読者）
1	いじめが招いた13歳の自殺	スター・トリビューン 2012年1月5日	説明的テクスト（特集記事）	インターネットの新聞記事	日米の研究者
2	韓国と対立し「明治産業遺産」審議5日に延期	読売新聞（YOMIURI ONLINE）2015年7月5日	説明的テクスト（特集記事）	インターネットの新聞記事	大学2〜4年生
3	「サミット＝主要国首脳会議」の開催地，志摩市に決定「伊勢志摩サミット」	伊勢志摩経済新聞 2015年6月5日	説明的テクスト（特集記事）	インターネットの新聞記事	大学2〜4年生
4	フリードルとテレジンの小さな画家たち	野村路子・学校図書・平成27年度国語教科書6年上	物語的ノンフィクション	教科書（原作の本あり）	小学6年生（補助調査大学3〜院生）
5	ニュースの現場で考える	池上彰・岩崎書店・2004年12月15日	伝記テクスト（自伝）	本	司書教諭学校司書
6	本のれきし5000年	辻村益朗・福音館書店・1992年11月1日	説明的テクスト（列挙）	絵本	司書教諭学校司書
7	ノラネコの研究	伊澤雅子・平出衛（絵）・福音館書店・1991年10月1日	説明的テクスト（報告）	絵本	司書教諭学校司書
8	みんなで話そう，本のこと	エイダン・チェインバーズ・こだまともこ（訳）・柏書房・1993年2月15日	説得的テクスト（議論）	本	司書教諭学校司書

・ジャンルは音声的にも視覚的にもなりうる。
・ジャンルは文化を発展させる。

（Duke ら，2012, pp.5-6.）

　このようなジャンルの性質を踏まえるならば，社会的会話を成立させているすべてのテクストが掲載されているメディアに着目することが，目的を持

ったコミュニケーションを成立させるために自然なことだからである。

　そこで，本書では実践研究Ⅲにおける実践結果とメディア論による分析を
掲載する。

⑵実践研究Ⅲの各班の反応

　実践研究Ⅲでは，班ごとに想定読者をリストアップする「ワークシート
Ａ」，リストアップされた中から班員が１名ずつ想定読者を担当しその反応
を書く「ワークシートＢ」，班での反応のシェアを経て，想定した読者での
読書がよくできたか，振り返りを書く「ワークシートＣ」を用いてた。ワー
クシートＢは４つの吹き出しがありそこに反応を書くのだが，もとのテクス
トのどこを読んでの反応かについては，予め指定した。ここでは，テクスト
ごとにどのような反応がワークシートＡ〜Ｃに記載されていたかを概観する。

①『ニュースの現場で考える』（１・２班）

　１班は，複数のリストアップされた人物を結合する形で，３名の想定読者
を班で考えた。それは「ニュースに興味を持っているチョット生意気な小学
生（５年生)」「ニュースに取り上げられたことがある人＝池上さんのニュー
スバラエティに出演の決まった売り出し中の若手芸人」「雲南のケーブル
ＴＶの人，番組を一緒に作っていた人，他の番組のニュースキャスター」の
３名であった。「キャラになりきれなかった」という否定的な振り返りを寄
せた１名も「他の方たちはキャラがしっかりしていて，しっかりなりきって
おられ，おもしろかった。この吹き出しがあるだけで，読んでいてもつぶや
きやすかったし，読みやすくも感じた。……もしこの方法を取り入れた読書
会ならば意見が出なくて困ることはないかもしれない」と述べていた。

　メディア・リテラシーに関わる記述として次のようなものがあった。
「……またその立場も，本の場合は，この本を薦める立場（例えば，書店員）
だと，従来からあるような手法（書評を書くとか感想を書く）になりがちだが，

そうではない立場に立った方が，逆に読書離れしている子どもには，身近な感じがするように思われた。／ただ，「本」の場合，読む人は限定されるように思う。(新聞記事，雑誌等と違い)…」。研修テーマである「すべての子どもに本を読んでもらうための読書会」とはずれた考え方で，「本」というメディアについての考察を述べているものと言える。

②『本のれきし5000年』（3班）

　想定した読者は，本の「装丁家」「社会科の先生」「本の苦手な小学生」「古本業者」であった。3班の中には，「1冊の本でも立場が異なると本の情報（文章，イラスト，写真など）への着目点が異なる。そういう見方・感じ方もあるのだと分かり，気づかされることが多々あった。」という振り返りがあった。文学的な絵本は，挿絵画家の芸術的な絵で統一されていることが多いが，『本のれきし5000年』は，写真とイラストと文や図表などが組み合わされている。このようなものは，その表現形態である「コード」を学習することで，よりメディア・リテラシーに連動した指導法にしていける可能性があることが見て取れた。

③『ノラネコの研究』（4班・5班）

　この本は，ノラネコの行動を一日中観察するという内容で，反対意見が書かれていたり相反する立場の人が描かれていたりするわけではない。このような「報告」タイプのノンフィクションは，あまり読者想定法には向かないのではないかと最初は予想していた。しかし，例えば4班の例を挙げると，想定読者としては「ネコ好き」「ノラネコの被害に合っている人」「ノラネコをかわいがっているけどなつかれない人」「ネコをかってみたいが反対されている子ども」「夏休みの自由研究に困っているお母さん」などと，猫の好き嫌いで対立する二者の他に，この本を読むコンテクストになる想定で第三者的な読者も想定されており，実に多彩な反応が出ていた。

5班の想定読者には「動物の写真家」があった。この写真家の反応として「この人は夜も観察しているのね。私は夜は細かいところまで分かる写真がないから苦手なの。」「そうなのよ。猫って高いところが好きだから，近くで写真が撮れないの。それにすぐ寝るからなかなかチャンスがないの……」などがあげられており，この絵本が，写真の連写を想像させるような絵，上からの地図などの多様な「１コード」を用いていることに触れられそうである。

　対象者が話し合っている様子を観察していても，このテクストを選択したこの２つの班が最も活動を楽しんでいるように見えた。こういった報告のタイプのノンフィクションであっても，読者想定法は使用できることが確認できた。

④『みんなで話そう，本のこと』（6班）

　6班では，「大学生」「読書ボランティアのお母さん」「保護者の父」「マスコミ関係者」の４人を想定読者としていた。説得的テクストは，賛成・反対の読者反応を産みやすく，読者想定法が有効活用されるのではないかと考えていたが，ややこのテクストの内容が難しかったようである。内容は，本を読んで読者が考えたことを交流し合うことの意味を述べているものであり，この考え方をとらえることと，読者想定法として異なる読者になって考えを交流することが二重に重なってしまった。しかし，ワークシートＣによると，４名中３名が「よくできた」，１名が「まあまあできた」としていたので，最終的には，読者想定法がある程度機能したと考えられる。

⑶実践研究Ⅲのメディア論による分析

　以上の実践研究Ⅲの反応をふまえて，読者想定法をメディア論の観点から分析する。メディア論の観点とは，メディア・リテラシーで学習されるべき「コア概念」のことである。中村（2012）に示された「コア概念」（表　6.32に示す）について，ワークシートＢを分析する。なお，ワークシートＢの４つ

【表 6.32】メディア・リテラシー学習の「コア概念」

A コードとコンベンション
1 コード
①書き言葉 ②音 ③映像…シンボリック・コード・テクニカルコード・動画編集コード
2 構成
①形式とジャンル ②構造…人物・設定・展開
3 表象
①送り手の意図 ②視点 ③ステレオタイプ
B オーディエンスとコンテクスト
4 オーディエンス
①オーディエンス像の分析 ②オーディエンスの反応
5 コンテクスト
①個人の経験のコンテクスト ②社会的文化的コンテクスト

(中村，2012，p.107をもとに作成)

【表 6.33】ワークシートBの吹き出しのページ指定

番号	書名・題名	吹き出し①	吹き出し②	吹き出し③	吹き出し④
5	ニュースの現場で考える	p.6〜p.23	p.66〜p.77	p.114〜p.143	p.158〜p.171
6	本のれきし5000年	はじめ〜p.5	p.6〜p.21	p.22〜p.35	p.36〜p.40
7	ノラネコの研究	p.2〜p.5	p.6〜p.21	p.22〜p.35	p.36〜p.40
8	みんなで話そう，本のこと	全体	Workshop 1 p.12〜p.18	Workshop 2 p.19〜p.27	Workshop 3 p.28〜p.40

の吹き出しに指定した各テクストのページは表 6.33となっている。

「1 コード」について

　実践研究Ⅲでは，本と絵本というメディアを使用した。

　本については，①書き言葉のコードのみであった。書き言葉のコードには，「○言葉の選択　○フォント形式　○サイズ　○レタリング」などがある（中村，2010，p.6）が，ワークシートBに，これらについて言及したものはなかった。②音のコードについては，当然のことながら，言及はなかった。

絵本の中には，③映像のコードについて言及したものがあった。「『本のれきし5000年』の表紙に，『本のれきし5000年』の本を実物写真（CGかもしれないけど）をもってきたのは，おもしろい！　もし本当に作ってやったとしたら最高だね。」また，本文ページに入って／写真とイラストを併用するところが味があっていいね。」としている。これは，映像コードの中のシンボリック・コードの例と言える。この例の想定読者は，装丁家（本の装丁を職業としている人）であったため，このような言及になったと考えられる。また，『ノラネコの研究』の絵本としての表現には，テクニカルコードであるアングルやアイレベルなどをうまくいかした絵があるが，このことに言及したワークシートはなかった。したがって，コードを今回扱ったような本・絵本で学習しようとする際には，想定読者がどのような人物によるか，やや偶発的なところである。つまり，メディア・リテラシーとしての学習効果を上げるためには，コードという学習内容について，教師が働きかける必要があると言える。例えば，読者想定法と関係づけて，「その人に読者になってもらうために，表紙の作成にあたって，装丁家（画家）はどんなことに気をつけているだろうか。」などの発問を行えば，表紙に使用されている①書き言葉のコードや③映像のコードに，意識を向けることができるであろう。

「２　構成」について

「２　構成」の①形式とジャンルについては，本研究がジャンルを意識したものであったがゆえに，多少触れることができた。ただし，②構造については，表　6.33のように，筆者の方で，本・絵本をどこまでで区切って吹き出しページに書くかを指定した。例えば，『ニュースの現場で考える』は，ニュースの現場を伝える前半部（吹き出し①）と，著者の伝記である後半部（吹き出し②〜④）に分かれることを意識して，数章を取り出している。ワークシートＢはそのことを表した表現になっており，被験者は構造を意識して読むことになった。

『本のれきし5000年』は5000年間の，『ノラネコの研究』は，時間的な変化を記録する構造になっている本である。ジャンルが「列挙」と「報告」という異なるものになっていても，同じ福音館書店の「たくさんのふしぎ傑作集」と，ページの割り方が同じになっているところが興味深い。しかし，そのことを取り立てて強調しなかったため，被験者は，与えられたとおりの範囲を読み，ワークシートBに反応を書き込んでいったようである。『本のれきし5000年』の吹き出し①は「はじめ〜 p.5」としたが，『ノラネコの研究』は「p.2〜p.5」と表記したため，『ノラネコの研究』は表紙についての言及がなかった。このことは反対に考えると，構成の特徴をうまく伝えるようにすれば，それに応じた読者の反応の書き方が期待できるということでもある。吹き出しのページ指定に，構成に関する情報を含めることに意味があると考えられる。

　『みんなで話そう，本のこと』は，吹き出し①は「全体」と指定した。調査者としては，全体をめくってみて大まかな見出しをとらえたり写真や絵を見たりしながら，全体像を把握してもらいたいと考えたからである。そして，すべての章を熟読することはできないので，前方の章を3つ（Workshop 1〜3）を扱うことにしたつもりである。しかし，実際にこのように読書をするなら，それは本研究では調査の対象としていなかった「速読」という問題を含むことになる。調査の時間的都合上，速読という形になったのであるが，読者想定法の中に「速読」ということを含めていくかどうかは，検討が必要である。

「3　表象」について

　表象については，実践研究Ⅲでは，扱うことができなかった。ワークシートBにも，「表象」として取り上げるべき記述はとらえられなかった。読者想定法は，読者の想定に焦点をあてるため，相対的に送り手の方への意識が弱くなる。読者の想定と合わせて筆者（送り手）の想定を取り入れる工夫が

必要である。また，中村（2010）は表象について説明する際に，「情報の『編集』では，制作の意図をふまえ，多くの人に伝わりやすくするために，表現するものの複雑な要素を切り捨て，単純化して表象します。この時，『バイアス』や『ステレオタイプ』が発生します。」としている。「バイアス」「ステレオタイプ」という概念は，読者想定法においても，読者を想定するという行為を行う際に知るべき内容であると考えるので，「3　表象」の扱いは今後の検討課題である。

「4　オーディエンス」について

　ワークシートBに，想定する読者の細かいプロフィールを書くことは，①オーディエンス像の分析と言える。ワークシートBの吹き出し部分に想定読者の反応を書いていくことは，②オーディエンスの反応と言える。したがって，読者想定法は「4　オーディエンス」の学習を行うのに適した学習法である。

「5　コンテクスト」について

　コンテクストには，2種類ある。1種類は筆者（送り手）側のコンテクスト，もう1種類は読者（受け手）側のコンテクストである。読者想定法は，受け手としての読者のコンテクストを想定して読者反応を書いていくので，このことを意識・経験できる。また読者反応の善し悪しは，コンテクストの整合性で判断していくことができる。前者の筆者（送り手）側のコンテクストは，やや弱いところである。「3　表象」の①送り手の意図とも合わせて，送り手のことを，どのように読者想定法に盛り込んでいくか，今後の検討課題としたい。

　以上のとおり，実践研究Ⅲでは，ノンフィクションの様々なジャンルの本や絵本を用いて読者想定法を実施し，メディア論の観点からの分析を行った。

ジャンルとしては、今回扱った、伝記的テクスト（自伝），説明的テクスト
（列挙），説明的テクスト（報告），説得的テクストは，読者想定法で扱うこと
が可能であるという結果が出た。

　メディアを意識するという点においては，メディア・リテラシーの5つの
「コア概念」による分析を行った。5つのうち，「4　オーディエンス」や
「5　コンテクスト」は学習しやすいことが確認できた。「1　コード」「2
構成」についても，これらの内容を学習する可能性があることが示唆された。
「1　コード」の扱いについては偶発的であるので，意図的に指導する時期
やカリキュラムなどを考える必要がある。「2　構成」や「3　表象」の課
題はあるが，全体を通して，読者想定法は，様々なジャンルやメディアを意
識した読書指導法と結論づけられる。

7．本章のまとめ…ジャンル研究，パートナー読書，読者想定法の読書指導法としての提案

　本章では，ジャンルとメディアを意識した読書指導法の開発を積み重ね，
ジャンル研究，パートナー読書，読者想定法の3つを読書指導法として提案
する。以下，Tierney と Readence の5項目で整理して提示する。

読書指導法5．ジャンル研究

(1)目的（purpose）

　ジャンル研究の目的は，数多くの具体的なテクストを読みながら，ジャン
ルというものを理解することである。

(2)原理（Rationale）

　目次，索引，著者情報，図表など，本の様々な部分を手掛かりにしながら，
どのようなジャンルのテクストかを考える探究的方法を用いたアプローチで
ある。したがって，必要な情報を読み取ることに主眼があるのではなく，こ

れまでの読書体験を踏まえながら当該のテクストを「評価する読み方」をすることになる。

⑶意図されている学習者（intended audience）

Ｋから８学年，日本であれば小学生・中学生が意図されている。

⑷手順説明（descriptions of the procedures）

教師の側から見ると，次の６つのステップがある。

1　テクストを収集しセットを作る
2　没頭して読ませる
3　テクストの研究させる
4　ジャンル定義する
5　ジャンルについて指導する
6　読ませて改訂させる

⑸意義と議論（cautions and comments）

ジャンル研究の意義は，様々なテクスト（本など）を束ねて扱うことでジャンルについて子どもが自ら感覚的に理解した上で，定義づけて明示的に把握することができるようになる点にある。しかし一方でどのようなジャンルかが予め知らされていないので，どのように読んだらいいか迷う学習者もいることが考えられる。

たくさんの本を用意しなければならないが，同じジャンルの様々なものが必要という考え方なので，複本（同じタイトルのものを人数分）準備の難しさからは解放されている。

読書指導法6. パートナー読書

(1)目的（purpose）

　ジャンルに基づくパートナー読書の目的は，様々なジャンルを意識しながら読んだことをパートナーと交流させ，そのジャンルならではの読み方を身に付けさせることである。

(2)原理（rationale）

　異なるジャンルを複数扱うことで，ジャンルの違いを際立たせ，異なる読み方に結び付けようとする方法である。

　扱うジャンルは年齢に応じて，実際に読める本がある，無理がないものを設定する。

　何かしらの方法で，パートナーと読んだ本について交流する。その交流を評価することで，どのように読んできたかを評価する。手紙の交換であれば，手紙を評価するルーブリックを使用する。

(3)意図されている学習者（intended audience）

　パートナーが大人であれば，小学校2年生から行える。子ども同士でパートナーになるのであれば，小学校中学年以上が向いている。

(4)手順説明（descriptions of the procedures）

　1　パートナーを決める。
　2　パートナーと本を選び，読む本がどのようなジャンルの本かを意識する。
　3　ジャンルに応じて選んだ本を読んでくる。
　4　読んで考えたことについてパートナーと交流する。

⑸意義と議論（cautions and comments）

　パートナー読書の意義は，パートナーと交流することを動機付けにしながら，異なるジャンルの本を読む面白さを体験できるところにある。しかし，パートナーであることとジャンルを意識することの間に必然的な関連はないので，気を付けなければ単にパートナーと読むだけになってしまう。

　２人組なので複本の用意がしやすいのが大きな利点である。

読書指導法７．読者想定法

⑴目的（purpose）

　読者想定法の目的は，現代社会においてノンフィクションを読むという行為がどのような行為なのか児童・生徒に気づかせる経験を与えることである。形骸化した説明的文章指導に替えて，情報社会・知識社会の現代にあってノンフィクションを読むということの意味と方略を学習させようとしている。

⑵原理（rationale）

　国語科教育の中で，読むことの指導論は，作者が何を伝えようとしてそのテクストを産出したのかをとらえようとする「作家論」，作者が何を意図したかはともかくそのテクスト（作品）が何を表しているかをとらえようとする「作品論」，作者や作品が何を伝えているかはともかく読者がそのテクストから何を読み取るのかに重点を置く「読者論」の三者を軸にして推移してきた。この読者想定法は原理として「読者論」を基礎とするものである。読者論には，テクストを読む行為における読者の役割に着目するものと，読者が読む際の状況に着目するものがあるが，読者想定法は後者の原理を生かしている。どのような状況においてどのような立場の人がどのようなメディアを通してその読書材を読むかに焦点をあてている。

　上述の読むことの指導論は，特に物語・小説などの文学（フィクション）を中心に発達してきた。ノンフィクションについては誰がどのような状況に

おいても読む内容は同じと考えられ，読みの客観性が強調されてきた。しかし，ノンフィクションについては，「筆者想定法」など，筆者（作家）の認識や思想・書きぶりなどに着目する指導論が開発されてきている。読者想定法は，そのような作者の側に焦点を置く従来の指導法ではなく，ノンフィクションで読者の側に焦点を置く指導法である。

　また，読者想定法は，書かれている内容にではなく，読者が置かれている状況に焦点を当てるので，読者の既有知識や価値観との関係から読むという行為に着目する。このことから，批判的読み（PISA の読解力の枠組みでは熟考・評価にあたる）を行う読み方であると言える。

(3)意図されている学習者 (intended audience)

　小学校 5 年生以上の国語科授業でノンフィクションの読み方を学ぼうとする学習者を意図している。

(4)手順説明 (descriptions of the procedures)

1　ノンフィクションの読書材を，まずは，児童・生徒自身の立場で読み，感想を持つ。
2　グループでどのような読者がその読書材を読むか，想定できる読者のリストを作る。
3　対立した人物をグループの人数分選び，それぞれ一人ずつを担当することにする。
担当する一人を「想定する読者」として，プロフィール等を作る。
4　想定する読者の反応を書き込んでいく。
5　想定する読者のプロフィールと反応をシェアする。
6　「想定する読者」としての読書経験を振り返り，感想を書く。

第6章　ジャンルとメディアを意識した読書指導法　347

(5)意義と議論（cautions and comments）

　読者想定法の意義は，ノンフィクションを読書材としながらも「読者論」に焦点をあてた読み方を実現できることにある。生の読者自身の読み方ではなく，想定した読者を扱うことで，多様な読みを体験したり，読むということの仕組みについて理解したりすることができる。また，情報化社会・知識基盤社会における読書について，メディア・リテラシーの観点を踏まえながら体験することができる。

　しかし，読者想定法では，読者の既有知識の量・質や価値観によって，読み方が限定を受ける。想定した読者の立場で読者反応を書き出すことで，自分の知識不足を感じたり，もっと読みたいと多読への動機付けになったりすることがある。一方で既有知識の不足から，十分に読むことができなかったり，誤解であったとしてもそれを修正することができなかったりする場合がある。

---

1 ）ガイディッド・リーディング（Guided Reading）とは，5人程度の小グループで，教師が集中的に介入して読み方を指導する方法のこと（Fountas & Pinnell（2016）を参照）。

2 ）ベンチマーク・アセスメント・システムとは，予め設定されている指標（ベンチマーク）から見て，子どもの能力がどの程度かを診断していく評価を行うため，指標となる本（ベンチマーク・ブック），音読の状況を記録する書式，本を読んだ後に書く作文の教材，計算機・ストップウォッチ，評価ガイドなどがパッケージ化されているものである。子どもはベンチマーク・ブックを音読したり，理解についての設問に答えたり，作文を書いたりすることで，読みのレベルを診断することができる。Fountas & Pinnell のベンチマーク・アセスメント・システムについては足立（2010）でその詳細を報告している。

3 ）ブッククラブはアメリカで行われている小グループで本について話し合う方法。Raphael ら（2002）などが有名。Daniels（2002）はリテラチャー・サークルについての本だが，副題に Book Club という言葉が入っている。

4 ）元の記事は Pelezer, J.（2012）. Family: Bullying to blame in wyoming 13 year

olds suicide. Star Tribune. Jan 5. 2012. https://trib.com/news/state-and-regional/family-bullying-to-blame-in-wyoming-13-year-olds-suicide/article_f75be98c-cde6-5b00-8834-b5b04a805925.html（閲覧日：2021年10月30日） Clyde もハンドアウトで元の記事の情報を掲載し，セミナー受講者に元の記事も読むように勧めている。

終章　研究の成果と課題

第1節　研究成果の概要

　本研究の目的は生涯学習時代，情報化社会，知識基盤社会，グローバル社会など，新しい時代・社会の変化の中で必要になってきている読むことの力をつけるための，国語科教育における読書指導法を開発することであった。

　そのために，まず，第1章では，戦後日本の国語科教育において，読書指導がどのように論じられてきたかを検討した。学習指導要領においては，昭和33年から平成10年までの学習指導要領では，読解と読書が読むことに位置付くことになったが，読書については主に目標における態度や習慣という位置づけで，内容においては十分に位置づけられてこなかったことを明らかにした。一度昭和43年・44年の学習指導要領時期には，いわゆる読書指導ブームが起きるが，十分な実践を育むには至らなかった。平成20年の学習指導要領では，PISA の不振を受けて「読書活動の充実」が国語科の改訂の趣旨となり，目標だけでなく，内容においても「C　読むこと」の最終事項に「目的に応じた読書」「読書と情報活用」が位置づけられた。また，言語活動例にも読書活動が盛り込まれるようになった。しかし，実際の「言語活動の充実に関する指導事例集」を見ても，紹介する読書のみで，十分に読書を国語科授業として位置づけるには至っていない。平成29年の学習指導要領では，読書指導は，目標としては(3)の「学びに向かう力，人間性等」に態度に，しかし，内容には「知識及び技能」に位置づけられた。これは国語科の内容に「学びに向かう力，人間性等」にあたる指導事項がないためである。取りあえず，内容にも位置づけるべきだとしているところは評価できるが，このま

までは，やはり不十分な指導しかできないであろう。そこで，読書指導を扱う指導法の開発が必要である。

　第2章では，開発すべき読書指導法に取り込む要素を明らかにするために，国際学力調査の枠組みを研究した。経済協力開発機構による国際学力調査PISAでは，リーディング・リテラシーという概念が打ち立てられており，それはそれまでの日本の読解力とはかなり異なるものであった。そして，リーディング・リテラシーを育てるということを考え，「表現・交流型」「取組・集団」「目的・選択」「ジャンル・メディア」の4点を開発する読書指導法の要件として見出した。これらを満たす読書指導法を，海外の読書指導法から探し，日本の現実に適用する形で開発することとした。

　第3章では，まず，日本でもよく行われている読み聞かせについて，国際的な視点から検討した。国際学術誌における読み聞かせ研究論文をレビューした上で，読み聞かせの前・途中・後でも読み手と聞き手，聞き手同士が交流を行う交流型読み聞かせを提案した。交流型読み聞かせは国語科の授業の様々な場面で，様々な指導事項を扱いながら使用可能であることも示した。

　第4章では，児童・生徒自身が読書をする場合の指導法として，読書へのアニマシオンを取り上げた。スペインに滞在してこの指導法の成立と拡大状況を調査し，日本に導入する意義を整理した。

　第5章では，複本の数が少なく，読者が読みたい本を選択できる土リテラチャー・サークルを開発した。さらにリテラチャー・サークルから発展して，子どもが持った疑問や知りたいこと・学びたいことを目的にして調べるべきものを選んで読むインクワイアリー・サークルを取り上げた。これにはミニ探究，カリキュラム探究，リテラチャー・サークル探究，オープン探究の4つのタイプがあり，いわゆるデジタル・メディアも使用できることを確認した。

　第6章では，様々なものを子ども自らが選択してアクセスするということを超えて，さらにそのテキストのジャンルやメディアについて意識して読ませる指導法を検討し，ジャンル研究，パートナー読書，読者想定法を提案した。

終章　研究の成果と課題　351

第2節　研究の知見と意義

1．4要件に基づく考察

前述の4要件とは，次の4つであった。

要件1：表現・<u>交流型</u>
　テキストを読んで何を考えたか相手に表現することのできる指導法であること。相手が未読の紹介型ではなく，互いに読んで伝え合える交流型がよいこと。
要件2：取組・<u>集団</u>
　普段の読書の取組を反映しながらも，集団で授業の中で行う方法であること。
要件3：目的・<u>選択</u>
　目標指向の読書の性質を反映させ，目的に合わせて読むものにアクセスしたり読むべきものを選択したりすることができること。
要件4：<u>ジャンル</u>・メディア
　様々なジャンルやメディア（デジタル・メディアを含む）のテキストを扱うことができること。

　7つの読書指導法と4要件の関係を表　7.1に示す。表には4要件を下線部の用語で示している。

【表　7.1】開発した読書指導法と4要件

	交流型	集団	選択	ジャンル
交流型読み聞かせ	◎	○	△	○
読書へのアニマシオン	○	◎	△	×
リテラチャー・サークル	○	○	◎	△
インクワイアリー・サークル	○	○	◎	○
ジャンル研究	○	○	×	◎
パートナー読書	○	○	○	◎
読者想定法	○	○	△	◎

◎（二重丸）は，その読書指導法開発の起点になったものである。その要件を満たすために，その指導法を研究してきた。

○は，その要件を満たすという意味である。

△は，条件付きで，その要件を満たす場合もあるという意味である。

×は，その要件は満たさないという意味である。

それぞれについて，要件ごとに説明する。

要件１：表現・交流型については，交流型読み聞かせ以外にすべて○がついているが，いずれも読んだことを話し合ったり手紙に書いたりする形で，交流することを含んでいた。

要件２：取組・集団については，読書へのアニマシオンだけでなく，７つすべての読書指導法でこれを満たしていた。

要件３：目的・選択については，様々であった。まず，厳密に，自分が読みたいものを選ぶ場面があるかどうかということを考えると，リテラチャー・サークルは教師のブックトークから自分が読みたい本を選択して，グループ編成を行うので，読むテキストを選択するということができていた。また，インクワイアリー・サークルでも，自分が不思議に思うことや疑問に思うことについて情報にアクセスするので，選択ができていた。パートナー読書は，本書で扱ったようにジャンルの違いを際立たせた上で本を選択する形であれば，これを満たしているということができる。問題は△印である。これらは，教師が準備したものを読む形になるので，選択場面はない。選択という点だけ考えると満たさないことになる。しかし，どのような目的で読むのかということを前面に出しているので，目的に応じた読書ということであれば満たすことになる。例えば読書へのアニマシオンで言えば，本は与えられたもので選択の余地はないが，文学を楽しむためという目的ははっきりしている。ジャンル研究は×とした。これは，いろいろなものを読んで次第に共通するところが分かりジャンルの定義をするというものなので，探りながら読むという形で，読む目的が明示されているわけではない。

終章　研究の成果と課題　353

　要件4：ジャンル・メディアについては，特にフィクションだけでなくノンフィクションの様々なジャンルやメディアを扱い，そのジャンルなどを意識できているかどうかということを判定の基準とした。ジャンル研究，パートナー読書，読者想定法は，このことを意識して開発した方法なので当然である。交流型読み聞かせは，Hoytの扱っている本のリストを見ると，多様なジャンルを扱えているし，ジャンルそのものを学習内容とした読み聞かせもある。インクワイアリー・サークルも実践例を見ると実際のところ，多様なジャンル・メディアが使用されている。リテラチャー・サークルは，ノンフィクションの本も扱えるようになっているが，メディアという意味では本だけなので△とした。そして，読書へのアニマシオンは，文学作品だけなので×とした。

2．研究の意義

⑴複数の読書指導法の開発

　前述の4要件の×印はあるといけないというわけではない。教師が読書指導法を使用する際に，どのような性質を持った読書指導法であるかを把握するのに利用すればよいのである。完璧な指導法を1種類開発するのではなく，多数開発し，それらを目的や場面に応じて使用してもらうことが読書指導の実施の可能性を広げることになる。例えば，ジャンル研究では，様々な指導法を組み合わせて，ジャンルに対する探究活動を進めることが論じられていた。これらの要件を整理した上で7つの読書指導法を開発したことで，読書指導の研究を前に進めることができたと考えている。

⑵教材論に先行する指導論

　教科書掲載の文章のように，事前に安定的に実在するテキストがあり，それをどのように読むかを考える読解指導とは異なり，読書指導で扱うのは目的によって読むべきものが決まってそれにアクセスする読書行為である。読

書指導法がなければ，どのようなものを用意すればよいか，全く見通しが立たない。従来の国語科では，読書は個人の営為と考え，授業のような集団の場で指導してこなかったのである。

　本書で提案した7つの読書指導法は，いずれも，読んだ人が読んでいない人に読んだことを伝える紹介型ではなく，読んだ人が読んだ人に対して自分はどう読んだかを伝える交流型であった。紹介型であれば，1人の子どもが読む本が1冊準備できればいいわけで，準備は容易である。しかし，交流型は，それをするつもりでなければ準備できない。

　筆者は交流型の読書指導法の開発が，教材の準備を進めると考えている。例えば，読書へのアニマシオンの研究を始めた2000年頃，教育現場では子どもの人数分の本が準備できないと考える教師が多かった。しかし，読書へのアニマシオンという指導法を実現するために，様々な複本を用意する努力が重ねられた。日本アニマシオン協会が会員に本を貸し出すサービスを始めたし，自治体でも努力が行われるようになった。筆者の身近なところで言えば，新潟市立図書館が新潟市の小中学校に本を貸し出す際にアニマシオンで使用できる同じタイトルの本20冊をセットにした「オレンジボックス」という仕組みを作った。さらに，新潟アニマシオン研究会では，新潟市外の学校にアニマシオンに適した本を30冊貸し出すサービスを行っている。このように，指導法が先行して，読むべき図書を用意することができるのである。

　本書で開発した「読書へのアニマシオン」→「リテラチャー・サークル」→「パートナー読書」の流れは，用意する同じ本の冊数に着目したものであったが，具体的には読書指導法の交流するグループの人数によるものであった。すなわち，読書指導法があって，教材の準備が進められるのである。国語科教育学の研究は，目標論，教材論，指導論，評価論などがあるとされている。読書指導については，教科書に掲載する紹介図書を決めるなど，教材論が先行するように進められてきたが，本来は指導論が先行すべきであったと考えられる。7つの読書指導法を明示することで，実際にどのようなものをどの

ように用意しておくかを明らかにすることができたと考えている。

第3節　今後の課題と展望

１．開発の進捗状況

　筆者が行う読書指導法の開発研究には，主に次のような段階がある。

　①問題意識に適合する海外の読書指導法を探す。

　②その指導法を成立させている海外の背景を調査し，日本に導入する意義
　　があるかを考察し，整理する。

　③学会，研修会で指導法を提案する。

　④実践研究を行う。

　⑤指導法が知られて行き，国語科教育学の学術書，国語科教育法のテキス
　　トなどに掲載される。

　⑥子ども用の教科書及びその教科書の指導書に掲載される。

　それぞれについて解説する。

　①は，主に，海外の著書を読むという作業になるが，学会などに参加して
いる際にその指導法を紹介してもらう場合もある。

　②は，著書を読んだり，インターネットで情報を調べたりするだけでなく，
できれば現地の学会や研修会に参加し，指導法の提案者にインタビューをさ
せてもらったり，授業を見せてもらったりする。類似する指導法がある場合
には，そのような情報も仕入れる。

　③で最も多いのは，①②を踏まえて，学会発表をすることである。また，
その学会発表を踏まえて，論文にまとめることもある。本書に取り上げたの
は，③を論文の形で記したものである。ここまでが学術的な研究だと考えて
いる。この他学術研究ではない場面，例えば，自治体の教育委員会などが企
画する教員研修の場で講演の形で，提案することもある。

④は③と順番が逆になる場合もある。実施者は，筆者自身が行うこともあれば，関心を持った教師に依頼をする場合もある。教員研修の一環として筆者が「師範授業」を行い教員がそれを見学するという形もある。④の実践研究の結果を学会発表や論文の形で投稿する場合もある。読者想定法のように，実践研究をふまえて，読書指導法が精緻化することもある。

⑤と⑥は筆者が行うこととは限らないので，受動態で示した。

①から⑥までは凡そ進んでいく順を示しているが，多少前後する場合もある。かなり時間を要し，⑥に至るまでに数年から数十年を経過する。

以上のことをふまえて，本書で提案した7つの読書指導法が現在どの段階にあり，今後何が必要かを記したい。

⑥に達しているのは，着手が一番早かったのは読書へのアニマシオンで，少なくとも2011年（平成23年）度の小学校教科書の指導書への掲載を確認している。リテラチャー・サークルは，ブッククラブという名前ではあるが，2006年（平成18年）度以降の中学校教科書に掲載されている。

それよりも着手が遅かった交流型読み聞かせ，パートナー読書，読者想定法は現在⑤の段階である。

最も遅れているのは，インクワイアリー・サークルとジャンル研究である。インクワイアリー・サークルは2010年に著者の一人であるダニエルズ氏にインタビューをしていたが，③として論文にまとめたのが2021年（令和3年）度であった。また，2021年6月から2022年5月にかけて教員養成及び教員研修の場で④実践研究を行ったところである。ジャンル研究の方は，③の学会発表や論文執筆は2017年に行ったものの，次の段階に十分に進んでいるとは言えない。④実践研究を行うためには，教師がジャンルごとにどのように指導したらよいかをコンパクトに記した資料，すなわち In2Books のジャンルごとのガイドブックのようなものを作成する必要があるのではないかと考えている。

終章　研究の成果と課題　357

2．評価研究

　読書指導法の開発を研究するのであれば，それぞれの指導法がどのように評価を行うのかも合わせて検討すべきである。開発のもととなった，英語圏スペイン語圏の読書指導法には，評価についての言及もあった。特に，In-2Booksでは，評価のルーブリックが明示されていた。筆者もそれを基に，小学校2年生（足立，2020a）や5年生（足立，2015a）に実験授業を行い，子ども達の示した読者反応がルーブリックで評価できるかを検討してきたが，まだ十分とは言えない。指導法はその指導をしての評価と合わせて提示されるべきであり，評価研究をより充実させることが，指導法の使いやすさを保証していくことになるであろう。この点が今後の課題である。

3．デジタル・デバイスを用いた読書指導

　COVID-19の蔓延で，2020年の3月から5月にかけて，小学校や中学校が休校になると同時にオンライン授業などが行われるようになった。一方で，日本政府はGIGAスクール構想を前倒しで実施し，2021年度には多くの小中学校で1人1台端末が実現しつつある。

　このような状況下での読書指導は，デジタル・デバイスを用いた読書指導を研究していく必要がある。これには2つの研究内容がある。

　1点目は，上記の交流型の読書指導法を用いるとして，デジタル・デバイスを用いたオンライン形式の交流を行う際に，何ができて何ができなくなるかを見極めることである。筆者は2010年代の初めに，アメリカの学会でリテラチャー・サークルをオンラインで行ったとする研究発表を何度か見たことがある。そもそもIn2Booksの手紙交換もスキャンした手紙をオンラインで送っていた。しかし，読書へのアニマシオンを全く同じようにオンラインで行うことができるかは，今後検討する必要がある。もしも，上述の7つの読書指導法が使えないならば，また，新たにオンラインに合った指導法を開発

していく必要がある。

　2点目は，子ども達が読書をするテクストとしてデジタル・コンテンツにアクセスする場合である。これは単に素材がデジタル・コンテンツであるというだけでなく，PISA 及び PIRLS のデジタル調査問題で見たように，次々の別のウェブページや異なる著者のサイトにアクセスして読書をするという行為自体が変わっていく可能性がある。このような読書を指導できる読書指導法が必要である。

文 献 一 覧

足立幸子（1997）「滑川道夫読書指導論研究」『読書科学』41（1），1-8.

足立幸子（1999）「滑川道夫の児童文化観と読書指導観」『人文科教育研究』26，11-23

足立幸子（2000）「『読書へのアニマシオン』導入の意義」『山形大学教育実践研究』9，5-13.

足立幸子（2002a）「『読書へのアニマシオン』の成立」全国大学国語教育学会『国語科教育』第52集，pp.64-71.

Adachi, S.（2002b）Implementation of Spanish promotion method "Animación a la lectura". Paper presented at International Reading Association 47th Annual Convention, San Francisco.

足立幸子（2003）「読み聞かせボランティアの実態研究」日本国語教育学会『月刊国語教育研究』374，50-55.

足立幸子（2004a）「リテラチャー・サークル―アメリカの公立学校のディスカッション・グループによる読書指導方法―」『山形大学教育実践研究』13，9-18.

足立幸子（2004b）「国際学術誌における読み聞かせ研究レビュー」『国語科教育』55，52-29.

足立幸子（2004c）「スペインにおける『読書へのアニマシオン』の源流と拡大状況」『山形大学紀要（教育科学）』13（3），193-204.

足立幸子（2007）「初等教育段階における国際読書力調査PIRLSの特徴―他の国際テスト・国内テストとの比較から―」『新潟大学教育人間科学部紀要』人文・社会科学編9（2），171-189.

足立幸子（2010）「読みのレベルを診断するベンチマーク・アセスメント・システム」『新潟大学教育学部研究紀要』3（1），1-6.

足立幸子（2012）「リーディング・リテラシーについての展望」『全国規模の学力調査における重複テスト分冊法の展開可能性について（平成23年度文部科学省委託研究「学力調査を活用した専門的課題分析に関する調査研究」研究成果報告書）』東北大学，26-32.

足立幸子（2013）「リーディング・リテラシーと国語科における『読解力』の違い」柴山直・熊谷龍一・佐藤喜一・足立幸子『全国規模の学力調査におけるマトリックス・サンプリングにもとづく集団統計量の推定について（平成24年度文部科学

省委託研究「学力調査を活用した専門的課題分析に関する調査研究」研究成果報告書』東北大学，45-49.

足立幸子（2014）「交流型読み聞かせ」『新潟大学教育学部研究紀要』7（1），人文・社会科学編，1-13.

足立幸子（2015a）「読者反応を利用した小集団の読書指導におけるルーブリック評価の試み」新潟大学教育学部国語国文学会編『新大国語』37，17-37.

足立幸子（2015b）「想定する読者の読者反応によるノンフィクションを読むことの指導―Jean Anne Clyde らの吹き出し法（subtexting）を手がかりとして―」『新潟大学教育学部研究紀要』7（2），195-205.

足立幸子（2015c）「国語科学習指導要領における読書指導の位置づけと課題」『新潟大学教育学部研究紀要』8（1），1-11.

足立幸子（2016a）「読者想定法によるノンフィクションの読書指導」『新潟大学教育学部研究紀要』8（2），133-141.

足立幸子（2016b）「読者想定法を使用した説明的文章の指導―『フリードルとテレジンの小さな画家たち』の読者反応に着目して―」『人文科教育研究』43，15-27.

足立幸子（2016c）「交流を生かした読書指導―アメリカにおける In2Books の2003年頃の活動を例として―」『新潟大学教育学部研究紀要』9（1），1-9.

足立幸子（2017a）「ノンフィクションの様々なジャンルを用いた読者想定法―メディア・リテラシーのコア概念による分析―」『新潟大学教育学部研究紀要』9（2），195-205.

足立幸子（2017b）「ジャンルに基づいたノンフィクションの読書指導―Fountas & Pinnell（2012）Genre Study を対象として―」『新潟大学教育学部研究紀要』10（1），1-8.

足立幸子（2020a）「交流を生かした読書指導：In2Books の日本における試み」『新潟大学教育学部研究紀要』12（2），121-142.

足立幸子（2020b）「国際学力調査から考えるデジタルリテラシーを育てる学習材」『月刊国語教育研究』583，4-9.

足立幸子（2020c）「国際学力調査 PIRLS におけるデジタルリテラシーの評価」『新潟大学教育学部研究紀要』13（1），1-13.

足立幸子（2021）「インクワイアリー・サークル―リテラチャー・サークルからの発展を中心に―」『新潟大学教育学部研究紀要』14（1），1-9.

Afflerbach, P.（2000）. Verbal reports and protocol analysis. In M. L. Kamil, P. B. Mosenthal, P. D. Pearson and R. Barr（Eds.）*Handbook of Reading Research*

Volume III Mahwah, NJ: Lawrence Erlbaum Associates, pp. 163-179.

Afflerbach, P. (2012). *Understanding and using reading assessment K-12 (2nd ed.).* Newark, DE: International Reading Association.

Anderson, R., Hiebert, E., Scott, J., & Wilkinson, I. A. G. (1985). *Becoming a nation of readers: The report of the commission on reading.* The National Institute of Education.

赤木かん子（2012）『先生のための百科事典ノート』ポプラ社

秋田喜代美（1997）『読書の発達過程―読書に関わる認知的要因・社会的要因の心理学的検討―』風間書房

有元秀文（2002）『子どもの「読む力」を引き出す読書へのアニマシオン入門』学習研究社

Arnold, D. H., Lonigan, C. J., Whitehurst, G. J., & Epstein, J. N. (1994). Accelerating language development through picture book reading: replication and extension to a videotape training format. *Journal of Educational Psychology, 86(2),* 235-243.

Bauer, E. B. (2000). Code-Switching during Shared and Independent Reading: Lessons Learned from a Preschooler. *Research in the Teaching of English, 35(1),* 101-130

Bergin, C. (2001). The Parent-Child Relationship during Beginning Reading. *Journal of Literacy Research, 33(4),* 681-706.

Bettelheim, B. & Zelan, K. (1981) *On learning to read: The child's fascination with meaning.* New York. Alfred A. Knopf, Inc. Traducción castellana:

Beltrán, J. (1983). Aprender a leer. Barcelona. Critica. B. ベテルハイム, K. ゼラン, 北條文緒訳（1983）.『子どもの読みの学習―よりよい国語教育をめざして―』法政大学出版局

Bodey, W., Parking, L., Forster, M. and Masters, G. (1997) *Developmental Assessment Resource for Teachers. DART ENGLISH MIDDLE PRIMARY.* Melbourne, Victoria: The Australian Council for Educational Research Ltd.

Bruner, J. (1990). *Acts of Meaning.* Harvard University Press. J. ブルーナー, 岡本夏木・仲渡一美・吉村啓子訳（1990）『意味の復権―フォークサイコロジーに向けて―』ミネルヴァ書房

Bus A. G., Leseman, P. P. M., & Keultjes, P. (2000). Joint Book Reading across Cultures: A Comparison of Surinamese-Dutch, Turkish-Dutch, and Dutch Parent-Child Dyads. *Journal of Literacy Research, 32(1),* 53–76.

Bus, A. G., & van IJzendoorn, M. H. (1995a). Mothers Reading to Their 3-Year-Olds: The Role of Mother-Child Attachment Security in Becoming Literate. *Reading Research Quarterly, 30(4),* 998–1015.

Bus, A. G., van IJzendoorn, M. .H., Pellegrini, A. D. (1995b). Joint Book Reading Makes for Success in Learning to Read: A Meta-Analysis on International Transmission of Literacy. *Review of Educational Research, 65(1),* 1–21.

Calkins, L. (2001). *The art of teaching reading.* Addison-Wesley Educational Publishers Inc. ルーシー・カルキンズ，吉田新一郎・小坂敦子訳（2010）『リーディング・ワークショップ—「読む」ことが好きになる教え方・学び方』新評論

Campbell, J. R., Kelly, D. L., Mullis I. V. S., Martin, M. O., and Sainsbury M. (2001) *Framework and Specifications for PIRLS Assessment 2001. Second Edition.* International Association for the Evaluation of Educational Achievement.

Cerrillo, P. C. y Padrino, J. G. (1997). *Hábitos lectores y animación a la lectura.* Ediciones de la Universidad de Castilla - La Mancha

チェインバーズ＝エイダン，こだまともこ（訳）（1993）『みんなで話そう，本のこと—子どもの読書を変える新しい試み—』柏書房

Clay, M. M. (1993). *Reading Recovery: A Guideline for Teachers in Training.* Portsmouth, NH: Heinemannn.

Clyde, J. A. (2014). The subtexting strategy: Transforming learners through dramatic play. Paper presented at LSRI Learning Lunch. University of Nottingham, April 22nd, 2014.

Clyde, J. A., Barber S. Z., Hogue, S. L. and Wasz, L. L. (2006). *Breakthrough to meaning: Helping your kinds become better readers, writers, and thinkers.* Portsmouth, NH: Heinemannn.

Coll, E. et al (1993). *El constructivismo en el aula.* Barcelona. Editorial Graó.

Cope, B. & Kalantzis, M. (2000). *Multiliteracies: Literacy learning and the design of social futures.* London: Routledge.

Curtis, C., P. (1999). Bud, not buddy. New York, NY: Yearling. クリストファー・ポール・カーティス，前沢明枝訳（2003）『バドの扉がひらくとき』徳間書店

Daniels, H. (1994) *Literature Circles: Voice and Choice in the Student-Centered Classroom.* York. Stenhouse Publishers.

Daniels, H. (2002). *Literature circles: Voice and choice in book clubs & reading groups*. Portland, ME: Stenhouse.

Daniels, H. & Steineke, N. (2004). *Mini-lessons for literature circles*. Portsmouth, NH: Heinemannn

de Jong, M. T., & Bus, A. G. (2002). Quality of Book-Reading Matters for Emergent Readers: An Experiment with the Same Book in Regular or Electronic Format. *Journal of Educational Psychology, 94(1)*, 145-155.

Dickinson, D. K., & Smith, Miriam W. (1994). Long-Term Effects of Preschool Teachers' Book Readings on Low-Income Children's Vocabulary and Story Comprehension. *Reading Research Quarterly, 29(2)*, 104-122.

Dressel, J. H. (1990). The Effects of Listening to and Discussing Different Qualities of Children's Literature on the Narrative Writing of Fifth Graders. *Research in the Teaching of English, 24(4)*, 397-414.

Duke, N. K., Coughlan, S., Juzwik, M. M. & Martin, N. M. (2012). *Reading and writing genre with purpose in K-8 classrooms*. Portsmouth, NH: Heinemannn.

Elley, W. B. (1989). Vocabulary Acquisition from Listening to Stories. *Reading Research Quarterly, 24(2)*, 174-187.

エンゲストローム, ユーリア, 山内勝広ほか訳 (1999)『拡張による学習―活動理論からのアプローチ―』新曜社

Equipo Peonza (1995). *ABCdario de la animación a la lectura*. Asociación Española de Amigos del libro infantil y juvenil.

Fahrman, W. & Gómez del Manzano, M. (1985). El niño y los libros, cómo despertar una afición.. Madrid. Narcea.

Fehring, H. (Ed.). (2003). *Literacy Assessment: A collection of articles from the Australian Literacy Educators' Association*. Newark, DE: International Reading Association.

Fehring, H. (2004). Critical, Analytical and Reflective Literacy Assessment: Reconstructing Practice. Paper provided by 20th World Congress. Manila. International Reading Association.

Fehring, H. and Green, P. (Ed.). (2001). *Critical Literacy: A Collection of Articles From the Australian Literacy Educators' Association*. Newark, DE: International Reading Association.

Feitelson, D., Goldstein, Z., Iraqi, J., & Share, D. L. (1993). Effects of Listening to Story Reading on Aspects of Literacy Acquisition in a Diglossic Situation.

Reading Research Quarterly, 28(1), 70-79.

Feitelson, D., Kita, B., & Goldstein, Z. (1986). Effects of Listening to Series Stories on First Graders' Comprehension and Use of Language. *Research in the Teaching of English, 20(4),* 339-356.

Finn, P. (2001). *Literature circles guide: The giver.* Scholastic Professional Books.

Florio-Ruane & Morrell, E. (2004). Discourse analysis: Conversation. In N. K. Duke & M. H. Mallette (Ed.), *Literacy Research Methodologies.* New York: The Guilford Press.

Forster, M., Mendelovits, J. and Masters, G. (1994). *Developmental Assessment Resource for Teachers. DART ENGLISH.* Melbourne, Victoria: The Australian Council for Educational Research Ltd.

Fountas, I.C. & Pinnell, G.S. (2008) *Fountas & Pinnell Benchmark Assessment System 2 Assessment Guide.* Portsmouth, NH: Heinemann.

Fountas, I. C. & Pinnell, G. S. (2012). *Genre study: teaching with fiction and non-fiction books.* Portsmouth, NH: Heinemann.

Fountas, I. C. & Pinnell, G. S. (2016). *Guided reading: responsive teaching across the gades.* Second Edition. Portsmouth, NH: Heinemannn.

Gagné, R. M. (1965). The conditions of learning. New York. Holt, Rinehart and Winston, Inc. 邦訳 ロバート M. ギャグネ，吉本二郎・藤田統訳（1968）．『学習の条件』文理書院

Gagné, R. M. (1970). The conditions of learning: Second edition. New York. Holt, Rinehart and Winston, Inc. Traducción castellana: Hoz Orden. González Soler, A. (1971). Las condiciones del aprendizaje. Madrid. Aguilar

Gagné, R. M. (1977). The conditions of learning: Third Edition. New York. Holt, Rinehart and Winston, Inc. Traducción castellana: Pecina, J. C. (1979). Las condiciones del aprendizaje. Madrid. Aguilar 邦訳 R. M. ガニエ，金子敏・平野朝久訳（1982）．『学習の条件』第三版 学芸図書

Gagné, R. M. (1985). The conditions of learning. New York. Holt, Rinehart and Winston, Inc.

Goldfeder, E., Wang, W., & Ross, S. (May, 2003). In2Books teacher survey: qualitative and quantitative synthesis. *Center for Research in Educational Policy.*

Goldman, S. R. (2004). *Evaluation report: SAT-9 Reading Test achievement levels – District of Colombia Public Schools: In2Books classrooms compared to oth-*

er DCPS classrooms, 2003-2004 school year. Chicago: University of Illinois at Chicago Center for Learning, Instruction, and Teacher Education.

Gómez del Manzano, M. (1986). *Cómo hacer un niño lector.* Madrid. Narcea.

Harvey. S., & Daniels, H. (2009). *Comprehension & collaboration: Inquiry circles in action.* Portsmouth, NH: Heinemannn.

Harvey, S., & Daniels, H. (2010a). *Inquiry circles in elementary classrooms.* (DVD) Portsmouth, NH: Heinemannn.

Harvey, S., & Daniels, H. (2010b). *Inquiry circles in middle and high school classrooms.* (DVD) Portsmouth, NH: Heinemannn.

Harvey, S. & Daniels, H. (2015). *Comprehension & collaboration: Inquiry circles for curiosity, engagement, and understanding.* Portsmouth, NH: Heinemannn.

Harvey, S., & Goudvis, A. (2000). *Strategies that work: Teaching comprehension to enhance understanding.* Stenhouse Publishers.

波多野完治 (1961)「児童文化とはなにか：回想と希望」坪田譲治他編『子どもの生活と文化：親と教師のための児童文化講座1』 弘文堂, 3-14.

平田淳 (1997)「読み聞かせによる読書指導」『教育科学国語教育』546頁

菱田由美 (1990)「文学教材の指導に関する研究－初発の感想を育てる物語の指導－」上越教育大学修士論文（未公刊）

Holmes, B. C. (1985). The Effect of Four Different Modes of Reading on Comprehension. *Reading Research Quarterly, 20(5),* 575-585.

Hoyt, L. (2007a). *Interactive read-alouds; Linking standards, fluency, and comprehension K-1.* Portsmouth, NH: Heinemann.

Hoyt, L. (2007b). *Interactive read-alouds; Linking standards, fluency, and comprehension 2-3.* Portsmouth, NH: Heinemann.

Hoyt, L. (2007c). *Interactive read-alouds; Linking standards, fluency, and comprehension 4-5.* Portsmouth, NH: Heinemann.

Hoyt, L. (2007d). *Interactive read-alouds; Linking standards, fluency, and comprehension 6-7.* Portsmouth, NH: Heinemann.

Hoyt, L. (2007e). *Guide to interactive read-alouds K-1.* Portsmouth, NH: Heinemann.

Hoyt, L. (2007f). *Guide to interactive read-alouds 2-3.* Portsmouth, NH: Heinemann.

Hoyt, L. (2007g). *Guide to interactive read-alouds 4-5.* Portsmouth, NH: Heinemann.

Hoyt, L. (2007h). *Guide to interactive read-alouds* 6-7. Portsmouth, NH: Heinemann.

Huck, C. S. (1992) Literacy and Literature. *Language Arts. 69(7)*, 520–526.

Hughes, E., Mukhongo, A., & Lane, S. E. (2009). The effects of authentic literacy tasks on reading motivation. Paper presented in National Reading Conference 59th Annual Meeting, December 2, 2009. Albuquerque, New Mexico.

池上彰（2004）『ニュースの現場で考える』岩崎書店

飯干陽（1990）「語り聞かせ・読み聞かせの効用」『読書科学』34(1)，2-3.

In2Books (2003a). Cycle five Science text. *In2books book guide,* 2(5).

In2Books (2003b). Cycle I Fiction. *In2books genre guide,* 3(2).

In2Books (2004). The In2Books rubric. *In2books literacy guide,* 4(2).

In2Books-ePals. (2016). The history of In2Books. In2Books-ePals https://in2books.epals.com/content.aspx?caid=I2BCorp&divid=I2B_History （2016年6月14日閲覧）

井上敏夫（1982）『井上敏夫国語教育著作集第2巻　生活読みの理論と実践Ⅰ』明治図書

International Association for the Evaluation of Educational Achievement (2003). *PIRLS 2001 Assessment.* TIMSS & PIRLS International Study Center, Lynch School of Education, Boston College.

井関竜太・海保博之（2001）「読み方略についての包括的尺度の作成とその有効性の吟味」『読書科学』45(1)，1-9.

イーザー，ウォルフガング，轡田収訳（1982）『行為としての読書－美的作用の理論－』岩波書店

石原知英（2008）「翻訳タスクにおける思考発話法の反作用－翻訳のプロセス研究のための基礎的研究－」『広島大学大学院教育学研究科紀要第二部』第57号，183-191.

石川清治（1985）「児童の読書に対する態度の発達的研究」『読書科学』29(3)，89-98.

石川晋（2013）『学び合うクラスをつくる！教室用読み聞かせ－読書活動アイディア38』明治図書

石山脩平（1973）『教育学的解釈学国語教育論』明治図書

岩辺泰史（1998）『ぼくらは物語探偵団－まなび・わくわく・アニマシオン－』柏書房

伊澤雅子・平出衛（1991）『ノラネコの研究』福音館書店

児童言語研究会（1976）『新・一読総合法入門』一光社

Johnson, D. W., Johnson, R. T., Holubec, E. J. (1984). *Circles of learning: Cooperation in classroom.* Association for Supervision & Curriculum Development. D・W・ジョンソン，R・T・ジョンソン，E・J・ホルベック，杉江修治・伊藤康児・石田裕久・伊藤篤訳（1998）『学習の輪―アメリカの協同学習入門―』二瓶社

Jolibert, J. & Gloton（Eds.）(1985). El poder de leer. Barcelona. Gedisa.

門田修平，野呂忠司（2001）『英語リーディングの認知メカニズム』くろしお出版

海保博之・原田悦子（1993）『プロトコル分析入門―発話データから何を読むか―』新潮社

加古里子（1972）『あなたのいえ　わたしのいえ』福音館書店

鎌田和宏・中山美由紀（2008）『先生と司書が選んだ調べるための本―小学校社会科で活用できる学校図書館コレクション―』少年写真新聞社

上谷順三郎（1997）『読者論で国語の授業を見直す』明治図書

金沢みどり（2006）『図書館情報学シリーズ7児童サービス論』学文社

金沢みどり（2011）「多様な読書資料」全国学校図書館協議会「シリーズ学校図書館学」編集委員会『シリーズ学校図書館学4　読書と豊かな人間性』社団法人全国学校図書館協議会，pp. 43-58.

川崎国語メディア研究会（2003）『西オーストラリア州メディア教育事情視察研修報告書』私家版

経済協力開発機構・OECD教育研究開発センター（2004）『図表でみる教育―OECDインディケータ（2004年版）』明石書店

経済協力開発機構（OECD），国立教育政策研究所訳（2004）『PISA2003年調査 評価の枠組み―OECD生徒の学習到達度調査―』ぎょうせい

経済協力開発機構（OECD），国立教育政策研究所訳（2007）『PISA2006年調査 評価の枠組み―OECD生徒の学習到達度調査―』ぎょうせい

経済協力開発機構（OECD），国立教育政策研究所訳（2010）『PISA2009年調査 評価の枠組み―OECD生徒の学習到達度調査―』明石書店

経済協力開発機構・OECD教育研究開発センター（2004）『図表でみる教育―OECDインディケータ（2004年版）』明石書店

金田一春彦・長谷川孝士他（2006）『現代の国語1』三省堂（中学校国語教科書）

金田一春彦・長谷川孝士他（2006）『現代の国語2』三省堂（中学校国語教科書）

木下順二・初山滋（1956）『ききみみずきん』岩波書店

木下順二・清水崑（1959）『かにむかし』岩波書店

Kintsch, W. (1994). Text comprehension, memory, and learning. *American Psychologist, 49*, 294-303.

岸学（2004）『説明文理解の心理学』北大路書房

国立教育研究所（2000）．『国際読書教育シンポジウムー「生きる力」をはぐくむための読書教育のあり方ー』

国立教育政策研究所（2002）『生きるための知識と技能ーOECD 生徒の学習到達度調査（PISA）2000年調査国際結果報告書ー』ぎょうせい

国立教育政策研究所（2004）『生きるための知識と技能2ーOECD 生徒の学習到達度調査（PISA）2003年調査国際結果報告書ー』ぎょうせい

国立教育政策研究所（2007）『生きるための知識と技能3ーOECD 生徒の学習到達度調査（PISA）2006年調査国際結果報告書ー』ぎょうせい

国立教育政策研究所（2010）『生きるための知識と技能4ーOECD 生徒の学習到達度調査（PISA）2009年調査国際結果報告書ー』明石書店

国立教育政策研究所（2019）『生きるための知識と技能7ーOECD 生徒の学習到達度調査（PISA）2018年調査国際結果報告書ー』明石書店

幸田国広（2020）「総論：探究学習とは何かーことばの教育の視座からー」幸田国広編（浜本純逸監修）『探究学習ー授業実践史をふまえてー』溪水社，pp. 3-21.

倉澤栄吉（1958）「読解指導と読書指導」『学校図書館』91，8-11.

倉澤栄吉・青少年国語研究会（1972）『筆者想定法の理論と実践』共文社

黒木秀子・鈴木淑博（2004）『子どもと楽しく遊ぼう読書へのアニマシオンーおすすめ事例と指導のコツー』学事出版

桑原隆（1992）『ホール・ランゲージー言葉と子どもと学習　米国の言語教育運動ー』国土社

桑原隆（1993）「読書指導論の軌跡」日本国語教育学会『月刊国語教育研究』254，58-61.

桑田てるみ（2016）『思考を深める探究学習ーアクティブ・ラーニングの視点で活用する学校図書館ー』全国学校図書館協議会

Lokan, J., Greenwood, L., & Cresswell, J. (2001). *15-up and counting, reading, writing, reasoning: How literate are Australian students?: The PISA 2000 survey of students' reading, mathematical and scientific literacy skills*. Melbourne. Australian Council for Educational Research Ltd.

Lowry. L.（1993）. *The giver*. Houghton Mifflin. ロイス・ローリー，掛川恭子訳（1995）『ザ・ギバー―記憶を伝える者―』講談社

Martin, M.O., Mullis, I.V.S.,& Kennedy, A.M.（2003）. *PIRLS 2001 Technical Report*. Chestnut Hill, MA: Boston College.

正木友則（2012）「説明的文章指導における筆者概念の整理と検討―1980年代を中心に―」『全国大学国語教育学会発表要旨集』122，67-70.

正木友則（2013）「説明的文章指導における筆者概念の整理と検討―学習過程の類型化を中心に―」『全国大学国語教育学会発表要旨集』124，45-48.

Martinez, M. G., & Teale, W. H.（1993）. Teacher Storybook Reading Style: A Comparison of Six Teachers. *Research in the Teaching of English, 27(2)*, 175-199.

松居直・赤羽末吉（1965）『ももたろう』福音館書店

松谷みよ子・朝倉摂（1969）『ゆきおんな』ポプラ社

Meisinger, E. B., Schwanenfluge, P. J., Bradley, B. A., & Stahl, S.（2004）. Interaction quality during partner reading. *Journal of Literacy Research,* 36（2），111-140.

ミーク，マーガレット，こだまともこ訳（2003）.『読む力を育てる―マーガレットミークの読書教育論』柏書房

巳野欣一（1987）「学習指導要領にみる読書指導観の変遷」『教育科学国語教育』375，11-16.

文部科学省（2006）『読解力向上に関する指導資料―PISA 調査（読解力）の結果分析と改善の方向―』東洋館出版社

文部科学省（2008）『中学校学習指導要領解説国語編』東洋館出版社

文部科学省（2008）『小学校学習指導要領解説国語編』東洋館出版社

文部科学省（2018a）『小学校学習指導要領（平成29年告示）解説国語編』東洋館出版社

文部科学省（2018b）『中学校学習指導要領（平成29年告示）解説国語編』東洋館出版社

森田信義・種谷克彦（1994）「読書指導の研究(4)―滑川道夫氏の理論を中心に―」『広島大学学校教育部紀要第Ⅰ部』16，15-28.

Morrow, L. M.（1988）. Young Children's Responses to One-to-One Story Readings in School Settings. *Reading Research Quarterly, 23(1)*, 89-107.

Morrow, L. M. & Gambrell, L.B.（2000）. Literature-Based Reading Instruction. In Kamil, M. L., Mosenthal, P. B., & Barr, R.（Eds）, *Handbook of Reading Research Vol. 3*, 563-586. Mahwah, NJ: Lawrence Erlbaum Associates.

Morrow, L. M., & Smith, J. K. (1990). The Effects of Group Size on Interactive Storybook Reading. *Reading Research Quarterly, 25(3)*, 213-231.

Mullis, I.V.S., Martin, M.O., Gonzalez, E.J., & Kennedy, A.M. (2003). *PIRLS 2001 International Report: IEA's Study of Reading Literacy Achievement in Primary Schools*. Chestnut Hill, MA: Boston College.

村石昭三 (1993)「解説・解題」村石昭三編『国語教育基本論文集成第18巻国語科読書指導論』明治図書, pp. 400-431.

村上淳子 (1999)『先生, 本読んで！－こころを育てる読み聞かせ実践論－』ポプラ社

村山功 (1995).「学習における方略の位置づけ」. 全国語学教育学会学習者ディベロプメント研究部会ニュースレター『学習の学習』Vol 2, no. 3 (http://coyote.miyazaki-mu.ac.jp/learnerdev/LLJ/Murayama23J.html より)

Musick, M. D., Nettles, M. T., Truby, R. & Crovo, M. (2002). *Reading Framework for the 2003 National Assessment of Educational Progress*. National Assessment Governing Board.

中川一史・髙木まさき (2004)『光村の国語調べて, まとめて, コミュニケーション 2 疑問調べ大作戦』光村教育図書

中川一史・髙木まさき (2004)『光村の国語調べて, まとめて, コミュニケーション 4 発表・討論チャンピオン』光村教育図書

中村純子 (2010)「放送分野におけるメディアリテラシー向上のための教材『情報娯楽番組 (インフォテイメント)』～テキスト教材～〈平成22年３月版〉」(総務省「放送分野におけるメディアリテラシー向上のための教材の在り方等に関する調査研究」(解説資料))
http://www.soumu.go.jp/main_sosiki/joho_tsusin/top/hoso/pdf/infotament_text.pdf (2016年６月１日閲覧)

中村純子 (2012)「西オーストラリア州英語科カリキュラムにおけるメディア・リテラシー教育」『国語科教育』第72集, pp. 103-107.

中洌正堯 (1982)「滑川道夫氏の読書指導論；『映像文化と読書』論を中心に」日本国語教育学会.『月刊国語教育研究』118, 1-9.

中内敏夫 (1976)『生活綴方』国土社.

滑川道夫 (1930)「形象的綴方教育論(1)」『北方教育』1, 38-42.

滑川道夫 (1931)『国語教育の実践的構築；表現・形象・解釈』右文書院.

滑川道夫 (1956)「読書指導」西尾実編『国語教育辞典』朝倉書店, pp. 478-480.

滑川道夫（1961）「教育と児童文化」坪田譲治他編『子どもの生活と文化；親と教師のための児童文化講座1』弘文堂，40-51.

滑川道夫（1970）『読解読書指導論』東京堂出版

滑川道夫（1976）『現代の読書指導』明治図書

滑川道夫（1979）『映像時代の読書と教育』国土社

中村年江（1991）「絵本の読み聞かせに関する心理学的研究―絵本の読み聞かせに関する変数と望ましい読み聞かせ条件の検討―」『読書科学』35(4)，149-159

中山勘次郎（1983）「読書の研究法（X）―質問紙法―」『読書科学』27(2)，68-77.

New London Group (1996). A Pedagogy of Multiliteracies: Designing Social Futures. *Harvard Educational Review 66(1)*, 90-92.

野地潤家（1978）「読書指導個体史；滑川道夫氏のばあい」野地潤家『個性読みの探究』共文社．101-109.

野村路子（1993）『テレジンの小さな画家たち―ナチスの収容所で子どもたちは4000枚の絵をのこした―』偕成社

野村路子（2011）「フリードルとテレジンの小さな画家たち」浜本純逸・大岡信・野地潤家・新井満ほか『みんなと学ぶ小学校国語六年下』学校図書，pp.106-122.

野村路子（2011）『フリードル先生とテレジンの子どもたち―ナチスの収容所にのこされた4000枚の絵』第三文明社

野村路子（2015）「フリードルとテレジンの小さな画家たち」浜本純逸・大岡信・野地潤家・新井満ほか『みんなと学ぶ小学校国語六年上』学校図書，pp.68-81.

ノリス，レズリー．きたむらさとし訳（1999）『風，つめたい風』小峰書店

小田迪夫（1986）『説明的文章の授業改革論』明治図書

OECD（2009）. *PISA 2009 assessment framework: Key competencies in reading, mathematics and science.* Paris: OECD Publishing.

Oliver, N. (1993). *The best beak in Boonaroo Bay.* Melbourne, Victoria: Thomas C. Lothian Pty Ltd.

大村はま（1984a）『大村はま国語教室第7巻―読書生活指導の実際(1)―』筑摩書房

大村はま（1984b）『大村はま国語教室第8巻―読書生活指導の実際(2)―』筑摩書房

大槻和夫編（1993）『国語教育基本論文集成第26巻　国語教育方法論(3)　指導過程論』明治図書

Patte, G. (1988). Dejadles leer. Barcelona. Pirenne.Pellegrini, A. D., & Sigel, I. E. (1985). Parents' Book-Reading Habits with Their Children. *Journal of Educational Psychology, 77(3)*, 332-340.

Palincsar, A. S.& Brwon, A. L.（1984）. Reciprocal teaching of comprehension foster-
ing and comprehension monitoring. *Cognition and Instruction, 12,* 117-175.

Pennac, D.（1992）. *Comme un roman.* París. Éditions Gallimard. Traducción de cas-
tellano Jordá, J.（1993）. Como una novela. Barcelona. Anagrama. 邦訳　ダニエ
ル・ペナック，浜名優美・木村宣子・浜名エレーヌ訳.（1993）. 『奔放な読書―
本嫌いのための新読書技術―』藤原書店

Pelezer, J.（2012）. Family: Bullying to blame in wyoming 13 year olds suicide. *Star
Tribune.* Jan 5. 2012 https://trib.com/news/state-and-regional/family-bullying
-to-blame-in-wyoming-13-year-olds-suicide/article_f75be98c-cde6-5b00-8834-
b5b04a805925.html（2021年10月30日閲覧）

Perie, M., Grigg, W. S. and Donahue, P.D.（2005）. *The Nation's Report Card: Read-
ing 2005.* National Center for Education Statistics.

Pérez Rioja, J. A.（1986）. *Panorámica histórica y actualidad de la lectura.* Madrid.
Fundación Germán Sánchez Ruipérez.

Pérez Zorrilla, M. J.（2005）. *Evaluación de la Educación Primaria 2003.* Madrid:
Instituto Nacional de Evaluación y Calidad del Sistema Educativo.

Phillips, G., & McNaughton, S.（1990）. The Practice of Storybook Reading to Pre-
schoolers in Mainstream New Zealand Families. *Reading Research Quarterly,
25(3),* 196-212.

Pressley, M. & Afflerbach, P.（1995）. *Verbal Protocols of Reading: the nature of
constructively responsively reading.* Hillsdale, NJ: Lawrence Erlbaum Associ-
ates.

Pressley, M. & Hilden, K.（2004）. Verbal Protocols of Reading. In N. K. Duke & M.
H. Mallette（Ed.）, *Literacy Research Methodologies.* New York: The Guilford
Press.

Puente, A.（Ed.）（1991）. *Comprensión de la lectura y acción docente.* Madrid. Fun-
dación Germán Sánchez Ruipérez.

Purcell-Gates, V., McIntyre, E., & Freppon, P. A.（1995）. Learning Written Story-
book Language in School: A Comparison of Low-SES Children in Skills-Based
and Whole Language Classrooms. *American Educational Research Journal,
32(3),* 659-685.

Qualifications and Curriculum Authority（2003）. *Standards at Key Stage 2: En-
glish, Mathematics and Science. A Report for Headteachers, Class Teachers*

and Assessment Coodinators on the 2002 National Curriculum Assessment for 11-year-olds. London: Qualifications and Curriculum Authority.

Queensland Studies Authority (2004). *Year3, 5 and 7 Literacy Test: A framework for describing reading items.* Spring Hill., Queensland. Queensland Studies Authority.

Queensland Studies Authority (2004) *2004 Queensland years 3, 5, and 7 tests in aspects of literacy and numeracy.* Brisbane. The State of Queensland.

Quintas, A. L. (1979). *Estrategia del lenguaje y manipulación del hombre.* Madrid. Narcea.

Quintas, A. L. (1997). *Literatura y formación humana.* Madrid. San Pablo.

Raphael, T. (1986). Teaching question-answer relationships, revised. *The Reading Teacher, 39,* 516-523.

Raphael, T. E., Pardo, L. S., Highfield, K. & McMahon, S. I. (1997). *Book club: A literature-based curriculum.* Littleton. Small Planet Communications, Inc.

Raphael, T. E., Pardo, L. S. & Highfield, K. (2002) *Book club: A literature-based curriculum.* Lawrence, MA: Small Planet Communications, Inc.

Reyes Camps, L. (2003). *Vivir la lectura en casa.* Barcelona. Juventud.

Robb, L. (2000). *Teaching reading in middle school: A strategic approach to teaching reading that improves comprehension and thinking.* New York: Scholastic, Inc.

Robbins, C.,& Ehri,L. C. (1994). Reading Storybooks to Kindergartners Helps Them Learn New Vocabulary Words. *Journal of Educational Psychology, 86(1),* 54-64.

Rosenblatt, L. M. (1938). *Literature as exploration,* D. Appleton —century company.

Rosenhouse, J., Feitelson, D., Kita, B., & Goldstein, Z. (1997). Interactive Reading Aloud to Israeli First Graders: Its Contribution to Literacy Development. *Reading Research Quarterly, 32(2),* 168-183.

Rychen, D. S., & Salganik, L. H. (eds.), (2003). *Key competencies for a successful life and a well-functioning society.* Göttingen: Hogrefe & Huber Publishers. ドミニク・S・ライチェン，ローラ・H・サルガニク編著，立田慶裕（監訳）・今西幸蔵ほか訳（2006）『キー・コンピテンシー―国際標準の学力をめざして―』明石書店

Sarto, M. M. (1984). *La animación a la lectura para hacer al niño lector.* Ediciones SM. モンセラット・サルト，佐藤美智代・青柳啓子訳（1997）『読書で遊ぼうアニマシオン―本が大好きになる25のゲーム』柏書房

Sarto, M. (1994). Valores en la literatura infantil y juvenil. *Vela Mayor, 1994(2),* 65-71.

Sarto, M. M. (1998). *Animación a la lectura con nuevas estrategias.* Ediciones SM. M・M・サルト，宇野和美訳（2001）『読書へのアニマシオン―75の作戦―』柏書房

笹倉剛（1997）『感性を磨く「読み聞かせ」』北大路書房

笹倉剛（1999）『子どもが変わり学校が変わる感性を磨く「読み聞かせ」』北大路書房

Scarborough, H. S. & Dobrich, W. (1994). On the Efficacy of Reading to Preschoolers. *Developmental Review, 14(3),* 245-302.

Sénéchal, M., & Cornell, E. H. (1993). Vocabulary Acquisition through Shared Reading Experiences. *Reading Research Quarterly, 28(4),* 360-374.

Sénéchal, M., Thomas, E., & Monker, J-A. (1995). Individual Differences in 4-Year-Old Children's Acquisition of Vocabulary during Storybook Reading. *Journal of Educational Psychology, 87(2),* 218-229.

新開孝（2005）『虫たちのふしぎ』福音館書店

Sipe, L. R. (1998). IRA Outstanding Dissertation Award for 1998: The Construction of Literary Understanding by First and Second Graders in Response to Picture Storybook Read-Alouds. *Reading Research Quarterly, 33(4),* 376-378.

Sipe, L. R. (2000). The construction of literary understanding by first and second graders in oral response to picture storybook read-alouds. *Reading Research Quarterly, 35(2),* 252-275.

Sipe, L. R. & Brightman, A. E. (2009). Young children's interpretations of page breaks in contemporary picture storybooks. *Journal of Literacy Research, 41 (1),* 68-103.

ステファニー・ロス・シソン，山崎直子（2014）『星のこども―カール・セーガン博士と宇宙のふしぎ―』小峰書店

Sluiter, K. (2017). From literature circles to inquiry circles. The Educator's Room: Empowering Teachers as the Experts. https://theeducatorsroom.com/lit-circles-inquiry-circles/（2020年5月13日閲覧）

Smith, C. R. (2001). Click and Turn the Page: An Exploration of Multiple Storybook

Literacy. *Reading Research Quarterly, 36(2),* 152-183.

Smith, A., Giles, J., & Randell, B. (2000) *PM Benchmark Level 1.* South Melbourne, Victoria: Nelson Thomson Learning

スティーブンス，ダネル，レビ，アントニア著，佐藤浩章監訳，井上敏憲，俣野秀典訳（2014）『大学教員のためのルーブリック評価入門』玉川大学出版部

菅原稔（2000）「楽しみ読み，調べ読みから出発する読書指導」『教育科学国語教育』597，11-12.

舘岡洋子（2005）『ひとりで読むことからピア・リーディングへ―日本語学習者の読解過程と対話的協働学習―』東海大学出版会

多鹿秀継（1999）.『認知心理学から見た授業過程の理解』北大路書房

高瀬裕人（2011）「「読むこと」の学力評価に関する基礎的検討―Pressley ＆ Afflerbach（1995）. *Verbal Protocols of Reading: the nature of constructively responsively reading.* を中心に―」第120全国大学国語教育学会（京都大会）自由研究発表資料

髙木まさき・中川一史（2004）『光村の国語調べて，まとめて，コミュニケーション　3　めざせ！編集長』光村教育図書

竹長吉正（2002）「読むことの指導過程論の成果と展望」全国大学国語教育学会『国語科教育学研究の成果と展望』明治図書，pp. 237-244

田村学・廣瀬志保（2022）『高校生のための「探究」学習図鑑』学事出版

Tapiero, I. sabelle（2007）*Situation models and levels of coherence: toward a definition of comprehension.* New York, NY: Taylor & Francis Group, LLC.

Teale, W. H. (1981) Parents Reading to Their Children: What We Know and Need to Know. *Language Arts, 58(8),* 902-912.

Teale, W. H. & Gambrell (2007). Raising urban students' literacy achievement by engaging in authentic, challenging work. *The Reading Teacher, 60(8),* 728-739.

Teale, W. H., Zolt, N., Yokota, J., Glasswell, K., & Gambrell, L. (2007). Getting children In2Books: Engagement in authentic reading, writing, and thinking. *Phi Delta Kappan, 88(7),* 498-502.

寺田守（2012）『読むという行為を推進する力』溪水社

寺井正憲（2015）「説明・解説」髙木まさき・寺井正憲・中村敦雄・山元隆春編著『国語科重要用語事典』明治図書，p. 135

Tierney, R. J. & Readence, J. E. (2000). *Reading strategies and practices: A compendium.* Fifth Edition. Boston, MA: Allyn and Bacon.

Tierney, R. J. and Readence, J. E. (2005). *Reading strategies and practices: A compendium.* 6th ed.

Tompkins, G. E. (2003). *Literacy for the 21st Century.* 3rd Ed. Merril Prentice Hall.

Tompkins, G. E. (2009). *50 literacy strategies: step by step.* 3 rd ed. Boston, MA: Allyn and Bacon.

Topping, K. (1987). Paired reading: A powerful technique for parent use. *The Reading Teacher, 40,* 608-614.

トレリース, ジム, 亀井よし子訳 (1987)『読み聞かせ―この素晴らしい世界―』高文研

塚田泰彦 (2001)『語彙力と読書―マッピングが生きる読みの世界―』東洋館出版社

塚田泰彦 (2003)「ブック・クラブの実践理論」『月刊国語教育』2003年10月号, 28-31.

辻村益朗 (1992)『本のれきし5000年』福音館書店

鶴見正夫・徳田秀雄 (2006)『ライト兄弟』ひさかたチャイルド

筒井頼子・林明子 (1977)『はじめてのおつかい』福音館書店

Twist, L., Sainsbury, M., Woodthorpe, A., and Whetton, G. (2003). *Reading All Over the World PIRLS National Report for England.* Department for Education and Skills and National Foundation for Educational Research.

植山俊宏 (1986)「説明的文章の読みの過程を規定する条件」『国語科教育』33, 115-122

植山俊宏 (1988)「説明的文章の読みにおける児童の反応力と認識形成との関わり―発達論的考察を通して―」『国語科教育』35, 36-43.

海野和男 (1999)『すごい！びっくり！昆虫のふしぎパワー』世界文化社

van Kleeck, A., Stahl, S. A., & Bauer, E. B. (Eds). (2003). *On Reading Books to Children: Parents and Teachers.* Mahwah, NJ: Lawrence Erlbaum Associates.

ヴィゴツキー, 柴田義松訳 (1962)『思考と言語（上・下）』明治図書

Whitehurst, G. J. (1991). *Dialogic Reading: The Hear-Say Method-A Video Workshop.* [Video]

ウィリッグ, C., 上淵寿・大家まゆみ・小松孝至訳 (2003)『心理学のための質的研究法入門―創造的な探求に向けて―』培風館

Wood, K. D. and Harmon, J. M. (2001). *Strategies for integrating reading & writing: in middle and high school.* Westerville, OH: National Middle School Association.

Wray, D. & Medwell, J. (1991). *Literacy and language in the primary years.* London: Routledge. Scholastic Professional Books

Yaden, D. B. Jr., Smolkin, L. B., & Conlon, A. (1989). Preschoolers' Questions about Pictures, Print Conventions, and Story Text during Reading Aloud at Home. *Reading Research Quarterly, 24(2),* 188-214.

八木雄一郎（2019）「読解指導と読書教育」日本読書学会編『読書教育の未来』ひつじ書房，pp. 169-177.

山元隆春（2005）『文学教育基礎論の構築』渓水社

山元隆春（2008）「リテラシー教材としての絵本の可能性：L. R. Sipe の論を手がかりとして」『全国大学国語教育学会発表要旨集』115，125-128.

山元隆春（2014）『読者反応を核とした「読解力」育成の足場づくり』渓水社

余郷裕次（2010）『絵本のひみつ』徳島新聞社

横山真喜子（1997）「就寝前の絵本の読み聞かせ場面における母子の対話の内容」『読書科学』41(3)，91-104.

吉田伸子（2000）「読書のアニマシオン教材化に向けての一考察―読みの力に着目して―」『国語教育探究』14，41-51.

吉田茂樹（2009）「学習者が『初読の読者』として意欲的に小説学習に取り組む方法の研究 ―結末を省略したテクストを用いた『こゝろ』の指導を通して―」『国語科教育』65，67-74

吉田新一郎（2018）『読み聞かせは魔法！』明治図書

Zwaan, R. A., Langston, M. C. & Graesser, A. C. (1995). The construction of situation models in narrative comprehension: An event-indexing model. *Psychological Science,* 6, 292-297.

全国学校データ研究所（2002）『全国学校総覧2002年版』原書房

全国大学国語教育学会（2002）『国語科教育学研究の成果と展望』明治図書

全国大学国語教育学会（2013）『国語科教育学研究の成果と展望Ⅱ』学芸図書

全国学校図書館協議会（2010）『子どもたちの読書と学校図書館の現状2010』社団法人全国学校図書館協議会

初 出 一 覧

第1章

1）足立幸子（2015c）「国語科学習指導要領における読書指導の位置づけと課題」
『新潟大学教育学部研究紀要』8(1)，1-11.

2）足立幸子（1997）「滑川道夫読書指導論研究」『読書科学』41(1)，1-8.

第2章

3）足立幸子（2012）「リーディング・リテラシーについての展望」『全国規模の学力
調査における重複テスト分冊法の展開可能性について（平成23年度文部科学省委
託研究「学力調査を活用した専門的課題分析に関する調査研究」研究成果報告
書）』東北大学，26-32.

4）足立幸子（2013）「リーディング・リテラシーと国語科における『読解力』の違
い」柴山直・熊谷龍一・佐藤喜一・足立幸子『全国規模の学力調査におけるマト
リックス・サンプリングにもとづく集団統計量の推定について（平成24年度文部
科学省委託研究「学力調査を活用した専門的課題分析に関する調査研究 」研究
成果報告書）』東北大学，46-50.

5）足立幸子（2007）「初等教育段階における国際読書力調査 PIRLS の特徴―他の
国際テスト・国内テストとの比較から―」『新潟大学教育人間科学部紀要』人
文・社会科学編9(2)，171-189.

6）足立幸子（2020）「国際学力調査から考えるデジタルリテラシーを育てる学習材」
『月刊国語教育研究』583，4-9.

第3章

7）足立幸子（2004b）「国際学術誌における読み聞かせ研究レビュー」『国語科教
育』55，52-29.

8）足立幸子（2014）「交流型読み聞かせ」『新潟大学教育学部研究紀要』7(1)，
1-13.

第4章

9）足立幸子（2000）「『読書へのアニマシオン』導入の意義」『山形大学教育実践研
究』9，5-13.

10）足立幸子（2002）「『読書へのアニマシオン』の成立」『国語科教育』52，64-71.

11）足立幸子（2009）「海外における読書指導の理論的背景―スペイン『読書へのアニマシオン』を事例として―」『新潟大学教育学部研究紀要』1（2），99-106.

第5章

12）足立幸子（2004a）「リテラチャー・サークル―アメリカの公立学校のディスカッション・グループによる読書指導方法」『山形大学教育実践研究』13，9-18.

13）足立幸子（2013）「初読の過程をふまえた読書指導―ハーベイ・ダニエルズ「リテラチャー・サークル」の手法を用いて―」『新潟大学教育学部研究紀要』6（1），1-16.

14）足立幸子（2021）「インクワイアリー・サークル―リテラチャー・サークルからの発展を中心に―」『新潟大学教育学部研究紀要』14(1)，1-9.

15）足立幸子（2023）「教員養成・教員研修場面におけるインクワイアリー・サークルの実践」『新潟大学教育学部研究紀要人文・社会科学編』15(2)，115-125.

第6章

16）足立幸子（2017b）「ジャンルに基づいたノンフィクションの読書指導―Fountas & Pinnell（2012）Genre Study を対象として―」『新潟大学教育学部研究紀要』10(1)，1-8.

17）足立幸子（2016c）「交流を生かした読書指導―アメリカにおける In2Books の2003年頃の活動を例として―」『新潟大学教育学部研究紀要』9（1），1-9.

18）足立幸子（2020）「交流を生かした読書指導―In2Books の日本における試み―」『新潟大学教育学部研究紀要』12(2)，121-142.

19）足立幸子（2015b）「想定する読者の読者反応によるノンフィクションを読むことの指導―Jean Anne Clyde らの吹き出し法（subtexting）を手がかりとして―」『新潟大学教育学部研究紀要』7（2），195-205.

20）足立幸子（2017a）「ノンフィクションの様々なジャンルを用いた読者想定法―メディア・リテラシーのコア概念による分析―」『新潟大学教育学部研究紀要』9（2），195-205.

あ と が き

　本書は，学位請求論文「国際学力調査に基づく読書指導法の研究」（2021年12月博士（教育学）学位取得，東北大学）に加筆・修正を行ったものです。

　山形大学教育学部・新潟大学教育学部に在職し，国語科教育法を担当することで小学校及び中学校の教員養成に関わってきた私にとって，国語科における読書指導法の開発研究は，悲願でありました。

　多くの方々のご指導・ご支援・ご協力により，本書を完成させることができました。

　特に2014年度には新潟大学のサバティカル制度を利用しながら社会人大学院生として東北大学大学院教育学研究科の教育設計評価専攻に在籍し，学力調査や評価の視点から読書指導について考える有り難い機会を得ました。主指導教員の柴山直先生と副指導教員の熊谷龍一先生には学力調査・テストの理論あるいは統計学の基礎を教えていただき，かつ，学位論文執筆についてご指導や温かい励ましをいただきました。また，教育設計評価専攻の清水禎文先生・有本昌弘先生・小川佳万先生・後藤武俊先生からはアセスメントや教育政策などのご専門の見地からご指導をいただきました。深く感謝申し上げます。

　私が卒業研究から一貫して読書指導を研究してこられたのも，学士・修士・博士課程在籍中に卒業論文・修士論文・各種の学術論文をご指導いただいた小林國雄先生，広瀬節夫先生，湊吉正先生，桑原隆先生，塚田泰彦先生，甲斐雄一郎先生のおかげです。山形大学在職中には，日本学術振興会海外特定国派遣研究と文部科学省在外研究の機会をいただき，マリア・ホセ・アルバラ先生，ウィリアム・ティール先生，ジュンコ・ヨコタ先生，ジェームス・ガベリック先生，タフィー・ラファエル先生，ティモシー・シャナハン

先生，シンシア・シャナハン先生など海外の先生方にご指導いただけたことも大変な幸運でありました。関連して，PISAの国際読解力専門委員会委員，国際リテラシー学会のアジア委員会委員及び「子供の読む権利」策定委員，日本読書学会の海外担当幹事などを務める中で，多くの海外の研究者から読書指導について学ぶこともできました。いわゆる研究者のみならず，「読書へのアニマシオン」提唱者のモンセラット・サルト氏，「リテラチャー・サークル」のハーベイ・ダニエル氏，ハーベイ・ダニエル氏の同僚でありながら私にアメリカの教育現場の実状を伝えてくださったリンダ・ベイリー氏，「読者想定法」のジーン・アン・クライド氏といった方々の献身的な情報提供がなければ，これらの読書指導法を十分に研究することはできなかったでしょう。

　そして，同僚として上記のような機会を与えてくださった山形大学の小川雅子先生，新潟大学の常木正則先生，鈴木恵先生，堀竜一先生，留学についてご助言をくださった阪本敬彦先生，さらに，常に私に研究の発想と刺激を与えつづけてくださった山形県及び新潟県の教諭・学校司書の皆様にも感謝を申し上げます。

　本書の出版にあたっては，独立行政法人日本学術振興会令和6（2024）年度科学研究費助成事業（科学研究費補助金）（研究成果公開促進費　課題番号24HP5155）（学術図書）の助成を受け，筑波大学の長田友紀先生のご紹介で，風間書房の風間敬子氏にお世話になることができました。懇切丁寧に導いてくださいましたことを厚く御礼を申し上げます。

　なお，本書の一部は，以下の科学研究費補助金の支援を受けた研究成果となっています。ご支援くださった全ての皆様に感謝申し上げます。

・2000〜2001年度　科学研究補助金　若手研究（B）「アニマシオン運動を通したリテラシー育成と読書指導の関連に関する総合的研究」　研究代表者：足立幸子　課題番号12780144

あとがき　383

- 2002年度　科学研究費補助金　萌芽研究「読み聞かせボランティアの実態調査」
  研究代表者：足立幸子　課題番号14658064
- 2002年度　基盤研究（C）（企画調査）「国際読書力テスト開発のための準備調査」
  研究代表者：足立幸子　課題番号14608008
- 2004～2006年度　科学研究費補助金　若手研究（B）「リテラシー育成指向の読書
  指導研究のための国際標準に基づく読書力診断テストの開発」　研究代表者：足立
  幸子　課題番号16730416
- 2007～2010年度　科学研究費補助金　若手研究（B）「知識基盤社会における読書
  力を評価するミクロ・レベル・テスト及び質的分析手法の開発」　研究代表者：足
  立幸子　課題番号19730533
- 2011～2013年度　科学研究費補助金　基盤研究（C）「国際標準を反映した教員用
  読書力評価パッケージの開発」　研究代表者：足立幸子　課題番号23531171
- 2014～2017年度　科学研究費補助金　基盤研究（C）「読者反応理論に基づく国際
  標準を反映した児童・生徒・教員用読書力評価パッケージ開発」　研究代表者：足
  立幸子　課題番号26381183
- 2017～2020年度　科学研究費補助金　基盤研究（C）「エビデンスに基づいた読書
  の認知的・非認知的側面の評価手法の開発と評価ガイドの提案」　研究代表者：足
  立幸子　課題番号17K04753
- 2021～2023年度　科学研究費補助金　基盤研究（C）「資質・能力の育成に資する
  紙及びデジタル読書の認知的・非認知的評価法の開発」　研究代表者：足立幸子
  課題番号21K02486

2024年6月

足立幸子

事項・人名索引

【ア行】

アクセス　52, 57, 62, 83, 84, 85, 86, 198, 229, 230, 350, 351, 352, 353, 358

アニマシオン　4, 5, 39, 127, 128, 129, 130, 131, 132, 133, 134, 135, 136, 137, 138, 139, 140, 141, 142, 143, 144, 145, 147, 149, 150, 151, 152, 153, 154, 155, 156, 157, 158, 159, 160, 161, 162, 163, 164, 165, 166, 167, 168, 169, 170, 171, 172, 173, 174, 175, 177, 178, 179, 180, 181, 182, 184, 188, 194, 196, 197, 198, 229, 247, 267, 350, 351, 352, 353, 354, 356, 357

インクワイアリー・サークル　4, 5, 229, 230, 231, 232, 234, 237, 238, 239, 240, 242, 243, 244, 246, 248, 249, 252, 253, 254, 255, 256, 257, 258, 259, 260, 262, 267, 269, 350, 351, 352, 353, 356

インタビュー　119, 127, 140, 159, 161, 172, 173, 175, 234, 271, 272

In2Books　4, 5, 277, 278, 279, 280, 281, 282, 283, 284, 285, 287, 288, 289, 290, 294, 299, 300, 304, 313, 314, 315, 316, 317, 356, 357

SF　272, 273

エッセイ　271, 272, 274

絵本　106, 107, 108, 109, 111, 112, 114, 116, 122, 125, 126, 208, 247, 248, 250, 252, 257, 268, 270, 271, 272, 298, 300, 314, 319, 333, 334, 336, 337, 338, 339, 341

OECD　41, 42, 46, 47, 48, 53, 54, 317

大村はま　38, 229

【カ行】

解釈　32, 51, 52, 53, 69, 70, 71, 77, 82, 85, 106, 114, 117, 175, 198, 204, 295

回想　114, 205, 270, 271, 272, 273

ガイディッド・リーディング　192, 267, 268, 269, 275, 276, 347

学習指導要領　2, 3, 5, 7, 8, 9, 10, 11, 12, 13, 14, 15, 17, 18, 19, 20, 21, 22, 36, 38, 89, 104, 229, 242, 243, 299, 303, 349

学力　2, 3, 4, 5, 39, 40, 41, 84, 158, 191, 250, 317, 350

課題的テクスト　317, 318

学校図書館　13, 20, 23, 24, 27, 28, 29, 30, 32, 33, 34, 36, 39, 60, 62, 65, 137, 174, 182, 224, 244, 245, 248, 249, 251, 253, 258

技能　10, 11, 19, 20, 21, 42, 44, 162, 242, 278, 280, 282, 284, 349

共同　31, 35, 98, 103, 252, 290

協同　60, 62, 65, 151, 187, 189, 230, 231, 232, 237, 238, 241, 243, 255, 256, 258, 259, 260, 263, 279

寓話　273, 275

クライド（Clyde, G. A.）　318, 319, 320, 321, 322, 323, 324, 325, 330, 331, 333, 348

グラフィック・オーガナイザー　105, 320

グラフィック・テクスト　271, 272

グループ　60, 64, 68, 98, 139, 147, 150, 152, 159, 167, 180, 181, 182, 183, 184, 187, 188, 189, 191, 192, 208, 215, 222, 223, 224, 225, 226, 231, 232, 233, 234, 235, 238, 239, 240, 242, 243, 245, 247,

260, 261, 262, 263, 268, 269, 275, 276, 277, 331, 346, 347, 354

グローバル　1, 2, 43, 50, 55, 130, 229, 230, 349

交流　4, 5, 42, 85, 86, 89, 96, 104, 105, 106, 107, 108, 109, 110, 111, 112, 113, 114, 115, 120, 121, 122, 123, 124, 125, 142, 191, 241, 247, 267, 276, 277, 284, 287, 290, 291, 330, 331, 337, 344, 345, 350, 351, 352, 353, 354, 356, 357

交流型　4, 5, 85, 86, 89, 104, 105, 106, 107, 108, 109, 110, 111, 112, 113, 114, 115, 120, 121, 122, 123, 124, 125, 267, 276, 277, 350, 351, 352, 353, 354, 356, 357

交流型読み聞かせ　4, 5, 89, 104, 105, 106, 107, 108, 109, 110, 111, 112, 113, 114, 115, 120, 121, 122, 123, 124, 125, 267, 276, 277, 350, 351, 352, 353, 356

国語　1, 2, 3, 4, 5, 7, 9, 10, 13, 14, 15, 16, 18, 19, 20, 22, 27, 28, 31, 34, 36, 37, 38, 39, 43, 46, 47, 50, 51, 52, 54, 85, 89, 90, 100, 104, 105, 114, 122, 123, 125, 136, 141, 152, 153, 154, 159, 172, 173, 174, 178, 180, 184, 189, 192, 193, 194, 198, 199, 200, 201, 202, 205, 216, 219, 220, 229, 230, 244, 246, 247, 248, 249, 250, 251, 252, 253, 254, 255, 258, 259, 291, 318, 319, 332, 345, 346, 349, 350, 354, 355

国語科　1, 2, 3, 4, 5, 7, 9, 10, 13, 14, 15, 16, 20, 22, 27, 28, 31, 36, 37, 38, 39, 43, 50, 51, 52, 54, 85, 89, 90, 100, 104, 105, 114, 122, 123, 125, 136, 159, 173, 174, 178, 180, 189, 192, 194, 198, 199, 200, 201, 202, 216, 219, 220, 229, 230, 244, 246, 248, 253, 254, 255, 258, 259, 291, 319, 345, 346, 349, 350, 354, 355

国語科教育　1, 2, 3, 4, 7, 14, 22, 43, 50,

52, 89, 90, 100, 122, 159, 180, 189, 192, 199, 200, 202, 216, 219, 220, 244, 246, 248, 253, 254, 255, 258, 259, 319, 345, 349, 355

国際　2, 3, 4, 5, 24, 34, 39, 40, 54, 57, 58, 66, 84, 89, 90, 97, 99, 100, 103, 124, 130, 131, 145, 158, 174, 289, 317, 350

個人読書　189, 193, 260, 269

コミュニケーション　1, 43, 47, 85, 91, 92, 134, 135, 145, 247, 250, 251, 259, 284, 285, 286, 287, 298, 304, 311, 333, 335

コンピテンシー　41, 42, 43, 44, 45

【サ行】

サイプ (Sipe, L.)　97, 102, 106, 107, 108, 109, 110, 123, 125, 126

サルト (Sarto, M. M.)　39, 127, 128, 130, 131, 132, 133, 135, 136, 138, 145, 146, 147, 148, 149, 151, 152, 153, 156, 157, 159, 160, 161, 162, 163, 164, 165, 166, 167, 169, 171, 172, 173, 174, 178, 180, 306

詩　2, 11, 20, 46, 104, 105, 114, 117, 129, 252, 267, 270, 271, 272, 273, 275, 283

CBT　2

質問紙　3, 45, 46, 48, 58, 59, 60, 61, 62, 63, 65, 66, 72, 84, 85, 86, 205

視点　5, 22, 23, 24, 33, 37, 45, 67, 73, 92, 110, 114, 115, 116, 117, 119, 121, 122, 138, 139, 191, 193, 195, 204, 206, 261, 338, 350

児童図書館　32, 131

指導法　1, 3, 4, 5, 22, 36, 37, 38, 39, 40, 84, 85, 86, 89, 123, 125, 127, 132, 133, 139, 140, 142, 143, 159, 167, 170, 171, 175, 177, 194, 198, 221, 222, 229, 230, 243, 259, 260, 262, 263, 267, 276, 277, 280, 316, 317, 319, 331, 336, 342, 344,

事項・人名索引　387

345, 346, 349, 350, 351, 352, 353, 354,
355, 356, 357
ジャンル　4, 5, 27, 48, 49, 50, 86, 110,
114, 231, 262, 267, 268, 269, 270, 271,
273, 274, 275, 276, 277, 278, 281, 282,
283, 286, 287, 289, 290, 291, 292, 313,
314, 315, 316, 317, 318, 333, 334, 338,
339, 340, 341, 342, 343, 344, 345, 350,
351, 352, 353, 356
ジャンル研究　4, 5, 267, 268, 269, 270,
271, 273, 274, 275, 276, 277, 342, 343,
350, 351, 352, 353, 356
習慣　8, 11, 12, 13, 15, 21, 22, 27, 61, 65,
118, 349
集団　1, 5, 24, 31, 35, 42, 43, 86, 91, 98,
135, 147, 151, 167, 168, 169, 170, 171,
177, 189, 190, 191, 192, 193, 194, 197,
209, 229, 231, 238, 245, 251, 350, 351,
352, 354
熟考・評価　51, 52, 54, 71, 85
生涯学習　1, 349
小説　22, 48, 49, 188, 199, 200, 201, 202,
228, 267, 275, 318, 345
情報化社会　1, 25, 347, 349
情報的テクスト（情報テキスト）　73,
82, 175, 271, 272, 317, 318
情報の取り出し　51, 52, 70, 71
叙事詩　271, 272, 273
神話　270, 271, 272, 273, 275, 303
生活指導　3, 22, 23, 24, 25, 26, 28, 29, 30,
31, 33, 34, 35, 36, 37, 38, 135
説得的テクスト　271, 272, 274, 334, 337,
342
説明的テクスト　270, 271, 272, 274, 275,
276, 334, 342
説明的文章　2, 50, 228, 345
選択　5, 9, 11, 12, 41, 45, 55, 72, 73, 85,
86, 90, 114, 198, 225, 226, 227, 229,
230, 231, 234, 235, 236, 238, 239, 240,

244, 246, 249, 252, 262, 263, 268, 285,
286, 287, 292, 295, 296, 299, 300, 301,
303, 304, 307, 308, 309, 311, 313, 314,
316, 325, 326, 327, 337, 338, 350, 351,
352

【タ行】

態度　8, 10, 11, 16, 18, 19, 21, 22, 26, 27,
35, 59, 61, 63, 66, 71, 72, 162, 349
ダニエルズ（Daniels, H.）　175, 178,
182, 183, 185, 186, 187, 189, 190, 191,
192, 195, 230, 231, 232, 234, 236, 238,
239, 241, 243, 256, 258, 259, 347, 356
探究　4, 23, 24, 25, 28, 34, 35, 97, 98, 139,
158, 173, 174, 189, 229, 230, 231, 232,
233, 234, 235, 236, 237, 239, 240, 241,
242, 243, 245, 247, 248, 249, 250, 251,
253, 254, 255, 256, 258, 259, 263, 268,
269, 273, 276, 277, 342, 350, 353
知識　1, 8, 9, 10, 11, 19, 20, 21, 34, 36, 42,
44, 45, 50, 51, 56, 70, 71, 93, 97, 109,
112, 114, 125, 135, 136, 143, 148, 151,
163, 164, 190, 195, 196, 231, 232, 233,
241, 257, 262, 263, 264, 274, 309, 317,
323, 345, 346, 347, 349
知識基盤社会　1, 349
調査　2, 3, 4, 5, 26, 29, 30, 32, 34, 39, 41,
42, 43, 44, 45, 46, 48, 49, 51, 52, 53,
54, 55, 57, 58, 59, 61, 63, 70, 71, 73,
75, 77, 79, 81, 82, 84, 85, 86, 133, 158,
193, 202, 204, 205, 206, 207, 208, 209,
215, 219, 220, 224, 228, 232, 234, 235,
240, 241, 249, 252, 253, 254, 255, 256,
257, 258, 263, 264, 265, 277, 316, 317,
334, 340, 350, 355, 358
ティール（Teale, W. H.）　124, 125, 289
デジタル　4, 5, 52, 54, 57, 82, 84, 86, 234,
243, 263, 279, 350, 351, 357, 358
手続き的テクスト　270, 274

デバイス　243, 263, 357

伝記　11, 19, 20, 48, 49, 68, 114, 270, 271, 272, 273, 274, 275, 278, 291, 292, 299, 300, 301, 302, 303, 304, 314, 316, 334, 339, 342

統合　24, 28, 33, 37, 52, 53, 69, 70, 71, 85, 87, 95, 125, 148, 151, 177, 183, 227, 231, 232, 233, 238, 254, 257, 262, 263, 264

統合・解釈　52

読者　4, 5, 48, 61, 66, 68, 69, 71, 106, 110, 121, 122, 138, 139, 140, 166, 172, 189, 190, 193, 199, 201, 205, 207, 208, 217, 222, 231, 238, 239, 260, 262, 282, 285, 286, 317, 318, 319, 320, 321, 322, 325, 326, 327, 330, 331, 332, 333, 334, 335, 336, 337, 339, 340, 341, 342, 345, 346, 347, 350, 351, 353, 356, 357

読者想定　4, 5, 317, 319, 320, 321, 322, 325, 330, 332, 333, 336, 337, 339, 340, 341, 342, 345, 346, 347, 350, 351, 353, 356

読者想定法　4, 5, 317, 332, 333, 336, 337, 339, 340, 341, 342, 345, 346, 347, 350, 351, 353, 356

特集　153, 254, 255, 270, 271, 272, 274, 321, 322, 334

読書　1, 2, 3, 4, 5, 7, 8, 9, 10, 11, 12, 13, 14, 15, 16, 17, 18, 19, 20, 21, 22, 23, 24, 25, 26, 27, 28, 29, 30, 31, 32, 33, 34, 35, 36, 37, 38, 39, 40, 44, 45, 46, 47, 48, 58, 59, 60, 61, 62, 63, 64, 65, 66, 67, 68, 69, 71, 72, 84, 85, 86, 89, 90, 91, 92, 93, 95, 96, 97, 103, 104, 105, 109, 123, 124, 125, 127, 128, 129, 130, 131, 132, 133, 134, 135, 136, 137, 138, 139, 140, 141, 142, 143, 144, 145, 146, 147, 148, 149, 150, 151, 152, 153, 154, 155, 156, 157, 158, 159, 160, 161, 163, 164, 165, 166, 167, 168, 169, 170, 171, 172, 173, 174, 175, 177, 178, 179, 180, 181, 183, 184, 187, 188, 189, 190, 192, 193, 194, 195, 196, 197, 198, 199, 200, 202, 204, 205, 207, 208, 218, 220, 221, 222, 224, 226, 227, 228, 229, 230, 243, 250, 257, 259, 260, 261, 262, 263, 264, 267, 268, 269, 270, 271, 272, 273, 275, 276, 277, 278, 279, 280, 281, 282, 283, 289, 290, 291, 293, 297, 309, 312, 316, 317, 318, 322, 331, 332, 335, 336, 337, 340, 342, 343, 344, 345, 346, 347, 349, 350, 351, 352, 353, 354, 355, 356, 357, 358

読書後　189, 193, 195, 196, 197, 264, 282, 283

読書指導　1, 2, 3, 4, 5, 7, 9, 11, 12, 13, 14, 19, 21, 22, 23, 24, 25, 26, 27, 28, 29, 30, 31, 32, 33, 34, 35, 36, 37, 38, 39, 40, 45, 48, 49, 84, 85, 86, 89, 104, 109, 123, 127, 132, 133, 134, 135, 139, 140, 141, 142, 143, 152, 154, 157, 158, 159, 163, 167, 170, 171, 172, 173, 177, 178, 179, 181, 188, 189, 192, 193, 194, 195, 196, 197, 198, 199, 200, 220, 221, 222, 226, 228, 229, 230, 243, 259, 260, 262, 263, 267, 276, 277, 279, 280, 283, 290, 316, 317, 318, 342, 344, 345, 349, 350, 351, 352, 353, 354, 355, 356, 357

読書指導法　1, 3, 4, 5, 22, 36, 37, 38, 39, 40, 84, 85, 86, 89, 123, 127, 132, 133, 142, 143, 167, 170, 177, 194, 198, 221, 222, 229, 230, 243, 259, 260, 262, 263, 267, 276, 277, 316, 317, 342, 344, 345, 349, 350, 351, 352, 353, 354, 355, 356, 357

読書指導論　3, 22, 23, 24, 26, 27, 28, 29, 30, 33, 34, 35, 36, 38, 157, 173

読書前　189, 193, 195, 196, 197, 264, 281,

事項・人名索引　389

282, 283

読書中　186, 193, 195, 196, 208, 264, 281, 282, 283

読書力　8, 9, 14, 27, 62, 130, 132, 133, 137, 290

読解　1, 2, 9, 10, 12, 13, 14, 15, 16, 17, 18, 21, 22, 24, 27, 33, 36, 37, 38, 43, 44, 49, 56, 91, 95, 96, 98, 99, 100, 103, 113, 114, 115, 120, 122, 123, 153, 157, 193, 196, 198, 200, 230, 232, 237, 238, 241, 253, 255, 256, 258, 263, 280, 289, 317, 318, 346, 349, 350, 353

読解指導　1, 2, 12, 24, 27, 37, 38, 122, 123, 193, 196, 198, 353

読解力　2, 43, 44, 91, 95, 96, 98, 99, 100, 103, 253, 255, 289, 317, 346, 350

取り組み（取組）　5, 44, 45, 46, 47, 85, 86, 230, 290, 351, 352

取り出し　46, 51, 52, 70, 71, 85, 92, 215, 228, 339

【ナ行】

滑川道夫（滑川）　3, 22, 23, 24, 25, 26, 27, 28, 29, 30, 31, 32, 33, 34, 35, 36, 37, 38, 133, 139, 172, 173, 177, 198, 199, 229

認知　3, 26, 44, 85, 125, 131, 141, 148, 153, 155, 162, 163, 164, 165, 166, 167, 168, 169, 170, 315, 316

NAEP　288, 317

ノンフィクション　48, 86, 104, 105, 111, 117, 265, 273, 274, 275, 276, 317, 318, 319, 320, 330, 336, 337, 341, 345, 346, 347

【ハ行】

パートナー読書　4, 5, 277, 290, 291, 293, 297, 309, 312, 316, 317, 342, 344, 345, 350, 351, 352, 354, 356

ハーベイ（Harvey, S.）　230, 232, 237, 238, 239, 243, 256, 258, 259

ハイブリッド・テクスト　271, 272

パロディー　272

PIRLS　2, 57, 58, 62, 63, 66, 67, 68, 70, 71, 72, 73, 82, 84, 85, 87, 358

PISA　2, 41, 42, 43, 45, 46, 48, 49, 50, 51, 52, 53, 54, 70, 71, 84, 85, 86, 317, 346, 349, 350, 358

非認知　3, 44, 85, 316

ピネル（Pinnell, G. S.）　268, 269, 270, 271, 272, 273, 274, 275, 276, 277, 333, 347

評価　5, 45, 46, 51, 52, 53, 54, 57, 60, 61, 65, 67, 68, 69, 70, 71, 77, 82, 85, 119, 121, 122, 123, 136, 140, 151, 158, 159, 171, 180, 182, 184, 186, 188, 241, 244, 247, 249, 255, 256, 260, 267, 278, 281, 283, 284, 285, 287, 288, 290, 291, 294, 295, 296, 299, 300, 301, 303, 304, 308, 311, 315, 316, 343, 344, 346, 347, 349, 354, 357

表現　5, 13, 15, 16, 19, 20, 25, 42, 52, 85, 86, 94, 96, 97, 114, 119, 183, 188, 215, 223, 265, 285, 288, 290, 312, 336, 339, 341, 350, 351, 352

ファウンタス（Fountas, I. C.）　267, 268, 269, 270, 271, 272, 273, 274, 275, 276, 277, 333, 347

ファンタジー　67, 114, 217, 270, 271, 273, 275

フィクション　48, 68, 111, 114, 119, 240, 265, 270, 271, 272, 273, 274, 275, 281, 282, 283, 317, 318, 319, 320, 345, 353

吹き出し　298, 302, 306, 319, 320, 321, 322, 330, 331, 335, 338, 339, 340, 341

ブック・クラブ（ブッククラブ）　167, 228, 268, 269, 275, 277, 347, 356

ブック・トーク（ブックトーク）　133,

134, 195

文学　2, 8, 9, 20, 24, 37, 46, 48, 50, 67, 68, 69, 70, 72, 73, 82, 85, 86, 95, 105, 110, 113, 114, 115, 130, 139, 146, 159, 160, 170, 172, 174, 187, 228, 235, 236, 244, 246, 248, 253, 265, 267, 270, 271, 272, 273, 274, 275, 317, 318, 319, 320, 336, 345, 352, 353

文学的テクスト（文学テキスト）　32, 317, 318

ホイト（Hoyt, L.）　111, 112, 113, 114, 115, 117, 120, 121, 122, 123, 353

冒険　270, 271, 272, 275

【マ行】

マルチリテラシーズ　42, 43

ミステリー　270, 271, 272

巳野欣一（巳野）　7, 8, 9, 10, 11, 12, 13, 14, 21

民話　270, 271, 273, 278, 291, 292, 303, 304, 305, 306, 307, 308

メディア　1, 4, 5, 26, 48, 49, 50, 60, 64, 86, 95, 130, 132, 133, 145, 146, 202, 231, 257, 262, 267, 274, 275, 317, 332, 333, 334, 335, 336, 337, 338, 339, 341, 342, 345, 347, 350, 351, 353

目的　1, 3, 5, 11, 12, 13, 15, 16, 17, 18, 19, 22, 33, 39, 44, 49, 52, 53, 56, 57, 61, 64, 66, 67, 68, 71, 72, 73, 77, 82, 84, 85, 86, 89, 94, 100, 114, 123, 125, 127, 128, 138, 141, 158, 170, 173, 174, 177, 195, 196, 198, 199, 208, 229, 230, 233, 240, 260, 262, 264, 318, 320, 332, 333, 334, 342, 344, 345, 349, 350, 351, 352, 353

物語　11, 20, 48, 67, 68, 69, 70, 73, 75, 76, 77, 93, 96, 97, 101, 104, 105, 106, 107, 115, 116, 118, 119, 120, 121, 129, 137, 152, 154, 173, 209, 211, 216, 217, 218,

220, 228, 239, 252, 267, 270, 271, 272, 273, 274, 275, 278, 290, 291, 292, 292, 293, 294, 296, 304, 334, 345

【ヤ行】

妖精物語　270, 271, 273

読み聞かせ　4, 5, 64, 89, 90, 91, 92, 93, 94, 95, 96, 97, 98, 99, 100, 101, 102, 103, 104, 105, 106, 107, 108, 109, 110, 111, 112, 113, 114, 115, 116, 120, 121, 122, 123, 124, 125, 126, 129, 134, 138, 158, 205, 247, 250, 267, 268, 270, 271, 272, 273, 275, 276, 277, 293, 294, 301, 303, 305, 309, 314, 319, 350, 351, 352, 353, 356

【ラ行】

リアリスティック・フィクション　270, 271, 272, 273

リーディング・リテラシー　3, 41, 42, 43, 44, 45, 46, 50, 51, 52, 54, 57, 58, 63, 65, 66, 67, 71, 72, 84, 350

リーディング・ワークショップ　126, 192, 222

リテラチャー・サークル　4, 5, 167, 168, 177, 178, 189, 191, 192, 198, 221, 222, 223, 227, 228, 229, 230, 234, 235, 236, 237, 238, 239, 240, 241, 242, 243, 259, 260, 261, 263, 267, 277, 347, 350, 351, 352, 353, 354, 356, 357

歴史的フィクション　271, 272, 273

レッスン　187, 232, 233, 234, 239, 241, 242, 243, 247, 248, 250, 258, 259, 263, 269, 275, 276, 277

著者略歴

足立幸子（あだち　さちこ）

静岡県出身

1992年	常葉学園大学教育学部初等教育課程国語専修卒業
1994年	静岡大学大学院修士課程教育学研究科国語教育専攻修了
1998年	筑波大学大学院博士課程教育学研究科学校教育学専攻単位取得満期退学
1998年	山形大学教育学部講師
2002年	スペイン科学研究高等会議スペイン語研究所客員研究員
2003年	イリノイ大学シカゴ校教育学部客員研究員
2005年	新潟大学教育人間科学部助教授
2018年	東北大学大学院博士課程教育学研究科教育設計評価専攻単位取得満期退学
現　在	新潟大学人文社会科学系教授　博士（教育学）

著　書　『国語学力調査の意義と問題』（共著），
　　　　『読書教育の未来』（共著），
　　　　『学校図書館への研究アプローチ』（共著）ほか

論　文　「滑川道夫読書指導論研究」，
　　　　「『読書へのアニマシオン』の成立」，
　　　　「国際学術誌における読み聞かせ研究レビュー」，
　　　　「読者想定法を使用した説明的文章の指導―『フリードルとテレジンの小さな画家たち』の読者反応に着目して―」ほか

受　賞　日本読書学会　読書科学研究奨励賞

国際学力調査に基づく読書指導法の開発研究

2025年2月28日　初版第1刷発行

著　者　　足　立　幸　子

発行者　　風　間　敬　子

発行所　　株式会社風　間　書　房

〒101-0051　東京都千代田区神田神保町 1-34
電話 03(3291)5729　FAX 03(3291)5757
振替 00110-5-1853

印刷　太平印刷社　　製本　高地製本所

©2025　Sachiko Adachi　　　　　　　NDC 分類：375
ISBN978-4-7599-2527-2　　Printed in Japan
JCOPY〈出版者著作権管理機構 委託出版物〉
本書の無断複製は，著作権法上での例外を除き禁じられています。複製される場合はそのつど事前に出版者著作権管理機構（電話 03-5244-5088, FAX 03-5244-5089, e-mail: info@jcopy.or.jp）の許諾を得てください。